Das große Buch vom
Pendeln

Simone Harland

Das große Buch vom Pendeln

INHALT

INHALT

Vorwort

Zauberei, Geheimwissenschaft, Teufelswerk – das sind nur einige der Begriffe, mit denen das Pendeln vor allem in früheren Zeiten in Zusammenhang gebracht wurde. Noch heute findet man in zahlreichen Lexika unter dem Stichwort „Siderisches Pendel" die Erklärung, dass ein Pendel ein Metallstück ist, das im Okkultismus Verwendung findet.

Es ist nicht verwunderlich, dass dem Pendeln magische Kräfte zugeschrieben wurden, schließlich ist es immer wieder verblüffend, wenn der Pendel auf die verschiedensten Fragen treffsichere Antworten gibt. Allerdings ist man heute eher der Ansicht, dass der so genannte siderische Pendel nur ein Werkzeug ist, um die allen Menschen innewohnenden Kräfte des Unbewussten freizusetzen. Das bedeutet, dass jeder, der interessiert ist und seine – vielleicht vorhandene – Skepsis überwindet, das Pendeln erlernen und neue Erkenntnisse über sich und andere gewinnen kann.

Pendeln kann in vielen Situationen des Lebens hilfreich sein: Wenn Sie herausfinden wollen, welche Lebensmittel Ihnen nicht bekommen, wenn Sie in Erfahrung bringen möchten, welches homöopathische Mittel Ihnen helfen kann, oder wenn Sie Fragen haben, die das allgemeine Leben betreffen, kann Ihnen das Pendeln wichtige Informationen oder zumindest Anhaltspunkte liefern – natürlich nur, wenn Sie sich auch wirklich darauf einlassen.

In diesem Buch finden Sie eine praktische Anleitung, wie Sie das Pendeln lernen können, wozu Sie es verwenden können und in welchen Situationen es sinnvoll ist, den Pendel zu benutzen. Zum Erlernen des Pendelns brauchen Sie nur ein wenig Geduld und einen Pendel. Wie Sie Ihren „persönlichen" Pendel finden, wird auch beschrieben. Mit den Pendeltafeln oder -diagrammen können Sie die richtige Antwort auf Ihre Fragen finden. Im Buch finden Sie genaue Anweisungen, wie Sie selbst Pendeltafeln anfertigen können, die exakt auf Ihre Fragestellung zugeschnitten sind – schließlich kommt man immer wieder in Situationen, in denen die vorgefertigten Pendeltafeln das Thema, zu dem man den Pendel befragt, nicht erschöpfend behandeln. Eine kurze Geschichte des Pendelns und verschiedene Erklärungsansätze, warum das Pendeln funktioniert, ergänzen die praktischen Ratschläge dieses Buches.

Glauben Sie bitte nicht, dass es ein Schreibfehler ist, wenn es in diesem Buch immer „der" Pendel heißt.

Durch den männlichen Artikel wird der siderische Pendel vom Pendel, wie es in der Physik benutzt wird, abgegrenzt.

Noch ein Tipp vorweg: Geben Sie nicht gleich auf, wenn der Pendel Ihnen nicht sofort die Fragen beantwortet, die Ihnen besonders wichtig sind. Das Pendeln muss ganz allmählich erlernt werden und vor allem zu Beginn sollte man sich auf einfache Fragestellungen beschränken. Nach und nach erlangt man die nötige Routine im Umgang mit dem Pendel und kann sich auch schwierigeren Fragen zuwenden.

Und nun viel Erfolg und Spaß beim Pendeln!

Kleine Geschichte des Pendelns

Die Geschichte des Pendelns ist gleichzeitig die Geschichte der so genannten Radiästhesie. Radiästhesie bedeutet auf Deutsch so viel wie Strahlenfühligkeit. Diese Lehre geht davon aus, dass sowohl Dinge als auch Tiere und Menschen Strahlen oder Schwingungen aussenden, die von empfindsamen Menschen mithilfe einer Wünschelrute oder eines Pendels wahrgenommen werden können. So sollen beispielsweise mit dem Pendel oder der Wünschelrute unterirdische Wasseradern oder Erzvorkommen sowie verloren gegangene Dinge gefunden werden können. Aber auch so genannte Erdstrahlen die – so wird vermutet – aus dem Inneren der Erde kommen, durch Gesteinsformationen und unterirdische Wasserläufe beeinflusst werden und krank machen, sollen mit einem Pendel gefunden werden können. Die Lehre der Radiästhesie ist bislang wissenschaftlich umstritten, denn keiner weiß so genau, wie es funktionieren soll, mit einem so einfachen Hilfsmittel wie einer Rute aus Metall oder Holz oder einem Pendel Strahlen oder Schwingungen aufzufangen, die von unbelebten und belebten Dingen ausgehen. Die Art dieser Strahlen oder Schwingungen ist ebenfalls noch unbekannt. Auch wenn nur Vermutungen darüber angestellt werden, warum manche Menschen mit dem Pendel oder der Wünschelrute tatsächlich Erfolge bei der Suche nach Wasser erzielen oder Aussagen treffen können, die sich als richtig herausstellen: Schon seit Urzeiten beschäftigt sich die Menschheit mit diesem Phänomen. Die Bezeichnung Radiästhesie ist jedoch noch recht neu.

Schon die Vorfahren pendelten

In der zentralen Sahara, dem felsigen Teil, der als Tassili der Adjer bezeichnet wird, finden sich Felsmalereien, deren älteste Bilder zwischen 10 000 und 5000 v. Chr. angefertigt wurden. Auf diesen Felsmalereien, die von den Vereinten Nationen zum Weltkulturerbe erklärt wurden und damit unter besonderem Schutz stehen, sind – so hat man die Abbildungen gedeutet – sowohl Wünschelruten als auch Pendel abgebildet. Wozu diese Geräte damals verwendet wurde, wird aus den Zeichnungen nicht deutlich.

9

Auch im alten Ägypten war das Pendeln bekannt. Davon zeugen Grabbeigaben der Pharaonen. Ob das Pendeln und das Rutengehen nur den Priestern und Pharaonen vorbehalten war, ist jedoch nicht überliefert.

Im alten China, um 2000 v. Chr., glaubte man ebenfalls an die Macht der Wünschelrute und des Pendels: Auf Befehl von Kaiser Hsu musste jeder Platz, auf dem ein Gebäude errichtet werden sollte, zunächst mit der Wünschelrute auf seine Eignung für diesen Zweck untersucht werden. Ergab dieser „Rutentest", dass es an dem Ort negative Einflüsse gab, durfte nicht gebaut werden. Im Mittelalter waren das Pendel und das Rutengehen weit verbreitet. Davon zeugen nicht nur Passagen des Nibelungenlieds, sondern auch zahlreiche Überlieferungen, die davon berichten, dass Fürsten, Könige und andere Herrscher mit der Wünschelrute nach Wasser und Bodenschätzen suchen ließen.

Im 14. Jahrhundert, mit dem Beginn der Hexenverfolgung, gerieten Pendel und Rute als „Teufelswerk" in Verruf. Wer mit diesen Werkzeugen umging, musste aufpassen, dass er oder sie nicht als Hexe oder Magier denunziert und anschließend gefoltert oder gar verbrannt wurde. Trotz dieser nicht zu unterschätzenden Gefahr für Leib und Leben wurde dennoch weiterhin mit dem Pendel und der Rute nach Erzen gesucht.

Der Schweizer Arzt und Naturforscher Paracelsus, der sich gegen viele schulmedizinischen Erkenntnisse des 16. Jahrhunderts wandte und eine Heilkunde auf der Grundlage von Mystik und Erfahrungswissen propagierte, verwendete Pendel und Wünschelrute ebenfalls für seine Zwecke.

MIT PENDEL UND WÜNSCHELRUTE IN DEN KRIEG

Pendel und Wünschelrute wurden im 20. Jahrhundert nicht nur von Zivilisten, sondern auch vom Militär benutzt. Im Zweiten Weltkrieg setzte beispielsweise die Deutsche Wehrmacht Wünschelrutengänger (oder besser „Wünschelrutenflieger", denn sie arbeiteten vom Flugzeug aus) in Norwegen und Afrika zur Wassersuche ein. Außerdem versuchten die Deutschen mithilfe von Pendel und Wünschelrute Verstecke der Alliierten und versunkene U-Boote aufzuspüren.

Doch nicht nur die Deutschen, auch die Amerikaner missbrauchten Rute und Pendel für kriegerische Zwecke: Während des Vietnamkriegs wurde mit der Wünschelrute gezielt nach Verstecken des Feindes gesucht.

Auch in der ehemaligen Sowjetunion wurde – ebenfalls mit der Wünschelrute und dem Flugzeug – nach Bodenschätzen gesucht.

PENDELN HEUTE

Während sowohl die Wünschelrute als auch der Pendel früher hauptsächlich zum Auffinden von unterirdischen Wasserläufen und Bodenschätzen verwendet wurden, haben sich heute zahlreiche verschiedene Anwendungsbereiche herauskristallisiert. So kann der Pendel Hilfestellung bei Entscheidungen geben, er kann dazu benutzt werden, Dinge zu suchen oder den richtigen Zeitpunkt für ein wichtiges Unternehmen herauszufinden. Er kann Tipps bei Fragen zur Partnerschaft und zur Berufswahl geben, er kann – wie Sie noch sehen werden – noch mehr. Heute weiß man, dass jeder Mensch die Fähigkeit besitzt, das Pendeln zu erlernen – es erfordert allerdings etwas Übung. Pendeln ist nicht länger eine „Geheimwissenschaft" für Eingeweihte. Ein kleiner Ratschlag jedoch vorweg: Nehmen Sie das Pendeln, besonders am Anfang, nicht allzu ernst. Denken Sie daran, dass der Pendel nicht alle Antworten auf alle bedeutenden Fragen wissen kann oder Ihnen vielleicht auch manchmal falsche Antworten gibt.

MAGISCHE KRÄFTE
ODER EINE FRAGE DER ENERGIE?

WIE DAS PENDELN FUNKTIONIERT

Wer zum ersten Mal jemanden beim Pendeln beobachtet oder es selbst ausprobieren möchte, wird sich sicher fragen, warum der Pendel zu schwingen beginnt. Viele halten das Pendeln zunächst für Scharlatanerie und glauben, dass der Pendelpraktiker selbst den Pendel durch allerfeinste Handbewegungen manipuliert, um die Antwort zu bekommen, die er wünscht. Wenn Sie den Pendel jedoch selbst in der Hand halten und sich auf eine Frage intensiv konzentrieren, werden Sie nach einiger Zeit feststellen, dass der Pendel auch zu schwingen beginnt, wenn Sie weder die Hand noch die Finger bewegen. Sie werden verblüfft sein, dass der Pendel Ihnen wirklich antwortet.

Für dieses Phänomen gibt es mehrere Erklärungen: Manche Menschen glauben, dass übernatürliche Kräfte am Werk sind, die den Pendel in Bewegung versetzen. Diese Erklärung wird aber von der Radiästhesie, der Lehre von der Strahlenfühligkeit, verworfen. Die Radiästhesie geht davon aus, dass eine Person mit dem Pendel empfänglich für alle möglichen Arten von Strahlen oder Schwingungen ist, die von Gedanken, von Lebewesen (Menschen, Tiere, Pflanzen) und unbeweglichen Dingen ausgesandt werden. Werden diese Schwingungen empfangen, beginnt der Pendel auszuschlagen. Eine dritte Theorie ergänzt die Annahmen der Radiästhesie eher, als dass sie ihnen widerspricht: Nach dieser Theorie kennt jeder Mensch unbewusst die Antwort auf (fast) alle Fragen. Durch die Konzentration auf den Pendel werden diese Antworten praktisch aus dem Unterbewusstsein „hervorgeholt".

Die meisten Menschen, die sich intensiv mit dem Pendeln beschäftigen, gehen davon aus, dass die feinen Schwingungen oder Strahlen, die man mit dem Pendel empfängt, den Pendel in Bewegung setzen, dass aber zugleich auch das Unterbewusstsein eine Rolle spielt.

Von Strahlen und Schwingungen

Glauben Sie daran, dass es radioaktive Strahlung gibt, obwohl Sie sie nicht sehen können? Diese Frage werden Sie sicher mit „ja" beantworten, schließlich ist es wissenschaftlich bewiesen, dass bei dem Zerfall bestimmter Atomkerne Energie in Form dieser radioaktiven Strahlen freigesetzt wird. Genauso ist es auch mit der Röntgenstrahlung oder den ultravioletten Strahlen der Sonne – man sieht sie nicht, aber man weiß, dass es sie gibt.

All diese energiereichen Strahlen bewegen sich in Wellen fort, die aus einzelnen Schwingungen bestehen. Wenn diese Strahlen nun auf feste Körper treffen, werden sie von diesen reflektiert oder sie durchdringen sie. Manche Strahlen werden von bestimmten Materialien auch absorbiert, also aufgenommen. Einige Formen der Strahlung bewirken Veränderungen, wenn sie auf Gegenstände, Pflanzen, Tiere oder Menschen treffen: Die ultravioletten Strahlen können beispielsweise die menschlichen Körperzellen schädigen; andere energiereiche Strahlen versetzen einzelne Atome in Schwingung.

Zurück zum Pendeln. Die Radiästhesie vermutet, dass auch jeder Gegenstand, ob beweglich oder unbeweglich, jeder Gedanke, jedes Lebewesen, also kurz gesagt einfach alles eine bestimmte Strahlung absondert. Welcher Art diese Strahlung ist, ist noch unbekannt. Erreichen diese Strahlen jedoch denjenigen, der einen Pendel in der Hand hält, können sie ihn (sein Unbewusstes) und damit auch den Pendel in Schwingung versetzen. Für Skeptiker sei noch einmal gesagt: Wer weiß, dass es radioaktive Strahlung gibt, kann sich eigentlich auch dieser Theorie nicht verschließen. Schließlich gibt es auch eine nachgewiesene kosmische Strahlung (dazu gehören alle möglichen Formen energiereicher Strahlung aus dem Weltall), warum sollten dann nicht auch Menschen, Gegenstände und sogar Gedanken, für deren Formulierung wir ja auch Energie verbrauchen, eine gewisse Form der Strahlung aussenden? Und warum sollte diese Strahlung nicht von jemandem, der sich auf sie „einfühlt", empfangen werden können. Wie auch immer: Es gibt keinen wissenschaftlichen Beweis dafür, dass diese Form der Strahlung existiert, doch die Radiästhesie geht davon aus, dass es sie gibt und dass sie indirekt über das Unterbewusstsein auf den Pendel einwirkt. Viele „Pendler" haben das durch ihre Pendelergebnisse bewiesen.

Die Rolle des Unterbewusstseins

Wer dem Pendel eine Frage stellt, sollte alle Gedanken ausschalten, die die Pendelbewegung beeinflussen könnten, während er auf die Antwort des Pendels wartet. Das ist zunächst nicht so einfach, doch mit der Zeit kommt die Übung. Nur wenn er den Pendel nicht durch seinen Willen beeinflusst, kann er sicher gehen, dass er ihm auch die richtige Antwort gibt. Wie kommt nun aber diese Antwort zustande, die sich in der Schwingung des Pendels zeigt? Hier kommt wieder die Strahlung des Lebewesens oder des Dings ins Spiel, über das man eine Information haben möchte. Wer pendelt, muss sich bei seiner Fragestellung zunächst auf diesen Gegenstand oder dieses Lebewesen konzentrieren. Erst dann kann er dessen Strahlung „erspüren". Wenn er nun im Anschluss daran seine Gedanken weitgehend „ausschaltet", um die Antwort des Pendels nicht zu verfälschen, kann das Unterbewusstsein aktiv werden: Es fängt die Schwingungen der Strahlung auf und vermittelt sie an den Pendel weiter – der Pendel beginnt zu schwingen, und bald schon kennt man die mögliche Antwort. Manche Pendelpraktiker meinen, dass im Prinzip jeder die Antworten auf die Fragen, die dem Pendel gestellt werden, bereits kennt, dass jeder sie sozusagen instinktiv erspürt – die Antworten seien nur im Unterbewusstsein verborgen. Im Vergleich zu den Urzeitmenschen hätten wir verlernt auf unsere Instinkte, Gefühle und Intuition zu hören. Der Pendel ist nach dieser Theorie ein einfaches Hilfsmittel, um diese Instinkte wieder zum Vorschein zu bringen, er ist einfach nur ein Werkzeug, um die Antworten ans Tageslicht zu befördern, die bereits in uns liegen.

KANN JEDER DEN PENDEL BEFRAGEN?

Jeder, der dem Pendeln unvoreingenommen gegenübersteht, kann den Pendel befragen und aufschlussreiche Antworten bekommen. Das Alter oder das Geschlecht einer Person spielt keine Rolle – der Pendel gibt jedem Antwort, wenn man sich nur ausreichend auf ihn und die Fragen einlässt, die man ihm stellen will.

Allerdings gibt es Menschen, deren Fähigkeit, den Pendel zu benutzen, stärker ausgeprägt ist als die anderer Menschen. Oft sind es Frauen, die eine intuitive Begabung für das Pendeln haben. Frauen neigen dazu stärker auf ihre Gefühle und ihre innere Stimme zu hören als Männer. Während Männer Entscheidungen meistens aus Gründen der Vernunft fällen, achten Frauen vielfach eher darauf, was ihnen ihr „Bauch", also ihr Gefühl, sagt. Das kommt ihnen auch beim Pendeln zugute – sie gehen nicht mit einer vorgefertigten Meinung an das Pendeln heran, sondern probieren es einfach aus und erzielen damit oft gute Erfolge. Hinzu kommt, dass viele Frauen sich auch besser in andere Menschen hineinversetzen und ihre Empfindungen nachvollziehen können als viele Männer. Das hilft ihnen besonders dann, wenn sie für andere pendeln. Natürlich soll das nicht heißen, dass Frauen die „besseren Pendelpraktiker" sind – es gibt auch eine Vielzahl von Männern, die mit dem Pendel sehr gut umgehen können, und Frauen, denen es einfach nicht gelingen will. Doch Frauen stehen dem Pendeln im Allgemeinen – zumindest am Anfang – oft aufgeschlossener gegenüber, während viele Männer eher skeptisch sind.

VORAUSSETZUNGEN FÜR DAS PENDELN

Innere Einstellung

Jeder, der beim Pendeln Erfolge erzielen möchte, muss sich innerlich voll und ganz auf das Pendeln einstellen, sonst gelingt es ihm nicht, den Pendel in Bewegung zu setzen oder er erhält falsche Ergebnisse. Diese Bereitschaft, sich dem Pendeln ganz und gar „hingeben", ist letztendlich wesentlich wichtiger als die Pendelhaltung oder die Art der Fragestellung. Ohne sie kommt man nicht besonders weit. Es erfordert natürlich einige Konzentration, sich völlig auf das Pendeln einzustellen. Deshalb sollten Sie auch nur pendeln, wenn Sie richtig ausgeruht sind. Wer schon einen langen Arbeitstag hinter sich hat, müde und unkonzentriert ist und sich dafür entscheidet, zur Entspannung noch etwas zu pendeln, dem wird es in der Regel nicht gelingen, vernünftige Antworten zu bekommen.

Auch sollten Sie – wenn Sie richtige Antworten erhalten wollen – nicht „nur so zum Spaß" pendeln. Sie müssen es schon ernsthaft wollen, denn sonst überträgt sich diese Einstellung auch auf den Pendel: Er gibt Ihnen dann ebenfalls „nur so zum Spaß" unrichtige Antworten, eben weil Sie die Sache selbst nicht ernst nehmen. Wenn Sie beispielsweise auf einer Party oder in Gesellschaft pendeln wollen, kann das ganz amüsant sein – Sie sollten dann allerdings nie Fragen von echter Bedeutung mit dem Pendel beantworten wollen. Lehnen Sie die Beantwortung solcher Fragen schlichtweg ab und sagen Sie, dass es sich im Moment nur um einen Partyspaß und um keine echte Demonstration Ihres Könnens handelt. Wenn Sie für eine andere Person ernsthaft pendeln wollen, kann das sowieso nur in aller Ruhe geschehen und niemals in einer lauten Umgebung. Aus diesem Grund lehnen viele ernsthafte Pendelpraktiker es überhaupt ab, auf Partys oder größeren Gesellschaften zu pendeln. Manche befürchten sogar, dass sie durch solche Späße ihre Pendelfähigkeit verlieren könnten. Deshalb mein Rat: Pendeln Sie niemals ernsthaft in größerer Gesellschaft.

Frei machen
von anderen Gedanken

Bevor Sie mit dem Pendeln beginnen, müssen Sie versuchen, weitgehend von allem abzuschalten, was Sie zur Zeit beschäftigt, Sie müssen alle anderen Gedanken, die nichts mit dem Pendeln zu tun haben, für eine Zeit lang ausschalten. Ihre Konzentration gilt allein Ihrem Pendel und Ihrer Aufgabe. Leider ist es nicht ganz einfach, sich frei von anderen Gedanken zu machen. Es ist ja auch wie vertrackt: An etwas, an das man in einer bestimmten Situation in gar keinem Fall denken soll, denkt man ganz sicher zuerst.

Eine Entspannungstechnik kann Ihnen zum Beispiel dabei helfen, sich von anderen Gedanken frei zu machen. Falls Sie Yoga, das autogene Training oder eine Meditationstechnik beherrschen, führen Sie vor dem Pendeln einige kurze Übungen durch. Sie können auch auf die Atemtechnik zurückgreifen, die auf Seite 17 beschrieben wird. Möglicherweise kennen Sie ja noch weitere Techniken, um Ihren Kopf „frei" zu bekommen – vielleicht hilft Ihnen ein kurzer Spaziergang. Manche Menschen schließen vor dem Pendeln einfach ihre Augen und sagen sich mehrmals, dass sie sich nun voll und ganz auf das Pendeln konzentrieren werden. Auch diese Form der Autosuggestion erzielt bei vielen Menschen gute Erfolge.

Andere schließen die Augen, legen die Hände in den Nacken (dort wo Hals und Kopf aufeinandertreffen) und massieren mit den Fingern in kreisenden Bewegungen die Haut über den Schädelknochen und etwas unterhalb dieser Knochen. Probieren Sie doch einfach einmal eine dieser Techniken aus oder wenden Sie Ihr ganz persönliches Verfahren zur Entspannung vor dem Pendeln an.

Besonders wichtig:
Feinfühligkeit

Insgesamt kann man sagen, dass feinfühlige Menschen, die sich ein Gespür für die Empfindungen ihrer Mitmenschen erhalten haben, das Pendeln in der Regel schneller lernen als reine „Kopfmenschen", die alles mit dem Verstand zu ergründen suchen. Sensible Personen sind meistens empfänglicher für die Schwingungen, die den Pendel in Bewegung versetzen. Diese Menschen können es beim Pendeln weit bringen – sie können auf (fast) alle wichtigen Fragen mit Hilfe des Pendels eine Antwort finden.

Feinfühligkeit oder Sensibilität seiner Umwelt gegenüber ist nicht angeboren, man kann sie entwickeln, zum Beispiel indem man häufiger einmal versucht sich in andere hineinzuversetzen, sie genau beobachtet und versucht ihre Gefühle zu erfassen. Dazu gehört auch, den Verstand hin und wieder einmal auszuschalten und die eigenen Empfindungen zuzulassen. Wer sich die Zeit nimmt, sich zu entspannen und dabei auf seinen Körper und seine Bedürfnisse achtet, wird mit der Zeit ebenfalls mehr Sensibilität für sich und für seine Umwelt entwickeln, was sich auf seine Pendelfähigkeit positiv auswirkt.

Konzentration – ein weiterer wichtiger Faktor

Es gibt Menschen, die sich nur unter großen Anstrengungen über einen längeren Zeitraum auf eine Sache konzentrieren können – sie sind stattdessen immer in Bewegung und ständig muss irgendetwas anderes passieren. Wiederum gibt es andere, die sich im Anschluss an ihre Arbeit einfach nicht mehr auf irgendetwas Anstrengendes konzentrieren möchten, sie wollen nur noch abschalten. Beiden Typen von Menschen fällt das Erlernen des Pendelns schwerer als anderen, denen es keine Probleme bereitet, sich intensiv mit einer Sache zu beschäftigen. Pendeln erfordert höchste Konzentration. Diese Art von Konzentration hat mit der Konzentration, die man sonst bei schwierigen Aufgaben an den Tag legt, nicht viel zu tun. Es ist eher so, dass Sie versuchen müssen sich auf den Pendel einzufühlen, dass Sie Ihren

Kopf „leer" machen und somit aufnahmebereit für die Antworten des Pendels werden. Das mag sich noch etwas kompliziert anhören, doch nach und nach werden Sie sicher für sich herausfinden, wie Sie sich am besten in den Pendel „einfühlen".

Ist man nicht konzentriert, erhält man entweder gar keine oder falsche Antworten. Doch die Konzentrationsfähigkeit lässt sich durchaus steigern, zum Beispiel indem man sich erst einmal richtig entspannt, bevor man mit dem Pendeln beginnt. Zum Entspannen versuchen Sie einmal folgende Atemübung:

Setzen Sie sich in einem ruhigen Raum auf einen Stuhl, die Beine sind leicht gegrätscht, die Füße stehen auf dem Boden. Ihre Arme legen Sie ganz bequem auf den Oberschenkeln ab. Schließen Sie nun die Augen. Stellen Sie sich eine angenehme Umgebung vor (zum Beispiel eine Blumenwiese, eine ruhige Waldlichtung oder einen menschenleeren Strand). Versetzen Sie sich in diese Umgebung hinein, schalten Sie alle Außenreize ab und beginnen Sie damit, ganz tief durch die Nase (nicht durch den Mund!) einzuatmen. Merken Sie, wie sich zuerst der Brustkorb und anschließend der Bauch mit Luft füllt? Halten Sie nun den Atem einige Sekunden an – stellen Sie sich dabei immer auch die angenehme Umgebung vor. Dann lassen Sie die Luft ganz allmählich wieder aus Ihrem

Bauch und Ihrem Brustkorb entweichen, aber wirklich nur ganz allmählich. Nun warten Sie wieder ein bis zwei Sekunden bis zum nächsten tiefen Atemzug. Diese Atemübung führen Sie drei bis fünf Minuten lang durch. Hinterher werden Sie sich schon viel entspannter fühlen! In diesem Zustand können Sie sich optimal auf das Pendeln konzentrieren.

Wer große Probleme mit seiner Konzentrationsfähigkeit hat und sich auch mit dieser Atemübung nicht entspannen kann, für den empfiehlt sich das Erlernen einer Entspannungstechnik. Yoga, das Autogene Training oder eine Meditationstechnik eignen sich ganz hervorragend, um Geist und Körper intensiv zu entspannen und die Konzentrationsfähigkeit zu stärken.

Der Glaube an die eigenen Fähigkeiten

Das Pendeln lässt sich leichter erlernen, wenn man davon überzeugt ist, dass man es erlernen kann. Das mag wie eine Binsenweisheit klingen, trotzdem entspricht es der Wahrheit. Wer von vornherein daran zweifelt, dass er das Pendeln erlernen wird, geht bereits voreingenommen an die ganze Sache heran und wird deshalb größere Schwierigkeiten haben als jemand, der bereit ist, sich auf das Pendeln einzulassen. Versuchen Sie deshalb eine positive Einstellung zu Ihren eigenen Fähigkeiten zu bekommen. Sie müssen sich nur oft genug sagen, dass Sie das Pendeln erlernen können, dann wird es Ihnen auch gelingen!

Lassen Sie sich nicht entmutigen, wenn der Pendel Ihnen nicht gleich auf alle Fragen eine Antwort gibt. Es wird einige Zeit dauern, bis der Pendel Ihnen auch auf schwierigere Fragen oder auf Fragen größerer Bedeutung antwortet – schließlich müssen Sie Ihre Pendelfähigkeit erst nach und nach entwickeln. Geben Sie jedoch nicht gleich auf! Mit ein wenig Übung werden Sie dem Pendel seine „Geheimnisse" entlocken!

Wann man lieber auf das Pendeln verzichten sollte

Es gibt Augenblicke, die für das Pendeln weniger gut geeignet sind, etwa weil man sich nicht so intensiv auf den Pendel konzentrieren kann, wie man möchte, oder aber, weil die Umstände gegen den ernsthaften Umgang mit dem Pendel sprechen.

Dass Sie in der Lage sein müssen sich zu konzentrieren, wenn Sie den Pendel benutzen wollen, wissen Sie bereits. Deshalb unterlassen Sie das Pendeln, wenn es Ihnen körperlich nicht gut geht oder wenn Sie krank sind, denn meistens ist auch die Konzentrationsfähigkeit in Mitleidenschaft gezogen.

Bei großen seelischen Belastungen ist es ebenfalls nicht sinnvoll, den Pendel zur Hand zu nehmen. Die starken Gefühle könnten die Pendelschwingungen beeinflussen, wenn es Ihnen nicht gelingt, sich vollständig auf Ihre Fragestellung und den Pendelvorgang zu konzentrieren. Vor allem dann, wenn Sie den Pendel um Hilfe in einer belastenden Situation fragen wollen, sollten Sie innerlich nicht zu aufgewühlt sein. Warten Sie lieber eine Zeit lang ab, bis Sie sich wieder etwas beruhigt haben, oder schlafen Sie eine Nacht darüber, bevor Sie den Pendel um Antworten bitten.

Sie sollten ebenfalls nicht pendeln, wenn Sie gestört werden könnten. Für das ernsthafte Pendeln brauchen Sie absolute Ruhe, um sich in den Pendelvorgang versenken zu können. Kommt genau in dem Moment, in dem Sie sich intensiv konzentrieren, ein anderer hinzu, ist es vorbei mit der Konzentration, und Sie können wieder von vorn anfangen.

Auf die Schnelle dürfen Sie ebenfalls keine Antworten vom Pendel verlangen – besonders dann nicht, wenn Sie gerade erst mit dem Pendeln beginnen. Haben Sie nicht genügend Zeit, um sich intensiv mit dem Pendel zu beschäftigen, sollten Sie es unterlassen. Das gilt auch, wenn Sie nur eine Frage haben, die Sie dem Pendel gern stellen möchten. Eine halbe Stunde sollten Sie mindestens erübrigen können.

Unter Alkoholeinfluss sollten Sie ebenfalls besser auf das Pendeln verzichten. Manche Menschen haben zwar das Gefühl, dass der Alkohol ihr Bewusstsein „erweitert" und sie sich deshalb besser in den Pendel hineinversenken können, doch das ist ein Trugschluss. Sie werden sich nie so gut auf den Pendelvorgang konzentrieren können, wenn Sie bereits etwas getrunken haben. Das Gleiche gilt für andere Drogen; aber auch nach der Einnahme von Medikamenten, die die Konzentrationsfähigkeit beeinträchtigen, sollten Sie nicht mehr pendeln.

Auch sollten Sie nie pendeln, um damit die Aufmerksamkeit anderer auf sich zu ziehen oder gar, um sich bei anderen beliebt zu machen. Wenn Sie für andere Menschen pendeln möchten, sollte das immer aus dem Grund geschehen, dass Sie der anderen Person bei der Beantwortung wichtiger Fragen helfen möchten.

Die meisten Menschen haben bestimmte Tageszeiten, zu denen sie besser pendeln können als zu anderen Zeiten. Dies sind meistens die Zeiten, zu denen sie auch sonst am leistungsfähigsten sind. Bei manchen sind es die Morgenstunden, andere sind erst spät in der Nacht zu größerer Konzentration fähig. Versuchen Sie immer diese Zeiten zum Pendeln zu wählen, denn dann erzielen Sie die besten Erfolge.

Einführung in die Praxis des Pendelns

Auf den folgenden Seiten wird Schritt für Schritt beschrieben, was Sie tun müssen, um das Pendeln zu erlernen. Falls Sie schon ein „alter Hase" in der Benutzung des Pendels sein sollten, überspringen Sie einfach die Informationen, die Sie bereits kennen. „Picken" Sie sich die Abschnitte heraus, die Sie besonders interessieren – sie sind auch verständlich, wenn man nicht alle Abschnitte dieses Kapitels gelesen hat. Wenn Sie während des praktischen Pendelns Fragen haben, können Sie natürlich auch immer wieder in den entsprechenden Abschnitten nachschlagen, was zu tun ist. Pendelanfänger sollten sich jedoch die ganze Pendelpraxis einmal durchlesen, um einen ersten Eindruck zu bekommen, was sie alles vom Pendeln erwarten können.

Der richtige Pendel

Um es gleich vorwegzunehmen: „Den" richtigen Pendel gibt es nicht! Es gibt jedoch Menschen, die auf ein bestimmtes Material oder eine besondere Form ihres Pendels schwören. Für welche der im Folgenden beschriebenen Materialien oder Formen Sie sich auch immer entscheiden, liegt ganz bei Ihnen.

Im Prinzip ist ein Pendel nichts anderes als ein an einem Faden, einem Band oder einer Kette befestigter Gegenstand, der frei schwingen kann. Der Pendel kann aus Holz, Eisen, Stahl, Gold, Silber, Glas oder gar einem Edelstein bestehen, je nachdem was Ihnen am besten gefällt. Am besten geeignet ist zu Anfang jedoch ein Holz- oder Metallpendel, denn diese Materialien sind am neutralsten. Wer mehr Erfahrung mit dem Pendeln hat, wird vielleicht feststellen, dass ihn ein bestimmtes Material besonders anzieht. Das sollte er dann auch wählen, denn meistens fühlt man sehr genau, mit welchem Material man die besten Pendelergebnisse erzielt.

Besonders für Anfänger eignet sich zunächst eine Form, die nach unten spitz zuläuft – beispielsweise ein Dreieck. Diese Spitze zeigt beim Pendeln dann sicher auf die Antwort, während es bei einer Kugel oder einem Ring etwas schwerer fallen kann, die Antwort des Pendels zu interpretieren. Doch wenn Ihnen eine andere Form (zum Beispiel eine Hufeisenform, weil Hufeisen

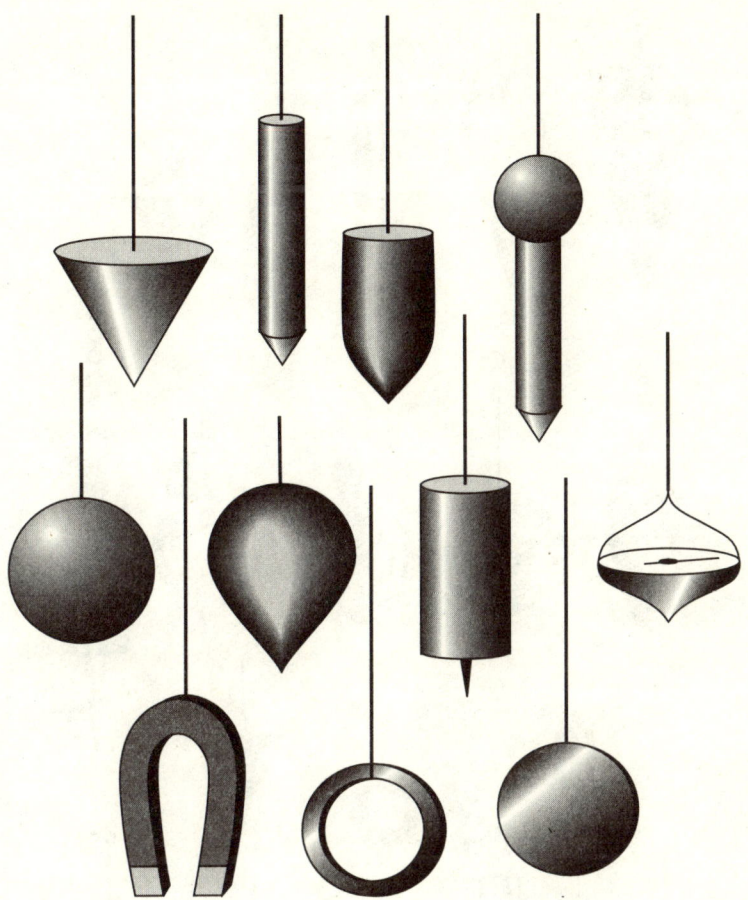

Glück bringen sollen) eher zusagt, spricht nichts dagegen, sich dafür zu entscheiden. Es gibt beispielsweise auch stäbchen- oder tropfenförmige Pendel oder besonders schwere Pendel für das Pendeln im Freien, die sich für Anfänger nicht so gut eignen, da sie oft schon wegen ihres Gewichts zu schwingen beginnen.

Besonders interessant sind Spiralpendel und Füllpendel: Ein Spiralpendel besteht – wie der Name schon sagt – aus einer Spirale. Als Material wird meistens Metall verwendet. Spiralpendel sind häufig etwas leichter als andere Pendel, weshalb Anfänger mit ihnen zunächst oft schwerer zurechtkommen. Die Pendelbewegungen fallen häufig auch etwas anders aus als bei „normalen" Pendeln, was jedoch niemanden davon abschrecken sollte, einen Spiralpendel zu benutzen.

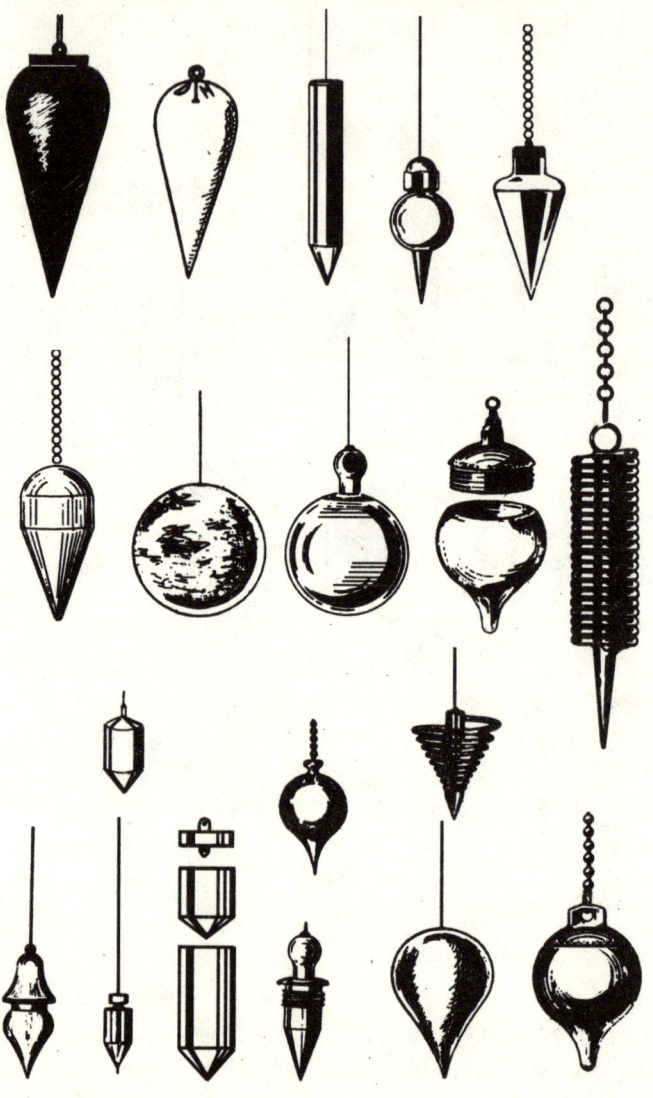

Füllpendel verfügen über einen kleinen Verschluss und sind innen (nicht ganz) hohl. Der Sinn dieses Hohlraums: Sie können beispielsweise einen Stoff hineinfüllen, nach dem Sie suchen, oder Sie füllen einen kleinen persönlichen Gegenstand der Person, für die Sie pendeln, hinein. Der Pendel wird nun noch rascher und genauer auf die Schwingungen der Substanz, die Sie suchen, oder auf die Schwingungen der Person reagieren.

Ihren Pendel können Sie kaufen, Sie können ihn aber auch selbst basteln. Dazu nehmen Sie einen spitz zulaufenden Gegenstand, zum Beispiel einen Nagel oder ein angespitztes Stück Holz. Diesen Gegenstand befestigen Sie an einem starken Faden, einer Kette oder einem Band. Sie können ein Loch durch den Gegenstand bohren und das Band hindurchziehen, Sie können den Faden jedoch auch festknoten oder festkleben. Wichtig ist, dass der Pendel mit seiner Spitze genau nach unten zeigt.

Der Faden sollte eine Länge zwischen zehn und 20 Zentimetern haben. Probieren Sie aus, welche Länge Ihnen zusagt. Aus welchem Material der Faden, das Band oder die Kette bestehen, ist ebenfalls egal. Besonders gut eignen sich jedoch dünne Metallketten, denn sie lassen sich nicht so leicht durch unbewusste Handbewegungen zum Schwingen bringen wie einfache Bindfäden. Sie sollten jedoch am oberen Ende einen Knoten in die Kette oder das Band machen, damit Sie es gut festhalten können.

Sie können selbstverständlich auch einen Pendel kaufen. In vielen Städten gibt es mittlerweile Esoterik-Läden, die Pendel in ihrem Sortiment haben. Sie sollten den Pendel im Geschäft zwar nicht ausprobieren, jedoch unbedingt testen, wie er in der Hand liegt. Schließlich kann nicht jeder mit jedem Pendel gleich gut umgehen.

Noch eine Kleinigkeit zum Gewicht: Zu Anfang sollten Sie einen Pendel benutzen, der nicht mehr als etwa 20 Gramm wiegt. Die Benutzung eines schwereren Pendels kann dazu führen, dass die Hand rascher ermüdet. Das wiederum kann zur Folge haben, dass Sie mit Ihrer Hand ungewollte Bewegungen ausführen, die den Pendel zum Schwingen bringen, wodurch das Ergebnis Ihrer Arbeit verfälscht würde. Wenn Sie viel im Freien pendeln wollen, benötigen Sie jedoch einen Pendel, der etwas schwerer ist, damit er nicht vom Wind irritiert werden kann. Das Gewicht eines solchen Pendels sollte in etwa 100 Gramm betragen.

Was Sie nie tun sollten, ist Ihren Pendel aus der Hand geben. Genauso wenig wie man einen Füllfederhalter keiner anderen Person zum Schreiben gibt, weil die Feder verbiegen könnte, sollten Sie einen so persönlichen Gegenstand wie Ihren Pendel weiterreichen. Behandeln Sie Ihren Pendel wie einen kostbaren Gegenstand – denn das ist er ja auch!

Natürlich kann es passieren, dass Sie Ihren persönlichen Pendel einmal nicht dabei haben und dennoch pendeln möchten. In diesem Fall tut es auch ein improvisierter Pendel aus einem Stück Kork oder aus einem ganz normalen Stein, den Sie an einem Zwirnsfaden befestigen.

DIE BENUTZUNG DES PENDELS

Es gibt verschiedene Arten den Pendel zu halten: Anfänger nehmen die Kette oder den Faden des Pendels am besten zwischen Daumen und Zeigefinger, denn so vermeidet man, dass der Pendel ausschlägt, weil man eine unbedachte Handbewegung gemacht hat. Sie können sich das Band oder die Kette aber auch um den Zeigefinger schlingen und den Pendel, wie auf den Abbildungen unten gezeigt wird, halten. Bei all diesen Pendelhaltungen ist der Zeigefinger fast gestreckt, weshalb sie leicht ermüdend sein können, besonders wenn der Pendel schwer ist.

Setzen Sie sich nun bequem an einen Tisch und legen Sie die Arme darauf. Die Hand mit dem Pendel sollte selbstverständlich die Hand sein, die Sie zum Schreiben benutzen – egal, ob Sie Rechts- oder Linkshänder sind. Nun nehmen Sie die Hand mit dem Pendel so hoch, dass der Pendel über dem Tisch locker schwingen kann. Da Sie den „Pendelarm" mit dem Ellenbogen auf dem Tisch abstützen sollten, müssen Sie die Kette oder das Band, an dem der Pendel befestigt ist, vielleicht etwas kürzen, indem Sie es entweder mehrmals um den Finger wickeln oder es so halten, dass Sie das Ende beim Pendeln auf keinen Fall stören kann.

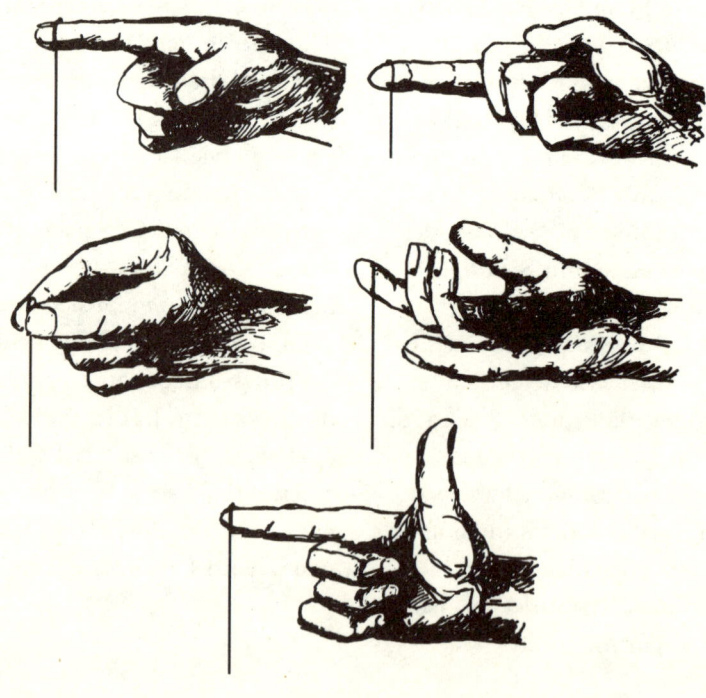

Setzen Sie sich einfach hin und bewegen Sie Ihre Hände nicht. Nach kurzer Zeit wird Ihr Pendel damit beginnen, sich in Bewegung zu setzen: Er wird eine Bewegung von rechts nach links ausführen. Genauso ist es auch, wenn Sie ihn fragen, was „Ja" bedeutet: Er wird vor und zurück schwingen. Sind Sie nun verblüfft? Es ist doch wirklich ganz einfach, oder?

Wenn Sie den Pendel mit in die Entscheidungsfindung einbeziehen wollen, fragen Sie ihn doch einfach nacheinander, welche Schwingung „Ja" und welche „Nein" bedeuten soll. Vielleicht antwortet er genauso wie oben beschrieben, vielleicht entscheidet er sich aber auch für Kreise. Meistens dreht sich der Pendel bei „Ja" im Uhrzeigersinn nach rechts, und bei „Nein" im Uhrzeigersinn nach links – es kann natürlich auch sein, dass Ihr Pendel sich bei „Ja" für eine Drehung um die eigene Achse nach links und bei „Nein" für eine Drehung nach rechts entscheidet. Akzeptieren Sie die Ent-

Nun sollten Sie eine gemeinsame „Sprache" mit dem Pendel vereinbaren – schließlich wissen Sie nicht, was er Ihnen durch welche Art der Schwingung sagen will. Die meisten Menschen entscheiden sich dafür, dass es „Ja" bedeutet, wenn der Pendel wie beim Kopfnicken in vertikaler Richtung vor ihnen vor und zurück schwingt, und dass es „Nein" heißt, wenn er wie beim Kopfschütteln von rechts nach links und umgekehrt schwingt. Schließlich lässt sich diese Lösung am einfachsten merken. Vielleicht fragen Sie sich nun: Gehorcht mir mein Pendel denn, wenn ich einfach so bestimme, dass eine Schwingung von links nach rechts „Nein" bedeutet und eine Schwingung von vorn nach hinten „Ja"? Probieren Sie es doch einfach einmal aus: Fragen Sie Ihren Pendel, was „Nein" bedeutet.

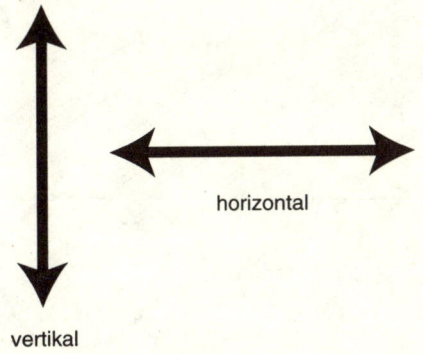

horizontal

vertikal

scheidung des Pendels (an der Sie unbewusst ja mitgewirkt haben) und merken Sie sie sich gut, denn von nun an wird Ihr Pendel immer auf diese Weise mit „Ja" und „Nein" antworten.

Da der Pendel nicht auf alle Fragen antworten kann und will, brauchen Sie nun noch ein Zeichen (eine Schwingung), das Ihnen sagt, dass die Frage nicht korrekt gestellt ist beziehungsweise, dass der Pendel Ihnen nicht antworten wird. In den meisten Fällen wird der Pendel in diesem Fall schräg nach oben oder nach unten schwingen; manchmal dreht sich der Pendel aber auch kreisförmig um die eigene Achse, um Ihnen mitzuteilen, dass Sie keine Antwort erhalten (nicht zu verwechseln mit „Nein" oder „Ja", falls so festgelegt). Vereinbaren Sie mit dem Pendel auch dieses Zeichen und merken Sie es sich gut. Es ist vielfach sinnvoll, sich

die Pendelschwingungen zu notieren, um nicht durcheinander zu kommen. Nach und nach werden Sie merken, dass der Pendel manchmal stärker ausschlägt als sonst. Damit verleiht er seiner Antwort mehr Nachdruck. Mit ein wenig Übung werden Sie sehr bald die Unterschiede in der Intensität der Pendelbewegung kennen lernen und sie zu interpretieren wissen.

Probieren Sie das Pendeln aus

Es geht nun darum, dem Pendel eine einfache Frage zu stellen, deren Antwort Sie nicht wissen können. Allerdings müssen Sie die Antwort des Pendels überprüfen können. Für diese Aufgabe können Sie beispielsweise zwei gleich aussehende Briefumschläge benutzen. In den einen Briefumschlag kommt ein Zettel mit der Antwort „Ja", in den anderen ein Zettel mit dem Wort „Nein". Nun legen Sie die Briefumschläge auf den Tisch und „mischen" sie solange durcheinander, bis Sie nicht mehr wissen, welcher Umschlag welche Antwort enthält. Legen Sie die beiden Briefumschläge vor sich hin und halten Sie den Pendel etwa zehn Zentimeter über einen der Umschläge. Stellen Sie nun eine Frage, die Ihr Pendel ebenfalls mit „Ja" oder „Nein" beantworten kann. Fragen Sie ihn zum Beispiel, ob sich in dem di-

rekt vor Ihnen liegenden Briefumschlag der Zettel mit der Antwort „Ja"
verbirgt. Konzentrieren Sie sich ganz
intensiv auf diese Fragestellung, den
Pendel halten Sie locker in der Hand,
beide Füße berühren den Boden. Versuchen Sie, keine Vermutung anzustel-
len, welcher Zettel in dem Umschlag
sein könnte, sonst beeinflussen Sie den
Pendel durch Ihre Gedanken womöglich. Konzentrieren Sie sich allein auf
Ihre Fragestellung und versuchen Sie
Ihren Kopf von anderen Gedanken zu
befreien.

Warten Sie nun geduldig auf die Antwort des Pendels. Häufig dauert es
nämlich einige Zeit, bis der Pendel zu
schwingen beginnt. Versuchen Sie
nicht den Pendel mit Handbewegungen „anzustoßen", damit verfälschen
Sie nur das Pendelergebnis. Selbst
wenn es einige Minuten dauert, bis
sich etwas tut, werden Sie nicht ungeduldig oder unzufrieden, sondern behalten Sie die Konzentration bei. Nach
einiger Zeit wird der Pendel Ihnen
dann Antwort auf Ihre Frage geben. Er
antwortet mit den Zeichen, die Sie
vorab mit ihm vereinbart haben.
Schauen Sie nun in dem Umschlag
nach, ob Ihr Pendel Recht hatte.

Falls Ihnen die Aufgabe mit den
Umschlägen noch zu kompliziert erscheint, können Sie auch ganz einfach
den Pendel zunächst über die Handflä-
che Ihrer linken Hand halten (oder
über Ihrer rechten Hand, falls Sie

Linkshänder sind und mit der linken
Hand den Pendel halten). Warten Sie
nun, ohne eine Frage zu stellen, auf die
ersten Pendelbewegungen, die sich sicher nach kurzer Zeit einstellen werden. Beginnt der Pendel zu kreisen?
Dann haben Sie Ihre Sache richtig gemacht. Ihre Hand, über der Sie den
Pendel halten, strahlt nämlich Schwingungen aus, die sich in die Bewegung
des Pendels übersetzen. Beobachten Sie
die Bewegungen gut.

Stoppen Sie nun den Pendel und bringen Sie ihn erneut über die Handflä-
che. Warten Sie noch einmal, welche
Bewegungen er ausführt. Kreist der
Pendel wieder in die gleiche Richtung
wie beim ersten Mal? Dann können
Sie sicher sein, dass Sie alles richtig
gemacht haben!

Lassen Sie sich durch Fehlschläge jedoch keinesfalls entmutigen. Sie wissen
doch: Aller Anfang ist schwer! Das gilt
auch für das Pendeln. Man kann den
Pendel nicht schon gleich zu Beginn
an für die Beantwortung schwieriger
Fragen verwenden. Erst nach und nach
entwickelt sich bei den meisten Menschen die Pendelfähigkeit. Auch kris-
tallisiert sich bei vielen Menschen ein
Bereich heraus, in dem sie mit dem
Pendel am besten umgehen können:
bei manchen ist das der medizinische
Bereich, andere können mit dem Pendel Dinge finden, die verloren gegan-
gen sind, dritte wiederum können mit
dem Pendel Antworten geben, die den

zwischenmenschlichen Bereich betreffen. Auch Sie werden nach einiger Zeit den Bereich herausfinden, in dem Sie am besten mit dem Pendel umgehen können.

RICHTIG FRAGEN

Die Fragestellung an den Pendel muss immer ganz klar und eindeutig sein, sonst schleichen sich leicht Fehler in die Antworten des Pendels ein. Bedenken Sie, dass der Pendel Ihnen nur durch seine Schwingungen antworten kann, die Sie dann richtig interpretieren müssen. Je klarer die Frage ist, die Sie dem Pendel stellen, desto eindeutiger wird auch die Antwort ausfallen. Einige Beispiele: Es ist verständlich, dass der Pendel auf eine Frage wie „Was kann ich tun, um gesund zu werden?" keine Antwort geben kann. Sie müssen sich schon genauer äußern. Die Frage „Hilft mir das Medikament XY dabei, gesund zu werden?" kann der Pendel Ihnen im Gegensatz zur ersten Frage eindeutig beantworten. Auf die Frage „Enthält dieses Nahrungsmittel Vitamine?" werden Sie sicherlich die Antwort „Ja" erhalten, denn die meisten Nahrungsmittel beinhalten Vitamine, wenn auch nur in geringen Mengen. Wenn Sie jedoch ganz genau wissen wollen, ob das Nahrungsmittel ein bestimmtes Vitamin enthält, müssen Sie gezielt danach fragen.

Der Pendel trifft Entscheidungen

Sie können den Pendel auch zwischen zwei oder mehreren Antworten entscheiden lassen. Wenn Sie mehrere Antworten zur Auswahl haben, empfiehlt es sich, mit den so genannten Pendeldiagrammen zu arbeiten, zu denen Sie ab Seite 37 mehr erfahren. Wenn es nur zwei Antwortmöglichkeiten gibt, ist es jedoch nicht notwendig, auf ein Pendeldiagramm zurückzugreifen.

Das klingt noch etwas theoretisch, deshalb folgen nun ein paar Beispiele: Wenn Sie zum Beispiel wissen wollen, welches von zwei Nahrungsmitteln mehr Vitamine enthält, legen Sie die beiden Nahrungsmittel, die Sie zur Auswahl haben, vor sich auf den Tisch. Der Abstand zwischen den beiden Nahrungsmitteln sollte groß genug sein, dass Sie den Pendel bequem dazwischen halten können. Stellen Sie nun Ihre Frage: „Welches dieser beiden Nahrungsmittel enthält mehr Vitamine?" Konzentrieren Sie sich auf diese Frage und versuchen Sie die Antwort nicht willentlich zu beeinflussen. Nach einiger Zeit wird Ihr Pendel in die Richtung des Nahrungsmittels ausschlagen, das vitaminreicher ist. Pendelt er allerdings zwischen beiden Nahrungsmitteln hin und her, können Sie davon ausgehen, dass beide in etwa gleich viele Vitamine enthalten.

Haben Sie den Verdacht, dass eines der beiden Nahrungsmittel Ihnen nicht bekommt, können Sie natürlich auch fragen: „Welches Nahrungsmittel ist für mich ungeeignet/ungesund?" Auch darauf wird der Pendel Ihnen eine Antwort geben.

Nicht immer ist es – wie in dem Beispiel mit den Nahrungsmitteln – möglich, dem Pendel Gegenstände direkt vorzulegen, um zwischen ihnen zu entscheiden. Wenn Sie zum Beispiel eine Entscheidung zwischen zwei Arbeitsaufträgen treffen müssen, haben Sie wohl nichts Konkretes in der Hand. In diesem Fall behelfen Sie sich auf ganz einfache Weise: Nehmen Sie zwei Zettel. Auf einem notieren Sie den Auftrag A, auf dem anderen den Auftrag B. Legen Sie nun die beiden Zettel vor sich auf den Tisch und fragen Sie den Pendel zum Beispiel: „Welchen der zwei Aufträge kann ich in der vorgegebenen Zeit besser bewältigen?" Wenn Sie nur fragen, für welchen Auftrag Sie sich entscheiden sollen, kann der Pendel nicht wissen, welche Kriterien er zur Entscheidung hinzuziehen soll. Fragen Sie jedoch, welchen Auftrag Sie leichter bewältigen können, hat der Pendel konkrete Hinweise darauf, worauf er bei der Beantwortung der Frage achten muss. Genauso gut könnten Sie natürlich fragen, bei welchem der beiden Aufträge Sie den größeren Gewinn erwarten können oder auch mehr berufliche Anerkennung.

Doch jetzt noch einmal dazu, wie Sie mit Hilfe des Pendels eine Entscheidung zwischen zwei Varianten auch ohne weitere Hilfsmittel wie Gegenstände oder Notizzettel treffen können. Denn auch das ist möglich. Sie müssen sich die zwei Alternativen in diesem Fall denken. Ein Beispiel: Stellen Sie sich vor, Sie hätten bei einer Krankheit die Wahl zwischen zwei Behandlungsverfahren. Sie wissen nur noch nicht genau, welches Therapieverfahren Sie wählen sollen. Denken Sie nun ganz intensiv an die beiden Behandlungsmethoden und geben Sie Ihrem Pendel die Anweisung, dass er nach rechts und links schwingen soll, wenn er sich für das erste Therapieverfahren entscheidet. Fällt seine Entscheidung auf die zweite Behandlungsmethode, soll er vor und zurück schwingen. Stellen Sie dann Ihre Frage: „Welche Behandlungsmethode hilft mir besser dabei, gesund zu werden?" Ihr Pendel wird sich schon bald in Bewegung setzen und Ihnen die Antwort geben.

Kurz und prägnant

Je kürzer und prägnanter Ihre Frage ist, umso besser kann sie vom Pendel beantwortet werden. Je ungenauer oder komplizierter sie ist, desto ungenauer wird auch die Antwort des Pendels ausfallen. Überlegen Sie sich daher vor der Befragung des Pendels, ob Sie Ihre

Frage in mehrere Fragen aufteilen können, wenn sie sehr umfangreich ist. Bleiben wir bei dem Beispiel, bei dem Sie sich zwischen zwei Arbeitsaufträgen entscheiden müssen, weil Sie nur einen in der vorgegebenen Zeit schaffen: Sie interessiert nicht nur, bei welchem Arbeitsauftrag Sie den größeren Gewinn erzielen, Sie wollen auch wissen, welchen Auftrag Sie in kürzerer Zeit erledigen können und welcher Auftrag Ihren Fähigkeiten besser entspricht. In diesem Fall ist es sinnvoll, statt einer drei Fragen zu stellen. Es kann nun passieren, dass Sie nicht dreimal die gleiche Antwort bekommen. Schließlich kann es sein, dass Sie den einen Auftrag in kürzerer Zeit erledigen können als den anderen, dass Sie aber beim zweiten Ihre Fähigkeiten besser nutzen können. Die letztendliche Entscheidung liegt dann nicht beim Pendel, sondern bei Ihnen. Wenn Sie möchten, können Sie den Pendel einmal fragen, für welchen Auftrag Sie sich unter Abwägung aller drei Kriterien entscheiden sollten, falls Sie selbst nun völlig überfragt sind. Diese Frage ist ebenfalls kurz und prägnant und da Ihnen der Pendel auf die anderen Fragen ja bereits Antwort gegeben hat, wird er Ihnen nun auch diese Frage beantworten (es sei denn, es gibt keine eindeutige Antwort).

Nicht negativ fragen!

Ihr Pendel ist ein Instrument, das Ihnen wertvolle Hilfestellung geben kann. Versuchen Sie, ihm möglichst keine negativ formulierten Fragen zu stellen, denn Sie wollen ja auch im positiven Sinne Hilfe von ihm. Fragen Sie Ihren Pendel zum Beispiel „Kann mir dieses Medikament helfen?", statt „Sollte ich dieses Medikament besser nicht einnehmen?"

Leider ist diese Art der Fragestellung nicht immer möglich. Wenn Sie zum Beispiel wissen möchten, ob Ihnen eines von zwei Nahrungsmitteln nicht bekommt, können Sie schlecht fragen: „Welches Nahrungsmittel ist für mich geeignet?" Denn dann wissen Sie noch immer nicht genau, ob Sie eines der beiden Nahrungsmittel nicht vertragen. Doch dort, wo es möglich ist, sollten Sie negativ formulierte Fragen vermeiden.

Auf die Fragestellung einstimmen

Nachdem Sie sich zunächst auf das Pendeln im Allgemeinen eingestellt haben, müssen Sie sich nun auf die Fragestellung einstimmen. Nehmen Sie Ihren Pendel in die Hand und stellen Sie innerlich oder auch laut – je nachdem, was Ihnen besser zusagt – mehrfach hintereinander die Frage, die

Sie sich vorher genau überlegt haben (siehe Seite 28). Wenn Sie nun Ihre Gedanken völlig abschalten könnten, um auf die Antwort zu warten, wäre das zwar sehr schön, doch diese Befreiung von allen Gedanken gelingt den wenigsten.

Die meisten Menschen denken im Anschluss an die Fragestellung zunächst daran, wie die Antwort auf die Frage wohl lauten könnte – sie malen sich verschiedene Antwortmöglichkeiten aus. Doch genau das ist falsch. Wer sich Antworten „ausdenkt", überträgt diese fast automatisch auf den Pendel und verfälscht damit sein Pendelergebnis. Daher nun ein paar Tipps, wie Sie die Beeinflussung des Pendels vermeiden können.

Anfänger denken am besten während der gesamten Zeit, in der sie auf die Antwort des Pendels warten, an ihre Fragestellung. Vielen hilft es, die Frage dauernd leise vor sich hin zu murmeln wie ein Mantra, einen heiligen indischen Text, den man ständig wiederholt. Andere stellen sich vor, wie aus ihrem Körper Energie in den Pendel hinüberströmt und ihn auflädt.

Wichtig ist dabei, dass man mit seinen Gedanken nicht plötzlich abschweift und an ganz alltägliche Dinge denkt. Denn dadurch wird die Konzentration auf den Pendelvorgang ebenfalls gestört und die Antwort des Pendels beeinträchtigt. Möglicherweise schaffen Sie es ja auch irgendwann, während

des Pendelvorgangs an gar nichts mehr zu denken – innerlich leer zu sein. Doch selbst Menschen, die im Umgang mit dem Pendel sehr erfahren sind, gelingt das nur ganz selten.

Wenn Gefühle zum Problem werden …

Bestimmte Fragen sollten Sie dem Pendel erst stellen, wenn Sie bereits zu den „fortgeschrittenen Pendelpraktikern" gehören. Dazu gehören alle Fragen, deren Antworten für Sie von größter Bedeutung sind oder starke Gefühle hervorrufen könnten.

Ein Beispiel: Die Frage, ob Sie und Ihr Partner zusammenpassen, sollten Sie nicht gerade zu Anfang Ihrer „Pendelkarriere" stellen. Schließlich haben Sie sicherlich den Wunsch, dass der Pendel mit „Ja" antwortet. Schwierig kann es auch sein, den eigenen Gesundheitszustand oder den von Freunden auszupendeln. Man selbst möchte unter keiner Krankheit leiden, man wünscht sich genauso, dass ein guter Freund gesund ist und es auch weiterhin bleibt. Die eigenen Wünsche können bei solchen Fragen die Antwort des Pendels beeinflussen. Man hofft zum Beispiel so sehr, dass man gesund ist, dass der Pendel keine gegenteilige Antwort gibt, obwohl eine Krankheit vorliegt. Leider sind die Fragen, die die stärksten Gefühle hervorrufen, meistens die interessantesten. Aus diesem Grund möchte man auf diese Fragen natürlich möglichst früh Antworten vom Pendel erhalten. Doch solange Sie sich noch zurückhalten können, diese Fragen zu stellen, solange sollten Sie es auch tun. Während Sie bei solch einer brisanten Frage auf die Antwort des Pendels warten, ist es natürlich besonders wichtig, die Gedanken von den gewünschten Antworten wegzuleiten. Wie Sie ja wissen, ist das nicht ganz so leicht. Stellen Sie sich daher noch intensiver vor, wie Ströme von Energie aus Ihrem Körper in den Pendel fließen. Malen Sie sich diese Vorstellung richtig bildlich aus und zwar möglichst so lange, bis der Pendel Ihnen eine Antwort gibt. Dann können Sie ziemlich sicher sein, dass Sie trotz aller Gefühle, die die Frage ausgelöst hat, die richtige Antwort bekommen.

Bewahren Sie die Geduld

Manche Menschen können einfach nur schwer warten, sie sind extrem ungeduldig. Beim Pendeln braucht man jedoch Geduld, denn schließlich dauert es manchmal einige Zeit, bis der Pendel eine Antwort gibt. Wer glaubt diese Geduld nicht aufbringen zu können, sollte besser erst gar nicht mit dem Pendeln anfangen oder er muss lernen seine Ungeduld schließlich doch zu bezähmen.

Wenn Sie dem Pendel Ihre Frage gestellt haben, dauert es in der Regel zwischen 30 Sekunden und fünf Minuten, bis Sie eine Antwort erhalten. In Einzelfällen kann die Wartezeit jedoch auch schneller vergehen oder länger andauern. In jedem Fall erscheint einem das Warten immer länger, als es dann tatsächlich gedauert hat. Verschwenden Sie jedoch bitte keinen einzigen Gedanken an Ihre Wartezeit – Sie unterbrechen damit nur Ihre Konzentration auf die Fragestellung und auf den Pendel. Und die Folgen kennen Sie ja bereits: Die Antwort kann verfälscht werden oder der Pendel antwortet nun gar nicht mehr. Es kann auch passieren, dass Sie nun noch einmal so lange warten müssen, weil Sie sich erneut auf die Fragestellung und den Pendelvorgang einstimmen müssen. Das ist dann das Gegenteil von dem, was Sie eigentlich erreichen wollten.

Bevor Sie mit dem Pendeln beginnen, sollten besonders ungeduldige Menschen sich deshalb lange genug vorstellen, dass ihre Geduld ausreichend groß ist, um auf die Antwort des Pendels zu warten. Sagen Sie sich beispielsweise immer wieder: „Ich habe Zeit. Ich kann warten." Sie werden sehen: Wenn sich Ihnen diese Sätze richtig einprägen, werden Sie auch tatsächlich warten können.

WENN DER PENDEL NICHT ODER FALSCH ANTWORTET

Manche Menschen erhalten beim Pendeln häufig falsche Antworten. Es kann auch passieren, dass sich der Pendel trotz aller Bemühungen kaum rührt oder sich gar nicht in Bewegung setzt. Dafür gibt es eine Reihe verschiedener Ursachen.

Bei Anfängern ist die Ursache häufig in der skeptischen Haltung gegenüber dem Pendeln zu finden. Wer nicht daran glaubt, dass ihm der Pendel antwortet, dem wird er wahrscheinlich auch nicht antworten. Vielleicht setzt er sich zwar ein wenig in Bewegung, doch eine richtige Antwort erhält der Fragende nur durch Zufall. Auch diejenigen, die nicht davon überzeugt sind, dass sie die Fähigkeit besitzen, das Pendeln zu erlernen, werden zu Anfang Schwierigkeiten haben. Sie müssen erst diese skeptische Grundhaltung überwinden, um zu guten Pendelergebnissen zu kommen.

Mangelnde Konzentration

Sie wissen ja bereits, wie wichtig es ist, sich beim Pendeln voll auf die Fragestellung und den Pendel zu konzentrieren. Die meisten Fehler, die beim Pendeln auftreten, entstehen durch mangelnde Konzentration. Wenn Sie sehr häufig Probleme mit dem Pendeln haben, sollten Sie daher einmal genau darüber nachdenken, ob Sie vielleicht durch irgendetwas abgelenkt werden. Vielleicht sind Sie größeren seelischen oder körperlichen Belastungen ausgesetzt, die verhindern, dass Sie sich wirklich intensiv mit dem Pendeln beschäftigen können. Allzu leicht schweifen dann – manchmal auch unbewusst – die Gedanken ab, wodurch die Pendelfähigkeit beeinflusst wird.

Doch keine Angst! Auch Sie können es schaffen, dass der Pendel Ihnen antwortet! Im Abschnitt zur „inneren Einstellung", auf Seite 15, finden Sie einige Tipps, wie Sie Ihre Konzentrationsfähigkeit steigern und somit auch Ihre Pendelergebnisse enorm verbessern können.

Ganz wichtig ist auch, dass Sie nichts und niemand bei Ihren Pendelversuchen stört. Suchen Sie sich einen ruhigen Ort, an den Sie sich zurückziehen, wenn Sie pendeln wollen. Das muss nicht immer ein Raum in Ihrer Wohnung sein – Sie können sich bei schönem Wetter auch auf eine Waldlichtung oder eine Wiese zurückziehen, wenn Sie woanders keine Ruhe finden! Dann haben Sie zwar keinen Tisch, an den Sie sich setzen können, Sie können sich aber stattdessen auf den Boden setzen (oder auch legen, wenn Sie die Möglichkeit haben, ihre Arme abzustützen) und sich dann auf den Pendel und Ihre Fragestellung konzentrieren.

Häufig hilft es auch, den Pendel eingehend zu betrachten, wenn Sie Ihre Frage gestellt haben. Versuchen Sie sich in den Anblick des Pendels regelrecht zu versenken, betrachten Sie seine Form, seine Farbe und seine Konturen. Denken Sie nur an den Pendel und fixieren Sie ihn. Meistens setzt er sich nun nach einer Weile in Bewegung und gibt Ihnen eine Antwort auf Ihre Frage.

Nie die Zukunft erpendeln

Vielleicht gibt Ihnen der Pendel aber auch deshalb häufig keine oder falsche Antworten, weil Sie versuchen mit seiner Hilfe in die Zukunft zu blicken. Die Fähigkeit Zukünftiges vorauszusagen besitzt der Pendel jedoch nicht. Er kann nur die Schwingungen von Gegenständen, Lebewesen oder Gedanken aus der Gegenwart auffangen. Er kann Ihnen zwar auch Hilfestellungen für Entscheidungen geben, die Sie noch treffen müssen, doch kann er Ihnen keine Antwort auf Fragen wie „Werde ich im folgenden Jahr meinem Traumpartner begegnen?" oder „Wird das nächste Jahr für mich erfolgreich?" geben.

Vielleicht sind Sie jetzt enttäuscht, weil Sie an den Pendel die Erwartung gestellt haben, dass er Ihnen Zukünftiges verrät. Doch der Pendel ist keine Kristallkugel (mit der es im Übrigen auch nicht gelingt, in die Zukunft zu sehen): Er ist allerdings ein hervorragendes Hilfsmittel, um Entscheidungen vorzubereiten und bestimmte Dinge über sich und andere herauszufinden, die bislang im Verborgenen lagen.

Es ist auch ganz gut so, dass man mit dem Pendel nicht in die Zukunft sehen kann. Stellen Sie sich nur einmal vor, dass der Pendel Ihnen etwas Schlechtes prophezeien würde, zum Beispiel, dass Sie schwer erkranken – Sie würden sich durch dieses Wissen doch nur die Gegenwart verderben! Versuchen Sie Ihre Enttäuschung zu überwinden und die vielen Möglichkeiten zu nutzen, die Ihnen der Pendel bietet. Sie können mithilfe des Pendels beispielsweise viel über sich selbst herausfinden und ihr Leben positiver gestalten.

Die falschen Beweggründe

Manchen Menschen gibt der Pendel häufig unrichtige oder gar keine Antworten, weil sie mit falschen Beweggründen an das Pendeln herangehen. Wer zum Beispiel nicht aus wirklichem Interesse pendelt, sondern um sich damit bei seinen Freunden und Bekannten interessant zu machen, wird nur durch Zufall richtige Antworten vom Pendel bekommen. Das ist auch kein Wunder: Jemand, der aus diesem Grund das Pendeln zu erlernen versucht, wird sich nie so intensiv in seine Fragestellung und den Pendel versenken können, wie es nötig ist, um richtige Antworten zu erhalten.

Menschen, die das Pendeln erlernen, weil sie sich materiellen Nutzen davon versprechen, werden ebenfalls keine großen Erfolge erzielen. Einige meinen, Sie könnten mit Hilfe des Pendels auf Schatzsuche gehen, manche erhoffen sich, anderen ihre „Pendel"-Dienste für viel Geld anbieten zu können. Doch beides funktioniert so nicht! Es lassen sich nicht einfach Schätze (auch keine Bodenschätze) mit dem Pendel finden, wenn man den Hintergedanken hat durch das Pendeln reich zu werden. Der Pendel verweigert dann einfach seine Dienste. Genauso wenig kann der Pendel die Lottozahlen des folgenden Wochenendes ermitteln. Wenn Sie für andere pendeln, können Sie zwar eine Aufwandsentschädigung verlangen, doch Sie dürfen nicht glauben, dass Sie mit dem Pendeln reich werden können. Stellen Sie nämlich überzogene Forderungen, gelingt es Ihnen ebenfalls nicht mehr, die richtigen Antworten mit dem Pendel zu ermitteln. Dafür gibt es einen ganz einfachen Grund: Statt sich allein auf den Pendel zu konzentrieren, beschäftigt man sich unbewusst auch mit dem Honorar, das man für seine Tätigkeit erlangt. Die Konzentrationsfähigkeit beim Pendeln lässt nach, der Pendel verweigert die richtigen Antworten.

Wenn der Pendel häufig falsch antwortet

Falls Ihr Pendel Ihnen häufig falsche Antworten gibt, kann das auch an einer unklaren Fragestellung liegen. Wie Sie wissen, ist es wichtig, dem Pendel präzise, kurze Fragen zu stellen. Möglicherweise gibt es für Ihre vermeintlich einfache Frage mehrere Interpretationsmöglichkeiten und der Pendel gibt Ihnen Antwort, so wie er die Frage „versteht". Vielleicht ist Ihre Frage aber auch einfach zu lang oder sie enthält mehrere Fragen auf einmal. Lesen Sie sich die Tipps zur Fragestellung auf Seite 28 noch einmal durch und formulieren Sie Ihre Frage oder Ihre Fragen neu.

Möglicherweise liegen aber auch Störeinflüsse vor, die Sie beim Pendeln behindern. Solche Störeinflüsse können zum Beispiel durch Metallgegenstände ausgelöst werden. Überprüfen Sie, ob es an Ihrem bevorzugten Pendelplatz solche Metallgegenstände gibt und entfernen Sie sie notfalls, bevor Sie mit dem Pendeln beginnen. Auch Schmuck oder Uhren sollten Sie zum Pendeln ablegen.

Andere Gründe, warum es mit dem Pendeln nicht so klappt

Auch wenn man es zunächst nicht vermutet: Das Wetter spielt beim Pendeln ebenfalls eine Rolle. Bei starkem Regen, bei Sturm oder bei Gewitter erhält man so gut wie nie zuverlässige Ergebnisse. Verschieben Sie daher unter solchen Wetterbedingungen Ihre „Pendelsitzung".

Manchmal sind auch ganz einfach die kalten Hände schuld, wenn es mit dem Pendeln nicht so klappt. Wenn Sie häufig unter kalten Händen leiden, achten Sie zumindest darauf, dass sie beim Pendeln warm sind. Tauchen Sie sie vor dem Pendeln zum Beispiel eine Zeit lang in warmes Wasser.

Auch durch Rauchen oder die Einnahme von Medikamenten kann die Pendelfähigkeit beeinträchtigt werden.

Versuchen Sie zumindest während des Pendelns nicht zu rauchen. Medikamente, die Sie benötigen, dürfen Sie natürlich nicht ohne weiteres absetzen!

Überprüfen Sie die Aussage des Pendels

Falls Sie skeptisch sind, ob Ihnen der Pendel die richtige Antwort gegeben hat, machen Sie doch einfach die Probe aufs Exempel: Fragen Sie den Pendel, ob die Antwort, die er Ihnen gegeben hat, stimmt.

Sie stellen ihm einfach folgende Frage: „Ist das vorliegende Ergebnis richtig?" Darauf kann der Pendel Ihnen nur mit „Ja" oder „Nein" antworten. Antwortet er mit „Nein", stellen Sie Ihre Frage noch einmal. Die Antwort, die Ihnen der Pendel dann gibt, können Sie erneut überprüfen.

DER UMGANG
MIT PENDELDIAGRAMMEN

Pendeldiagramme sind Hilfsmittel, um schneller Antworten vom Pendel auf gezielte Fragen zu bekommen. Wenn Sie zum Beispiel wissen möchten, welchen Beruf Sie wählen sollen, können Sie dem Pendel Fragen nach dem Ja-Nein-Prinzip stellen („Ist der Beruf des Kfz-Mechanikers für mich geeignet?") oder Sie legen dem Pendel ein Pendeldiagramm vor, in dem zahlreiche Berufe namentlich aufgelistet sind. Der Pendel kann sich nun gezielt für einen Beruf entscheiden, wenn Sie ihm die Frage stellen: „Welcher Beruf ist für mich am besten geeignet?". Es ist verständlich, dass man sich bei einer Viel-

zahl von Auswahlmöglichkeiten immer für das Pendeln über einem Diagramm entscheidet, weil es weniger Zeit kostet und weniger anstrengend ist. Pendeldiagramme bestehen aus einem Halbkreis, von dessen Ausgangspunkt in der Mitte der unteren Begrenzungslinie strahlenförmig Linien ausgehen, die das Diagramm in viele einzelne Abschnitte, die so genannten Sektoren, unterteilen. In jedem dieser Sektoren finden Sie eine Berufsbezeichnung, um bei dem eben genannten Beispiel zu bleiben. Es kann sich auch um ein Diagramm handeln, in das die Namen verschiedener Nahrungsmittel eingetra-

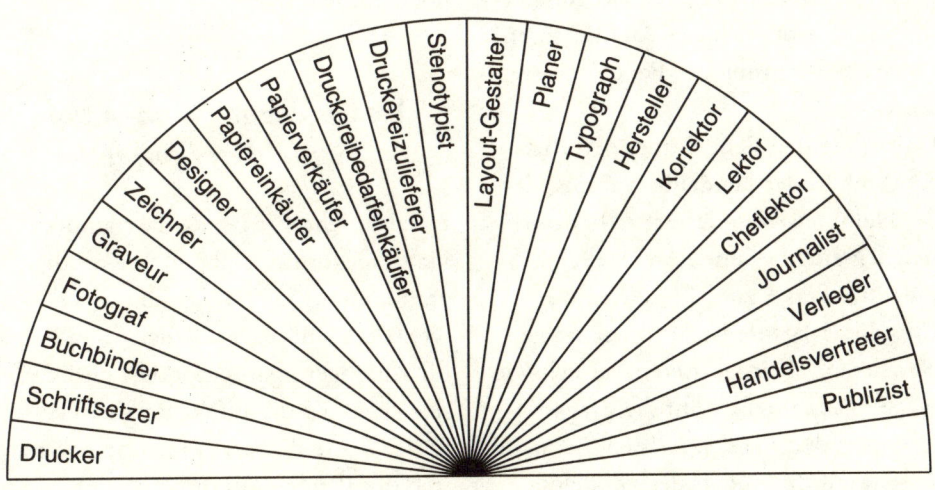

Beispiel für ein Pendeldiagramm

gen sind, wenn man zum Beispiel herausfinden will, auf welches Nahrungsmittel man allergisch reagiert. Der Fantasie, was ein solches Diagramm beinhalten kann, sind keine Grenzen gesetzt. Manche Sektoren können auch leer bleiben, wenn das Diagramm mehr Sektoren als Auswahlmöglichkeiten besitzt. In vorgefertigten Pendeldiagrammen finden Sie häufig einen oder mehrere freie Sektoren, damit Sie noch Ihre individuellen Auswahlmöglichkeiten dazuschreiben können.

PENDELN MIT DEM DIAGRAMM

Das Pendeln mit den Pendeldiagrammen ist nicht schwieriger als das Pendeln mit den Antwortmöglichkeiten „Ja" und „Nein" – Sie müssen sich noch nicht einmal Pendelbewegungen merken, Sie müssen nur darauf achten, in welche Richtung der Pendel schwingt.
Halten Sie den Pendel über den Ausgangspunkt des Pendeldiagramms, der bei Halbkreisen in der Mitte der unteren Begrenzungslinie liegt. Stellen Sie nun Ihre Frage, zum Beispiel: „Welcher dieser Berufe ist für mich am geeignetsten?" Konzentrieren Sie sich wie immer ganz intensiv auf die Fragestellung und den Pendel. Achten Sie nicht so sehr auf den Inhalt des Pendeldiagramms, denn wenn Sie mit dem Lesen der einzelnen Sektoren beginnen, können Sie sich nicht mehr richtig konzentrieren. So könnten Sie unwillkürlich die Entscheidung des Pendels beeinflussen. Warten Sie auf die Pendelbewegung. Bei Pendeldiagrammen kann es etwas länger dauern, bis Sie Antwort erhalten. Setzt sich der Pendel in Bewegung, wird er zunächst vielleicht noch etwas unruhig schwingen. Warten Sie ab, bis der Pendel kontinuierlich hin- und herschwingt, dann schauen Sie nach, über welchem der Sektoren er hauptsächlich schwingt. Schon haben Sie die Antwort auf Ihre Frage.
Sollten Sie das Ergebnis noch anzweifeln, überprüfen Sie den Pendelvorgang deshalb einfach, indem Sie den Pendel befragen, ob das Ergebnis korrekt ist. Verneint der Pendel diese Frage, wiederholen Sie Ihre Ausgangsfrage noch einmal.

Verschiedene Formen von Pendeldiagrammen

Es gibt nicht nur Pendeldiagramme in Halbkreisform, es gibt auch Kreisdiagramme und Liniendiagramme. Die Kreisdiagramme eignen sich vor allem für Anfänger nicht besonders gut, da sich der Ausgangspunkt für den Pendel in der Mitte des Kreises befindet. Setzt sich der Pendel nun in Bewegung, kann man als Anfänger nur schwer

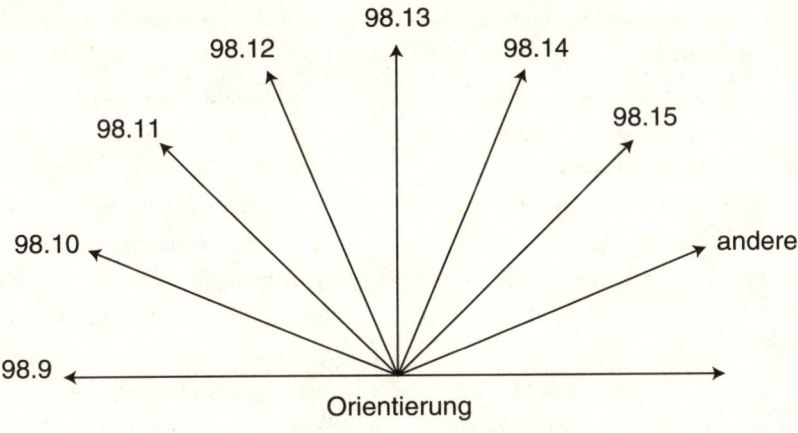

Beispiel für ein Liniendiagramm

feststellen, welchen Sektor der Pendel ausgewählt hat, da er meistens über den Ausgangspunkt hinaus schwingt und dabei mindestens zwei Sektoren (einen Sektor in der einen Kreishälfte, einen weiteren in der zweiten Kreishälfte) berührt. In diesem Buch finden Sie daher nur wenige Pendeldiagramme, die aus einem Kreis bestehen. Bei Liniendiagrammen gehen von einem Punkt strahlenförmig Linien aus. Meistens findet man die Beschriftung (die Auswahlmöglichkeiten) am Ende der Linien. Da häufig der Platz für die Beschriftung nicht ausreichend ist, eignen sich Liniendiagramme zum Pendeln nur begrenzt. Sie werden allerdings gern eingesetzt, wenn es mehrere Halbkreisdiagramme zu einem Thema gibt. Dann gibt man den einzelnen Diagrammen Nummern, die ans Ende der Linien des Liniendiagramms ge-

schrieben werden. Nun kann man mit Hilfe dieses Liniendiagramms erpendeln, in welchem Halbkreisdiagramm sich die richtige Antwort zu dem bestimmten Thema befindet (Fragestellung: „In welchem Diagramm finde ich die richtige Antwort auf meine Frage, welcher Beruf für mich am geeignetsten ist?").

Eigene Diagramme anfertigen

Sie müssen nicht nur auf vorgefertigte Diagramme zurückgreifen, Sie können auch Ihre eigenen Diagramme entwickeln. Das ist sinnvoll, wenn Sie zu einer bestimmten Fragestellung bislang keine Diagramme gefunden haben oder die Diagramme, die es gibt, Ihren Wünschen nicht entsprechen.

Besonders schwierig ist die Herstellung eines solchen Diagramms nicht: Zeichnen Sie einfach einen Halbkreis auf Papier auf und unterteilen Sie ihn – ausgehend vom unteren Linienmittelpunkt – in so viele Sektoren, wie Sie benötigen. Achten Sie jedoch darauf, dass die einzelnen Sektoren nicht zu schmal werden und in etwa gleich breit sind.

Wer über einen Computer und ein Grafikprogramm verfügt, kann problemlos ein solches Pendeldiagramm mit dem PC entwickeln. In den meisten Fällen ist es wesentlich exakter als ein Pendeldiagramm, das mit der Hand gezeichnet wurde.

Sie können es allerdings noch leichter haben: Unten finden Sie ein unausgefülltes Pendeldiagramm mit 24 Sektoren, von dem Sie sich Kopien anfertigen können, in die Sie dann Ihre eigenen Auswahlmöglichkeiten für eine bestimmte Fragestellung eintragen. Falls es Ihnen zu klein ist, können Sie es mit dem Kopierer vergrößern.

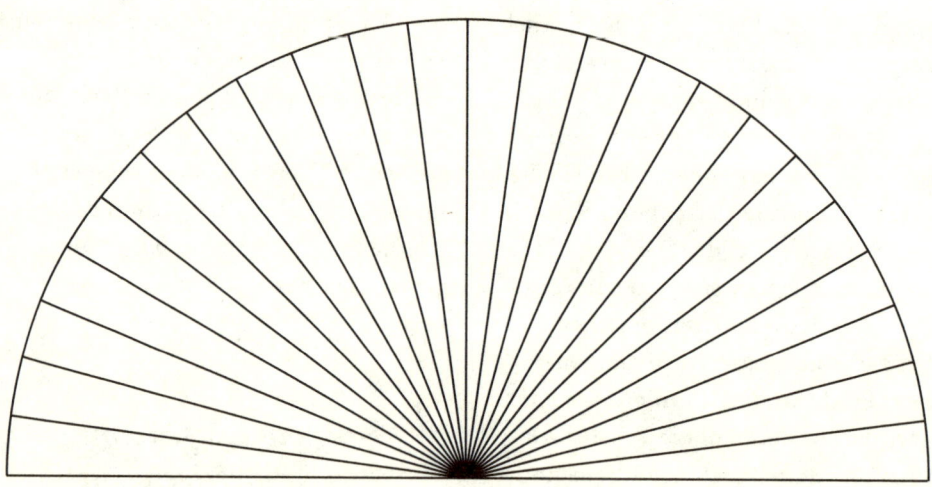

EINSATZMÖGLICHKEITEN DES PENDELS

Der Pendel kann bei einer ganzen Reihe von Fragen im Bereich des täglichen Lebens eingesetzt werden. Es gibt sogar Menschen, die ihren Pendel zum Einkaufen mitnehmen, um die Nahrungsmittel, die sie auswählen, auf Schadstoffe zu überprüfen. Dies ist zugegeben eine etwas zeitraubende Art einzukaufen.

Privater Bereich

Besonders interessant finden es die meisten Pendelanfänger beim Pendeln mehr über sich selbst herauszufinden. Sie können beispielsweise mit dem Pendel überprüfen, ob Sie sich selbst richtig einschätzen. Mithilfe von Pendeldiagrammen können Sie Ihre grundlegenden Eigenschaften und Fähigkeiten ermitteln, Sie können feststellen, ob Ihr Selbstbild mit dem Bild übereinstimmt, das andere von Ihnen haben, und Sie können herausfinden, welche Möglichkeiten Sie haben Ihre Fähigkeiten (beispielsweise auch Ihre Pendelfähigkeit!) weiterzuentwickeln. Der Pendel kann Ihnen Ratschläge geben, wie Sie Ihre Partnerschaft befriedigender gestalten. Er kann Ihnen genauso dabei behilflich sein, die richtige Berufswahl zu treffen. Wichtige Entscheidungen (zum Beispiel ob Sie sich von Ihrem Partner trennen oder den Arbeitsplatz wechseln sollten) sollten Sie jedoch nie allein von der Befragung des Pendels abhängig machen. Nehmen Sie immer auch Ihren gesunden Menschenverstand zu Hilfe und auch die Meinung guter Freunde. Außerdem verrät Ihnen der Pendel etwas über Ihren Allgemeinzustand.

Medizin und Ernährung

Gesundheits- und Ernährungsfragen gehören neben der „Selbsterkundung" zu den Haupteinsatzgebieten des Pendels. Ob man nun einen Krankheitsherd auffinden will, die beste oder eine zusätzliche Therapiemethode sucht, nach Allergien und ihren Auslösern fahndet oder die geeignete Ernährung für sich sucht – bei all diesen Entscheidungen kann der Pendel wertvolle Hilfestellung leisten.
Eine Warnung allerdings vorweg: Bei schweren Erkrankungen, aber auch bei unklaren Beschwerden muss immer auch der Arzt zurate gezogen werden.

Schließlich können sich auch bei geübten Pendelpraktikern (insbesondere wenn bei ihnen selbst eine Erkrankung vorliegt, die die Pendelfähigkeit beeinträchtigt) Fehler bei den Pendelergebnissen einschleichen, selbst wenn man die Resultate mit dem Pendel noch einmal überprüft. Gehen Sie daher bei körperlichen Erkrankungen unbedingt zum Arzt – der Pendel kann keine ärztliche Diagnose ersetzen, er gibt lediglich Hinweise auf mögliche Erkrankungen.

Esoterisches Pendeln – Energiezentren besser nutzen

Der Pendel ist neben seinen „alltäglichen" Einsatzgebieten ein hilfreiches Mittel, um blockierte Energiezentren des Körpers aufzuspüren. Jeder Mensch besitzt nach dem hinduistischen Glauben sieben dieser Energiezentren (Chakras oder Chakren genannt). Ist eines dieser Chakras blockiert, sind seelische, aber auch körperliche Probleme die Folge. Der Pendel kann wertvolle Hinweise geben, wo die Blockaden sitzen und was man tun kann, um die Blockaden der Energiezentren aufzuheben.

Mithilfe des Pendels kann man außerdem die Farben seiner Aura ermitteln. Unter einer Aura versteht man das Energiefeld, das den Körper umgibt. Die Farben der Aura sowie ihre Größe zeigen an, wie stark die körperlichen und geistigen Fähigkeiten eines Menschen entwickelt sind, also wie es um seinen körperlichen und seelischen Gesundheitszustand steht. Wenn man die Farben mit dem Pendel herausfindet, kann man unter anderem Rückschlüsse darauf ziehen, inwieweit man noch an sich arbeiten muss (mehr dazu siehe Seite 93 f.).

Träume besser verstehen

Auch bei der Traumdeutung kann der Pendel wertvolle Dienste leisten. Träume sind sozusagen Boten des Unterbewussten – mit ihrer Hilfe verarbeitet man nicht allein die Ereignisse des Alltags, Träume können uns zudem Ratschläge geben, wie wir Probleme lösen oder welche Entscheidungen wir treffen sollen. Manchmal geben sie uns sogar Hinweise auf Zukünftiges. Der Pendel kann gezielt eingesetzt werden, um die Bedeutung wichtiger Träume zu klären (mehr dazu siehe Seite 122).

Belastete Plätze auffinden

Die Radiästhesie geht davon aus, dass es bestimmte Strahlen (unter anderem die so genannten Erdstrahlen) gibt, die Krankheiten verursachen können, wenn man ihnen zu lange ausgesetzt ist. Plätze, an denen diese Strahlen be-

sonders stark wirken, werden als geopathogene Reizzonen bezeichnet. Mit
dem Pendel kann man solche belasteten Orte ausfindig machen. Das hat
ganz praktischen Nutzen: Findet man
zum Beispiel heraus, dass das Bett in
einer solchen Reizzone steht, sollte
man es besser an einen anderen, weniger belasteten Ort rücken, um die Entstehung von Krankheiten zu vermeiden
oder auch „nur" Schlafstörungen zu
beheben (mehr dazu siehe ab Seite 125).

Praktische Lebenshilfe

Den Pendel können Sie natürlich auch
für ganz praktische Dinge einsetzen:
Sie können mit seiner Hilfe Entscheidungen treffen, Sie können aber auch
den günstigsten Zeitpunkt für bestimmte Unternehmungen ermitteln.
Zudem können Sie mit dem Pendel
auf die Suche nach verloren gegangenen Gegenständen gehen (mehr dazu
siehe ab Seite 131).

DAS „FREIE" PENDELN

Leider hat man nicht immer seine Pendeldiagramme, Notizzettel oder gar ein Pendelbuch dabei, wenn man aus mehreren Möglichkeiten eine mit dem Pendel auswählen möchte. Was machen Sie in einem solchen Fall? Es ist schließlich äußerst mühselig für jede einzelne Möglichkeit eine separate Frage zu stellen und auf die Antwort des Pendels zu warten. Das kostet nicht nur viel Kraft, sondern dauert auch sehr lange. Ganz einfach: Entweder stellen Sie sich bildlich ein Pendeldiagramm mit den einzelnen Möglichkeiten vor, doch diese Variante werden Sie sicher rasch verwerfen, da sie ohne ein fotografisches Gedächtnis praktisch undurchführbar ist, oder aber Sie gehen die einzelnen Möglichkeiten gedanklich ganz langsam durch, während Sie sich auf Ihre Fragestellung konzentrieren.

Ein Beispiel: Ihnen stehen mehrere homöopathische Mittel zur Auswahl. Die Grundfrage lautet in diesem Fall: „Eignet sich dieses Mittel zur Behandlung meiner XY-Beschwerden?" Gehen Sie dann die infrage kommenden Mittel der Reihe nach durch. Stellen Sie die Frage jedes Mal. Sie werden auch bei diesem „Schnelldurchlauf" zuverlässige Antworten von Ihrem Pendel erhalten, wenn Sie sich intensiv konzentrieren.

Sehen Sie die Mittel direkt vor sich, können Sie natürlich auch Ihr Pendel vor die Mittel halten und ihm die Frage stellen: „Welches Mittel ist das richtige zur Behandlung meiner XY-Beschwerden?" Der Pendel wird in Richtung des homöopathischen Mittels auschlagen, das für Sie geeignet ist.

KOMPLEXE FRAGEN OHNE DIAGRAMME BEANTWORTEN

Manche Fragen sind zu komplex, als dass Ihnen Ihr Pendel sie ohne weiteres beantworten könnte. Diese müssen Sie in mehrere einfache Fragen aufsplitten, die Sie dem Pendel dann nacheinander stellen. Nehmen wir einmal an, Sie hätten eine Allergie. Allergisch kann man ja auf vieles reagieren, auf Nahrungsmittel, auf Pollen oder auf Tierhaare und vieles mehr. Das allein sagt jedoch noch nicht viel aus: Schließlich müssen Sie ja auch noch wissen, gegen welche Nahrungsmittel, gegen welche Pollen oder gegen welche Tierhaare Sie allergisch sind. In diesem Fall müssen Sie mehrere Fragen nacheinander stellen; vor allem wenn Sie ohne Pendeldiagramme arbeiten. Zunächst müssen Sie die grundlegende Form Ihrer Allergie herausfinden (Nahrungmittelunverträglichkeit usw.). Stellen Sie die Grundfrage: „Reagiere ich allergisch auf …?" und gehen Sie dann die einzelnen Möglichkeiten im Geist durch. Wenn Sie nun wissen, dass Sie auf Nahrungmittel allergisch reagieren, gehen Sie wiederum die in Gruppen eingeteilten Nahrungsmittel durch (Milchprodukte, Fleisch, Fisch, Obst, Gemüse, Getreide). Hat Ihr Pendel nun auch diese Frage beantwortet, können Sie noch stärker ins Detail gehen. Sie sehen: Auch komplexe Fragen lassen sich ohne Pendeldiagramme beantworten, wenn es nötig ist. Einfacher ist ihre Beantwortung aber in jedem Fall mithilfe von angefertigten Pendeldiagrammen (siehe Diagramme auf Seite 168 ff.).

DAS PENDELN FÜR ANDERE

Bislang haben Sie nur erfahren, wie Sie für sich selbst Fragen mit dem Pendel beantworten. Natürlich können Sie auch für andere pendeln. Eine Regel sollten Sie jedoch unbedingt beachten: Pendeln Sie nie ohne das Wissen oder das Einverständnis anderer, selbst wenn Sie dem anderen nur helfen wollen. Sie würden sicherlich auch nicht wollen, dass jemand anderes ohne Ihr Wissen für Sie pendelt. Schließlich könnte er etwas herausfinden, das Ihnen nicht besonders behagt. Sie können sich sicher sein, dass jemand, der Ihre Hilfe benötigt, Sie aufsuchen und bitten wird für ihn zu pendeln. Fragen Sie denjenigen, für den Sie pendeln sollen, welche Fragen er dem Pendel stellen möchte. Lassen Sie ihn nun die Hände auf den Tisch legen, sodass die Fingerspitzen einander zugewandt sind. Halten Sie den Pendel über seine Hände. Auf diese Weise nehmen Sie Kontakt mit dem Fragesteller auf und können ein besseres Pendelergebnis erzielen. Stellen Sie dann dem Pendel die Frage (ruhig lautlos), auf die Ihr Gast gern eine Antwort hätte. Bitten Sie Ihren Gast, dass er ebenfalls gleichzeitig an seine Frage denkt. So kann er Sie erstens nicht durch Blicke oder Fragen ablenken, während Sie sich auf den Pendel

konzentrieren. Zweitens stärkt es Ihre Konzentration, wenn er sich ebenfalls intensiv mit seiner Frage beschäftigt. Jetzt müssen Sie nur noch ein wenig Geduld haben: Schon bald wird der Pendel Ihnen die Antwort auf die Frage geben.

Natürlich können Sie auch hier mit Pendeldiagrammen arbeiten. Wenn Ihr Gast nichts dagegen hat, können Sie mit ihm während des Pendelns über einem Pendeldiagramm Kontakt mit ihm aufnehmen, indem Sie mit Ihrer freien Hand eine Hand Ihres Gastes ergreifen. Durch die Kontaktaufnahme gelingt es Ihnen leichter, mit Hilfe des Pendels die Fragen Ihres Gastes zu beantworten.

Falls der Pendel Fragen zur Gesundheit Ihres Gastes beantworten soll, ist

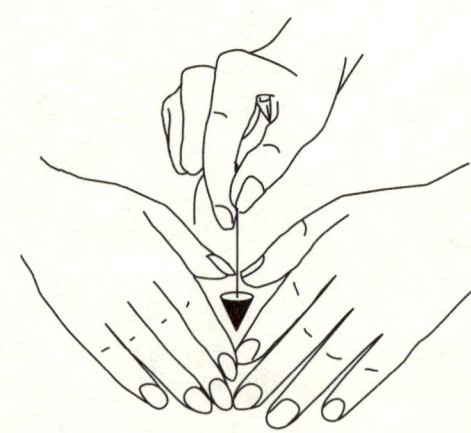

es sinnvoll, mit der freien Hand die Körperteile des Fragestellers – soweit dieser einverstanden ist – zu berühren, zu denen Sie den Pendel befragen. Die Energie, die der Körper aussendet, überträgt sich so leichter auf den Pendel.

DIE VERANTWORTUNG FÜR ANDERE ZU PENDELN

Wenn Sie für andere pendeln, sollten sich über die Bedeutung Ihrer Aussagen im Klaren sein und lieber etwas weniger als zuviel sagen, insbesondere wenn um so heikle Fragen wie den Gesundheitszustand Ihres Gastes geht. Teilt Ihr Pendel Ihnen mit, dass Ihr Gast unter einer schweren Krankheit leidet, sollten Sie ihm das nicht direkt sagen. Geben Sie ihm stattdessen den Rat, einen Arzt aufzusuchen und die entsprechenden Organe genau untersuchen zu lassen. Schließlich kann sich Ihr Pendel auch einmal irren, sogar wenn er Ihnen die Richtigkeit des Resultats noch einmal bestätigt hat. Stellen Sie sich nun vor, Sie haben Ihrem Gast eröffnet, dass er unter einer schweren Krankheit leidet. Stellen Sie sich vor, dass die ärztliche Untersuchung die Feststellung des Pendels nicht bestätigt. Dann haben Sie den Fragesteller unnötig verängstigt. Wenn Sie ihm jedoch nur raten unbedingt den Arzt aufzusuchen und es stellt sich heraus, dass er wirklich schwer krank ist, haben Sie nichts falsch gemacht.

Ein verantwortungsvoller Pendelpraktiker überlegt sich auch bei anderen Fragen, ob er seine Ergebnisse dem Fragesteller ungefiltert mitteilen kann. Bittet der Fragende beispielsweise darum, ihm Auskunft über die Beziehung zu seinem Partner zu geben, ist ebenfalls Vorsicht geboten: Labile Menschen können durch Antworten, die darauf hindeuten, dass es um die Partnerschaft nicht zum Besten steht, völlig aus der Bahn geworfen werden. Lehnen Sie es deshalb auch unbedingt ab, mit dem Pendel an der Entscheidung mitzuwirken, ob sich die Partner trennen sollen.

Andere Fragen, die ebenfalls zu tief in die Intimsphäre Ihres Gastes eindringen, sollten Sie dem Pendel erst gar nicht stellen, selbst wenn Ihr Gast es wünscht. Riskieren Sie lieber, dass der Fragesteller wütend auf Sie ist, weil Sie ihm bestimmte Fragen nicht beantworten möchten, als dass Sie sich im Nachhinein Vorwürfe machen, eine Frage allzu genau beantwortet zu haben. Problemen gehen Sie aus dem Weg, indem Sie bereits vor der Pendelsitzung mit Ihrem Gast klären, welche Fragen Sie bereit sind zu beantworten und welche nicht. Denken Sie immer daran, dass Sie eine große Verantwortung tragen, wenn Sie für andere den Pendel befragen.

DAS PENDELN ÜBER BILDERN, KARTEN UND SKIZZEN

PENDELN ÜBER BILDERN

Selbst wenn Sie eine andere Person, für die Sie pendeln sollen, nicht kennen, ist es möglich, zu ihr den Pendel zu befragen. Es gibt verschiedene Möglichkeiten, wie Sie zu dieser Person den Kontakt herstellen, um die von ihr ausgehenden Schwingungen mit dem Pendel aufzufangen.

Relativ einfach funktioniert die Kontaktaufnahme durch eine Fotografie der betreffenden Person. Lassen Sie sich ein neueres Foto geben, auf dem der „Klient" möglichst allein abgebildet ist. Ob nur sein Kopf oder aber der ganze Körper auf dem Bild zu sehen ist, spielt keine wesentliche Rolle. Nun vertiefen Sie sich zunächst in das Foto, bevor Sie mit dem Pendeln beginnen. Versuchen Sie sich auf den Menschen, der auf dem Foto abgebildet ist, seelisch so gut wie möglich einzustellen. Im Anschluss daran können Sie mit dem Pendel die Fragen beantworten, die von Interesse sind.

Halten Sie während des Pendelvorgangs den Pendel über der Fotografie. So kann der Pendel die Schwingungen, die von der Person ausgehen, leichter

empfangen. Konzentrieren Sie sich während des Pendelns intensiv auf die abgebildete Person. Sie werden feststellen: Auch diese Methode des Pendelns funktioniert!

Sie können auch Pendeldiagramme einsetzen, um rascher eine Antwort zu erhalten. Schließlich ist insbesondere das Pendeln für Unbekannte recht anstrengend – wenn man sich die Arbeit mit Hilfe von Pendeldiagrammen erleichtern kann, sollte man das ruhig tun. Legen Sie die Fotografie neben das Diagramm und verfahren Sie wie eben beschrieben, nur halten Sie den Pendel über das Diagramm statt über das Foto. Fixieren Sie während des Pendelvorgangs auch weiterhin die Fotografie.

Was mit Fotos von Menschen gelingt, klappt im Übrigen auch mit Bildern von anderen Lebewesen (zum Beispiel Haustieren) oder Gegenständen. Sie können beispielsweise mit Hilfe eines Fotos und Ihres Pendels nach verloren gegangenen Gegenständen oder nach entlaufenen Haustieren suchen. Persönliche Gegenstände einer unbekannten Person können ebenfalls eingesetzt werden, um für diese Person mithilfe des Pendels Fragen zu beantworten (oder um sie zu suchen). Diese Gegenstände ermöglichen in vielen Fällen die Kontaktaufnahme. Allerdings gehört hierfür mehr Pendelerfahrung als für das Pendeln über Fotos. Bevor Sie mit dem Pendeln beginnen, betrachten Sie den Gegenstand eingehend. Nehmen Sie ihn auch ruhig in die Hand und lassen Sie ihn auf sich wirken. Stimmen Sie sich richtig auf ihn ein! Anschließend legen Sie den Gegenstand auf den Tisch, halten den Pendel darüber und beginnen mit Ihrer Fragestellung.

Zu den persönlichen Gegenständen, die beim Pendeln hilfreich sein können, gehören beispielsweise Kleidungsstücke, die von der betreffenden Person getragen wurden, oder Dinge, die sie häufig in die Hand genommen hat (zum Beispiel ein Kugelschreiber). Auch handschriftliche Notizen sind geeignet, um Kontakt mit der betreffenden Person aufzunehmen.

Nicht nur Gegenstände oder Fotos sind nützlich, wenn Sie für eine unbekannte Person pendeln sollen, Sie können mit ihr während des Pendelvorgangs auch über das Telefon in Kontakt treten. Allerdings ist diese Technik der Kontaktaufnahme nur besonders erfahrenen Pendelpraktikern zu empfehlen.

Es ist sinnvoll, zunächst einige Worte mit der Person zu wechseln, für die Sie den Pendel einsetzen sollen, um einen ersten Eindruck von ihr zu bekommen.

Lassen Sie sich ein wenig von der Person erzählen, bevor Sie mit dem Pendeln beginnen. Wenn es dann losgehen soll, bitten Sie die Person am anderen Ende der Telefonleitung darum, sich intensiv auf die Frage zu konzentrieren, die Sie dem Pendel stellen sollen, genauso intensiv beschäftigen Sie sich natürlich mit der Fragestellung. Sie können den Pendel sowohl frei als auch über Diagrammen einsetzen.

Über Dritte können Sie ebenfalls Kontakt mit der Person herstellen, für die Sie den Pendel befragen. Diese dritte Person muss den Fragesteller allerdings kennen. Bitten Sie den Anwesenden darum, sich den Fragesteller ganz intensiv vor seinem inneren Auge vorzustellen, ihn praktisch in seiner Vorstellung zum Leben zu erwecken. Ergreifen Sie dann mit Ihrer freien Hand die Hand der anwesenden Person und beginnen Sie mit der Befragung des Pendels. Während des gesamten Pendelvorgangs soll sich der Anwesende auf den Fragesteller konzentrieren. Diese Technik der Kontaktaufnahme ist für Anfänger nicht geeignet.

Eine bekannte Person in der Vorstellung aufleben lassen

Manchmal wird man von Freunden oder Bekannten gebeten für sie zu pendeln, ohne dass sie anwesend sind. Einige wollen den Pendelvorgang beispielsweise nicht „live" miterleben, weil er ihnen zu unheimlich ist, andere brauchen möglichst schnell eine Antwort des Pendels, sind aber mehrere hundert Kilometer entfernt. Für einen erfahrenen Pendelpraktiker ist das jedoch kein Problem, selbst wenn er keinen persönlichen Gegenstand und keine Fotografie seines Bekannten besitzt. Er kann für seinen Bekannten auch dann mit dem Pendel Fragen beantworten, wenn er ihn sich nur bildlich vorstellt. Allerdings gehört dazu ein recht gutes Konzentrationsvermögen – für Menschen, die nicht anwesend sind, sollten Sie den Pendel deshalb nur dann einsetzen, wenn Sie gut ausgeruht sind.

Nehmen Sie Ihren Pendel in die Hand und denken Sie ganz intensiv an den Bekannten – erwecken Sie sein Bild vor Ihrem geistigen Auge zum Leben. Nun konzentrieren Sie sich auf die Fragestellung, ohne jedoch das Bild Ihres Bekannten aus dem Gedächtnis zu löschen. So müsste es klappen.

Pendeln über Karten

Über Karten pendelt man in der Regel dann, wenn man etwas sucht: ein Lebewesen, einen Gegenstand, Wasser oder Bodenschätze. Die Karte dient dazu, den genauen Punkt auszumachen, wo sich die gesuchte Person oder das gesuchte Ding befindet. Dabei halten Sie den Pendel zunächst an den unteren Rand der Karte. Stellen Sie sich den gesuchten Gegenstand intensiv vor. Fragen Sie den Pendel, in welcher Richtung Sie den Gegenstand suchen müssen. Wenn sich der Pendel nun in Bewegung setzt, verfolgen Sie die Richtung, in die der Pendel über der Karte schwingt. Markieren Sie den Verlauf der Pendelschwingung auf der Karte mit einem Bleistift. Halten Sie den Pendel im Anschluss daran an den seitlichen Rand der Karte und konzentrieren Sie sich erneut auf den Gegenstand, den Sie suchen. Stellen Sie wieder Ihre Frage, in welcher Richtung der verloren gegangene Gegenstand zu finden ist. Die Schwingung des Pendels zeichnen Sie wiederum mit dem Bleistift nach. Der Schnittpunkt Ihrer beiden Linien ist der Punkt, an dem sich der Gegenstand befindet. Anschließend überprüfen Sie die Entscheidung des Pendels mit der Frage: „Ist das Resultat korrekt? Befindet sich der Gegenstand dort, wo sich die beiden Linien kreuzen?" Verneint der Pendel, beginnen Sie von Neuem mit der Suche.

Das Pendeln über Karten ist leider nicht ganz einfach und man muss schon sehr geübt im Umgang mit dem Pendel sein, um genaue Ergebnisse zu erzielen. Wenn man das Gebiet kennt, in dem sich der gesuchte Gegenstand findet, hilft es, sich die Umgebung bildlich vorzustellen. Man sollte nur

Karten mit einem möglichst kleinen Maßstab wählen (Wanderkarten sind besonders geeignet), um den Fundort genau auszumachen.

Wer ein Lebewesen sucht, kann sich damit behelfen, dass er einen persönlichen Gegenstand der Person oder ein Spielzeug des Tiers beim Pendeln neben sich legt, um die Kontaktaufnahme zu erleichtern. Lebewesen sind im Allgemeinen jedoch wesentlich schwieriger zu finden als Gegenstände, da sie sich meistens in Bewegung befinden und ihr Standort schnell wechseln kann.

PENDELN ÜBER EIGENEN SKIZZEN

Wenn man sicher ist, dass sich der gesuchte Gegenstand im Haus befindet, kann man natürlich keine Landkarte benutzen, um ihn aufzufinden. In diesem Fall bietet es sich an, eine Skizze zu zeichnen, über der man den Pendel einsetzt. Auch der Grundriss einer Wohnung oder eines Hauses ist hierfür geeignet, es genügen auch Kopien.

Vielleicht möchten Sie einmal ausprobieren, ob es Ihnen mithilfe des Pendels und einer Skizze gelingt, einen Gegenstand zu finden. Bitten Sie eine andere Person einen kleinen Gegenstand (zum Beispiel ein Schmuckstück) in einem Zimmer Ihrer Wohnung zu verstecken. Sie dürfen nicht mitbekommen, wo der Gegenstand verborgen wird. Fertigen Sie nun eine Skizze des Raums mit allen Möbelstücken an. Setzen Sie sich in aller Ruhe an einen Tisch, halten Sie den Pendel über die Skizze und lassen Sie den Gegenstand vor Ihrem inneren Auge erscheinen. Je besser Sie den Gegenstand kennen, umso leichter wird Ihnen das fallen. Dann suchen Sie – wie auf Seite 45 f. beschrieben – nach dem Gegenstand. Überprüfen Sie das Resultat zunächst mit dem Pendel und schauen Sie dann nach, ob der Pendel Recht behalten hat. Erwarten Sie jedoch nicht, dass es Ihnen gleich beim ersten Mal tatsächlich gelingt, den versteckten Gegenstand zu finden. Falls doch, sind Sie wirklich sehr begabt im Umgang mit dem Pendel!

SPEZIELLE PENDELSCHWINGUNGEN

Der Pendel muss nicht immer nur vor oder zurück, von rechts nach links oder im Kreis schwingen; er kann sich auch in Ellipsen bewegen, blumenähnliche Muster oder Achten (Oktaven genannt) durch seine Bewegung beschreiben. Wenn Ihr Pendel zum ersten Mal eine dieser Bewegungen vollzieht, werden Sie sich sicher erstaunt fragen, was Ihnen der Pendel damit sagen will. Falls Sie eine Frage gestellt haben, die der Pendel mit „Ja" oder „Nein" beantworten sollte und er sich plötzlich auf ganz andere Weise bewegt, können Sie davon ausgehen, dass

Ihnen der Pendel entweder nicht antworten will oder dass die Frage zu unklar gestellt war. Betrachten Sie sich die Pendelschwingung einfach einmal näher – vielleicht kann Sie Ihnen noch von Nutzen sein. Fortgeschrittene Pendelpraktiker vereinbaren mit dem Pendel nämlich häufig einen ganz ausgeklügelten Code, den sie zur Beantwortung von häufigen Fragen benutzen.

Wer zum Beispiel oft die Farben der Aura anderer Menschen auspendelt, kann den verschiedenen Pendelschwingungen ganz bestimmte Farben zuord-

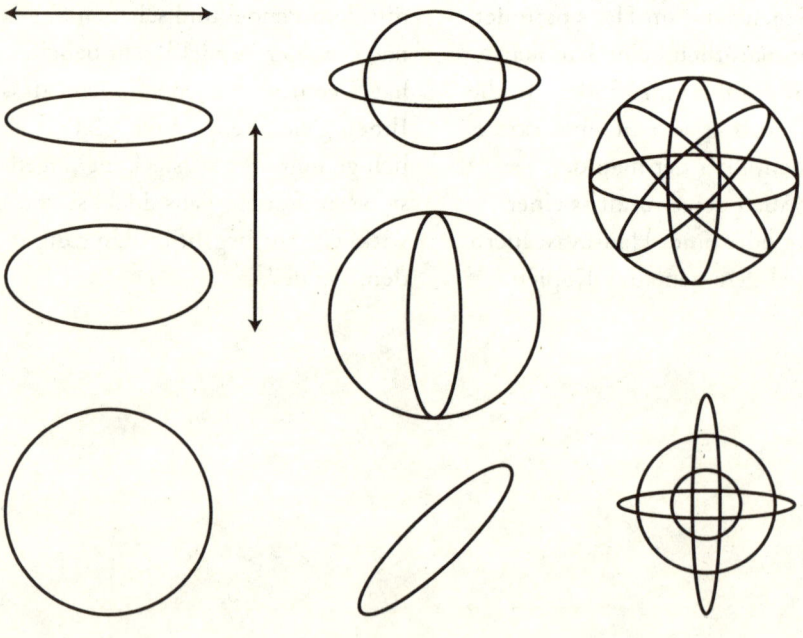

nen. Eine einfache Acht, bei der sich der Pendel im Uhrzeigersinn dreht, kann zum Beispiel ein helles, leuchtendes Orange symbolisieren – diese Farbe zeigt unter anderem ein starkes Selbstwertgefühl an. Eine Acht, bei der sich der Pendel links herum dreht, kann zum Beispiel für ein dunkles, mattes Orange stehen. Diese Farbe der Aura zeigt unter anderem an, dass die betreffende Person einen Hang zur Faulheit besitzt.

So können Sie auch mit anderen Pendelschwingungen verfahren. Sie müssen sich nur die unterschiedlichen Pendelbewegungen mit ihrer dazugehörigen Bedeutung notieren, sonst können Sie am Anfang leicht durcheinander kommen.

Besonders gut eignet sich der Einsatz eines solchen Codes auch für das medizinische Pendeln. Pendeln Sie häufig den Gesundheitszustand von anderen Menschen aus, ist ein solcher Code schon deshalb sinnvoll, damit Ihr Gegenüber nicht sofort erkennt, was der Pendel Ihnen sagt.

Ein kleiner Tipp: Eine Pendelbewegung, bei der der Pendel sich im Uhrzeigersinn dreht, sollte immer eine positive oder neutrale, eine linksdrehende Pendelbewegung eine negative oder neutrale Bedeutung haben. Bei einigen Menschen muss es allerdings genau umgekehrt sein: Das sind die, bei denen der Pendel sich auch bei der Antwort „Ja" entgegen dem Uhrzeigersinn bewegt.

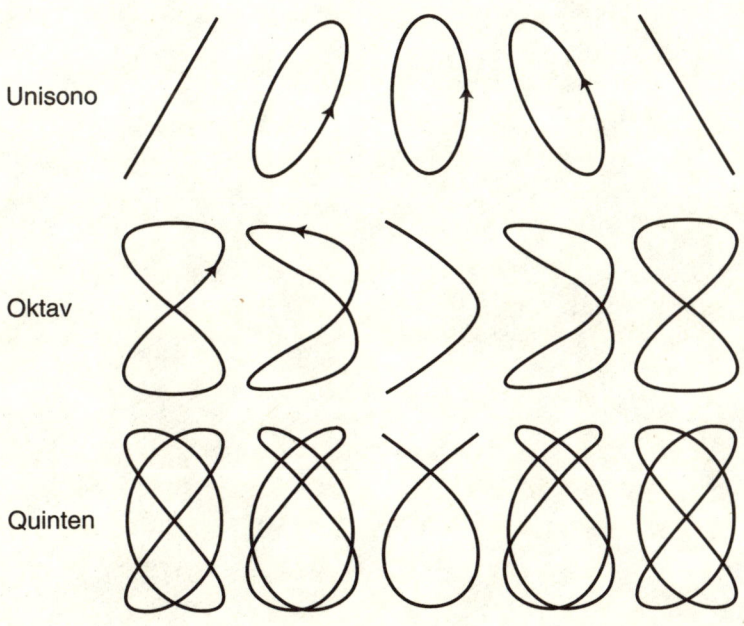

Unisono

Oktav

Quinten

Reinigung des Pendels

Wie jedes andere Werkzeug muss auch der Pendel manchmal gesäubert werden. Der Unterschied zwischen herkömmlichen Werkzeugen und dem Pendel besteht allerdings darin, dass man einen Pendel nicht nur dann reinigt, wenn er schmutzig ist, sondern jedes Mal vor der Benutzung, manchmal auch im Anschluss daran. Denn der Pendel kann die Schwingungen der Gegenstände aufnehmen, neben denen er gelegen hat. Ist dies der Fall, kann es zu falschen Pendelergebnissen kommen, wenn man ihn verwendet, ohne ihn zuvor zu säubern. Haben Sie mit dem Pendel nach schädlichen Umwelteinflüssen gefahndet, sollten Sie ihn im Anschluss daran ebenfalls reinigen.

Zum Reinigen des Pendels benötigen Sie kein scharfes Reinigungsmittel, keine Seife und auch keinen Spezialreiniger, sondern einfach nur kaltes Leitungswasser. Halten Sie den Pendel etwa fünf Sekunden lang unter fließendes Wasser, und schon ist er frei von allen negativen Schwingungen! Wenn es dort, wo Sie sich aufhalten, gerade kein fließendes Wasser gibt, fahren Sie mit einem sauberen Tuch mehrmals von oben nach unten über den Pendel – diese Art der Reinigung tut es zur Not auch.

Die Grenzen des Pendelns

Es gibt nicht nur Dinge, die Sie mit dem Pendel nicht in Erfahrung bringen können, es gibt auch Dinge, die Sie schon aus moralischen Gründen nicht in Erfahrung bringen sollten. Zudem gibt es noch Entscheidungen, die Sie treffen sollten, ohne den Pendel zu benutzen.

In die Zukunft sehen ist mit dem Pendel nicht möglich, selbst wenn Sie es sich wünschen würden. Das ist auch ganz logisch: Denn alles, was es noch nicht gibt, kann auch keine Strahlen oder Schwingungen aussenden, die den Pendel erreichen könnten. Probieren Sie es also gar nicht erst aus, mit Ihrem Pendel in die Zukunft zu blicken. Auch wenn Ihnen jemand erzählt, er könne mit dem Pendel Zukünftiges vorhersagen, glauben Sie ihm nicht.

Moralische Grenzen

Eine gewisse Moral sollte sich jeder Pendelpraktiker unbedingt bewahren. Sie dürfen beispielsweise nicht versuchen mit dem Pendel die Entscheidungen anderer Menschen zu beeinflussen, selbst wenn Sie es noch so gut meinen. Drängen Sie also keinen Ihrer Freunde oder Bekannten dazu, den Pendel zu befragen, wenn diese wichtige Entscheidungen zu treffen haben. Nur wenn Sie jemand darum bittet, für ihn zu pendeln, sollten Sie es tun. Doch selbst in diesem Fall ist Vorsicht angebracht: Entscheidungen, die große Konsequenzen nach sich ziehen (zum Beispiel Arbeitsplatzwechsel, Trennung vom Partner), sollte Ihr Bekannter besser ohne Pendelhilfe fällen. Wenn sich hinterher herausstellt, dass er eine Entscheidung nicht getroffen hätte, hätte nicht der Pendel ihm dazu geraten, werden Sie möglicherweise Vorwürfe zu hören bekommen.

Wer für andere pendelt, sollte den Fragestellern vorab auch immer sagen, dass ihnen der Pendel zwar Hinweise geben kann, was sie tun können – die Entscheidungen müssen sie letztlich jedoch immer selbst treffen. Unnötig verängstigen dürfen Sie Ihre Bekannten, für die Sie den Pendel einsetzen, ebenfalls nicht. Seien Sie daher vorsichtig in Ihren Äußerungen. Die Intimsphäre Ihrer Bekannten sollte für Sie ebenfalls tabu sein.

Kein spiritistisches Pendeln

Manche Menschen versuchen mit dem Pendel Kontakt zur Geisterwelt oder zum Jenseits aufzunehmen. Ganz davon abgesehen, dass nicht klar ist, ob es so eine Welt der Geister überhaupt gibt, lassen Sie die Finger davon! Sie steigern sich nur in eine Sache hinein und bekommen wahrscheinlich doch keine oder falsche Antworten.

Versprechen Sie auch nie einem anderen Menschen, dass er durch Sie und Ihr Pendel mit seinen verstorbenen Verwandten sprechen kann. Das ist nicht möglich, denn Tote senden keine Schwingungen oder Strahlen mehr aus, die den Pendel erreichen könnten.

Der Pendel ist nicht unfehlbar

Manche Pendelpraktiker machen den Fehler, dass sie die Antworten, die ihnen der Pendel gibt, für unangreifbar halten. Doch auch das ist so nicht unbedingt richtig. Schließlich ist der Pendel immer nur ein Instrument, das von Menschen benutzt wird – und Menschen sind nun einmal, das wissen wir alle, nicht unfehlbar.

Es gibt so viele Unwägbarkeiten, die die Antwort des Pendels beeinflussen können – zum Beispiel die körperliche oder die seelische Verfassung der Person, die den Pendel benutzt. Da kann es leicht einmal passieren, dass der Pendel eine unzuverlässige Antwort gibt. Stellen Sie die Antwort des Pendels lieber einmal zu oft infrage als einmal zu wenig. Bei wichtigen Sachverhalten, zu denen Sie den Pendel befragen, sollten auch Sie die Antwort des Pendels daher immer nur als Hinweis dafür sehen, was Sie tun könnten, nie jedoch als unabänderliche Entscheidung, die es zu befolgen gilt.

Praktische Anwendungsbeispiele für das Pendeln

Nachdem Sie erfahren haben, wie man den Pendel benutzt und was es alles zu beachten gibt, geht es mit dem Pendeln nun erst richtig los. Es gibt so viele Anwendungsbereiche für den Pendel, dass man sie eigentlich kaum aufzählen kann – die wichtigsten Einsatzgebiete finden Sie jedoch auf den folgenden Seiten: Dazu gehören das medizinische Pendeln vom Finden eines Krankheitsherds bis hin zur Auswahl der Therapiemethode mithilfe des Pendels. Auch zu Ernährungsproblemen können Sie den Pendel selbstverständlich befragen, genauso zur Berufswahl, zu Ihrer Persönlichkeit oder zu eher esoterischen Themen wie der Traumdeutung.

Zu den jeweiligen Anwendungsbereichen finden Sie eine Reihe von Pendeldiagrammen und Tabellen im Anhang ab Seite 140.

Wenn Sie die Pendeldiagramme benutzen möchten, empfiehlt es sich, sie aus diesem Buch zu kopieren. Sie müssen dann beim Pendeln nicht immer das ganze Buch vor sich auf den Tisch legen, denn das ist doch etwas unbequem.

Die Tabellen beinhalten mögliche Einträge für Pendeldiagramme. Sie können sich mit ihrer Hilfe Ihre eigenen, ganz persönlichen Pendeldiagramme zusammenstellen und müssen nicht nur auf vorgefertigte Diagramme zurückgreifen. Auf Seite 40 finden Sie ein Pendeldiagramm ohne Beschriftung, das Sie sich kopieren und in das Sie (unter anderem) die in den Tabellen zu findenden Auswahlmöglichkeiten eintragen können.

Die Persönlichkeit eines Menschen

Wer möchte nicht mehr über sich selbst erfahren? Jeder hat ja so seine bestimmten Vorstellungen von sich, und die meisten Menschen würden gern einmal überprüfen, ob diese Vorstellungen auch mit der Wirklichkeit übereinstimmen. Interessant ist natürlich auch, wie man von den anderen gesehen wird und ob sich deren Bild mit dem Bild deckt, das man selbst von sich hat.

Selbstbild – Wunschbild – Fremdbild

Mithilfe eines eher ungewöhnlichen Pendeldiagramms (Seite 62) können Sie überprüfen, ob Sie ein richtiges Bild von sich haben. Dieses Diagramm besteht aus drei Kreisen: Der eine stellt das Selbstbild dar, das man von sich hat, der zweite das Wunschbild (wie man gerne sein würde), der dritte Kreis repräsentiert das Fremdbild, das andere von Ihnen haben und das Sie leider im Detail nicht kennen. Überlegen Sie – bevor Sie dieses Diagramm benutzen – wie Sie sich selbst sehen (Selbstbild), wie Sie gerne wären (Wunschbild) und welches Bild wohl die anderen von Ihnen haben (Fremdbild). Nun halten Sie den Pendel über das Diagramm; am besten platzieren Sie den Pendel außerhalb der Kreise, damit Sie ihn nicht unwillkürlich beeinflussen. Stel-

len Sie die Frage: „Welches Bild von mir entspricht der Realität?" Achten Sie darauf, in welche Richtung sich der Pendel bei seiner Antwort hauptsächlich bewegt.

Schwingt er vornehmlich über dem Kreis, der das Selbstbild repräsentiert, liegen Sie mit Ihrer Selbsteinschätzung völlig richtig. Bewegt er sich jedoch hauptsächlich über dem Fremdbild, haben Sie einen falschen Eindruck von sich selbst. Achten Sie darauf, wie Sie auf andere wirken und Sie werden einige interessante Neuigkeiten über sich selbst herausfinden. Wenn sich der Pendel immer wieder in Richtung Wunschbild bewegt, sind Sie Ihren Idealen näher als Sie denken.

Der Pendel kann auch die Schnittmengen zwischen den einzelnen Kreisen wählen: Bewegt er sich hauptsächlich über der Schnittmenge zwischen Selbst- und Fremdbild, haben Sie zwar ein recht realistisches Bild von sich selbst, Sie sollten aber auch darauf achten, wie Sie auf andere wirken, wenn Sie wissen möchten, wie Sie sind. Bei einer Mischung aus Wunsch- und Fremdbild kommen Sie dem Idealbild von sich zwar schon recht nahe, doch die Meinung der anderen sollten Sie nicht außer Acht lassen. Trifft der Pendel die Schnittmenge zwischen Selbst- und Wunschbild, sehen Sie sich zwar recht realistisch, Sie dürfen sich aber ruhig in noch etwas positiverem Licht betrachten. Falls der Pendel vorrangig

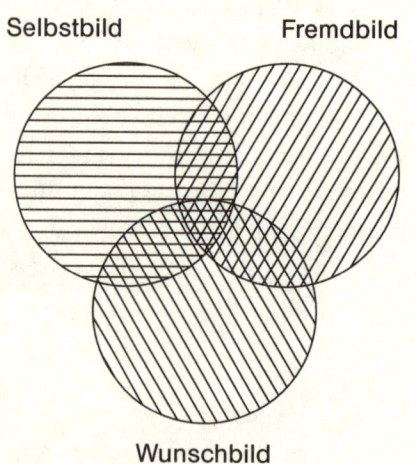

Selbstbild   Fremdbild

Wunschbild

auf die kleine Schnittmenge in der Mitte der drei Kreise zeigt, vereinen Sie sowohl Eigenschaften des Fremdbilds als auch des Selbst- und des Wunschbilds in sich.

Wie bin ich?

Um herauszufinden, welche Ihrer Eigenschaften besonders stark ausgeprägt sind, fertigen Sie selbst ein Diagramm an, in das Sie in Fünferschritten die Zahlen von 0 bis 100 eintragen. Diese Zahlen stellen Prozentzahlen dar, wobei die Zahl 0 den niedrigsten und die Zahl 100 den höchsten Wert darstellt. Stellen Sie nun dem Pendel beispielsweise die Frage: „Wie groß ist mein Mut auf einer Skala von 0 bis 100?" Schwingt der Pendel über der Zahl 50, sind Sie durchschnittlich mutig. Liegt der erpendelte Wert darunter, sind Sie eher ängstlich; je weiter der Wert die 50 übersteigt, umso mutiger sind Sie. Sie können auch andere Fähigkeiten „abfragen", wie zum Beispiel: Aufgeschlossenheit, Begeisterungsfähigkeit, Charakterstärke, Ehrlichkeit, Ehrgeiz, Einfühlsamkeit, Emotionalität, Großzügigkeit, Hilfsbereitschaft, Humor, Liebe, Nervenstärke, Selbstbewusstsein, Selbstständigkeit, Treue, Zärtlichkeit.

Diese Liste können Sie natürlich unbegrenzt ergänzen, mit positiven, aber auch negativen Eigenschaften.

Thema Intelligenz

Irgendeine kluge Person hat einmal gesagt, dass Intelligenz das einzige sei, was auf der Welt gerecht verteilt ist. Jeder meint, er hätte genug davon. Wie intelligent Sie sind und ob Sie vielleicht sogar auf einem bestimmten Sachgebiet geniale Züge zeigen, können Sie mithilfe eines weiteren Pendeldiagramms herausfinden.

Halten Sie den Pendel genau in die Mitte dieses Diagramms und stellen Sie die Frage: „In welchem Bereich ist meine Intelligenz einzuordnen?" Achten Sie darauf, auf welchen Sektor der Pendel hauptsächlich weist. Falls Ihr Pendel auf einen der Sektoren zeigt, die unter dem Oberbegriff „Geistige Behinderung" zusammengefasst sind, wiederholen Sie die Frage einfach noch einmal oder überprüfen Sie das Ergebnis mit der Frage: „Ist das Resultat korrekt?" Mit großer Sicherheit werden Sie herausfinden, dass beim Pendeln ein Fehler aufgetreten ist.

Der Bereich der gesunden Intelligenz ist nicht umsonst in vier verschiedene Intelligenzbereiche unterteilt. Manche Menschen haben zwar keine guten Schulnoten, doch sie haben andere Bereiche, in denen sie begabt sind:

● Der Begriff **Intuitive Intelligenz** bedeutet, dass jemand ein besonders starkes Einfühlungsvermögen besitzt und intuitiv – also aus dem Bauch heraus – häufig das Richtige tut.

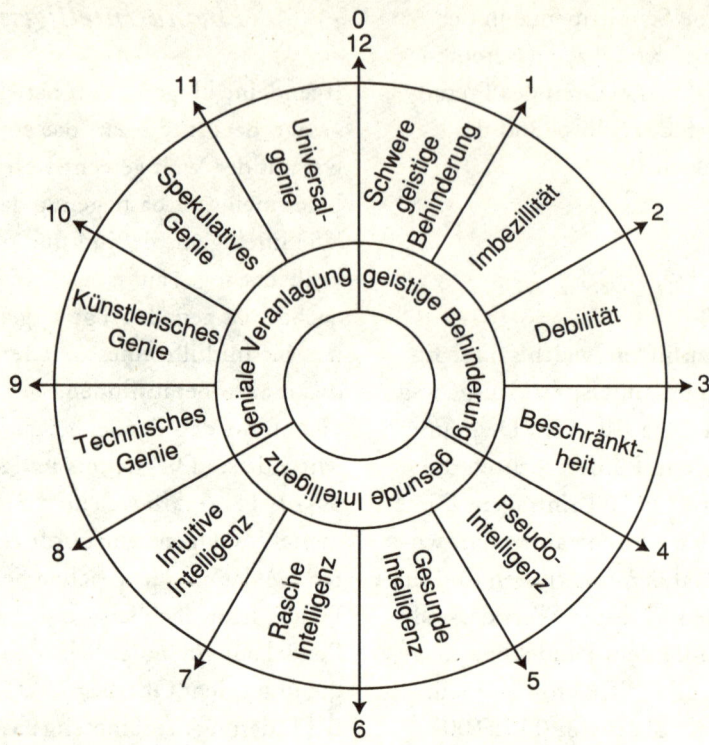

- Wem der Pendel sagt, er verfüge über eine **rasche Intelligenz,** der hat eine gute Auffassungsgabe. Er kann sich viele Dinge gleich beim ersten Mal merken und ist auch sonst hellwach.

- Wer über eine **gesunde Intelligenz** verfügt, hat sowohl einen wachen Verstand, kann aber auch gut auf andere Menschen zugehen und sich in sie einfühlen.

- Schlägt der Pendel hauptsächlich über dem Sektor „**Pseudo-Intelligenz**" aus, ist das leider nicht so positiv: Dieser Begriff bedeutet, dass es zwar auf den ersten Blick den An-

schein hat, als sei der Betreffende überaus intelligent, doch er kann einfach nur gut bluffen. Viele pseudo-intelligente Menschen bringen es gerade deshalb im Leben weit.

Weist Ihr Pendel auf einen der Sektoren, die unter dem Oberbegriff „geniale Veranlagung" zusammengefasst sind, können Sie zwar zunächst mit Recht stolz sein, überprüfen Sie aber trotzdem die Entscheidung des Pendels noch einmal, bevor Sie sich zu sehr in die Brust werfen. Der Großteil der Menschen fällt nämlich in den Bereich der „gesunden Intelligenz".

- Stellt sich heraus, dass Sie ein **technisches Genie** sind, haben Sie besondere Fähigkeiten auf allen technischen Gebieten. Sie sollten sie unbedingt weiterentwickeln!

- Das **künstlerische Genie** kann seine Fähigkeiten am besten als Maler, Bildhauer, Grafiker, Schriftsteller oder in einem anderen künstlerischen Beruf beweisen. Sind Sie jedoch in einem anderen Beruf tätig, sollten Sie Ihre künstlerischen Fähigkeiten zumindest in der Freizeit intensiv pflegen.

- Menschen, die unter dem Oberbegriff **spekulatives Genie** zusammengefasst werden, treffen ihre (fast immer richtigen) Entscheidungen vorrangig aus dem Bauch heraus. Sie können sich hervorragend in andere Menschen einfühlen und mit ihnen umgehen. Für sie ist ein Beruf im sozialen Bereich besonders gut geeignet, in dem sie ihre Fähigkeiten gezielt einsetzen können.

- Das **Universalgenie** kommt unter den Menschen mit genialer Veranlagung am seltensten vor. Das Universalgenie beweist auf allen Gebieten überdurchschnittliche Fähigkeiten. Das beste Beispiel für ein Universalgenie ist der italienische Maler, Bildhauer, Forscher und Konstrukteur Leonardo da Vinci.

- Die Charakterisierung **schwere geistige Behinderung** trifft nur auf einen Bruchteil der Menschen zu. Die meisten geistig Behinderten – auch geistig Schwerbehinderte – sind bis zu einem gewissen Grad lernfähig.

- Die Bezeichnung **Imbezillität** besagt, dass eine mittelschwere geistige Behinderung vorliegt. Die Betroffenen können jedoch sehr wohl lernen selbstständig zu leben, wenn sie ausreichend gefördert werden.

- **Debilität** ist die medizinische Bezeichnung für eine leichte geistige Behinderung. Bei guter Förderung können die Fähigkeiten dieser Personen erheblich ausgebaut werden.

Ein weiteres Pendeldiagramm, mit dem Sie Ihre oder die Intelligenz anderer feststellen können, finden Sie auf Seite 62. Es ist in vier Hauptsektoren (unternormale, normale, überdurchschnittliche Intelligenz und Genialität) aufgeteilt. Diese Sektoren sind wiederum unterteilt, damit Sie den genauen Grad der Intelligenz ablesen können.

Innere Energie

Bestimmt kennen Sie eine Reihe von Menschen, die Sie aufgrund ihrer Vitalität, ihrer Tatkraft, ihrer Energie bewundern. Vielleicht verfügen Sie jedoch über genauso viel innere Energie und Kraft wie diese Menschen und wissen es nur nicht? Vielleicht nutzen Sie Ihre Möglichkeiten nicht ausreichend? Oder vielleicht wird Ihre innere

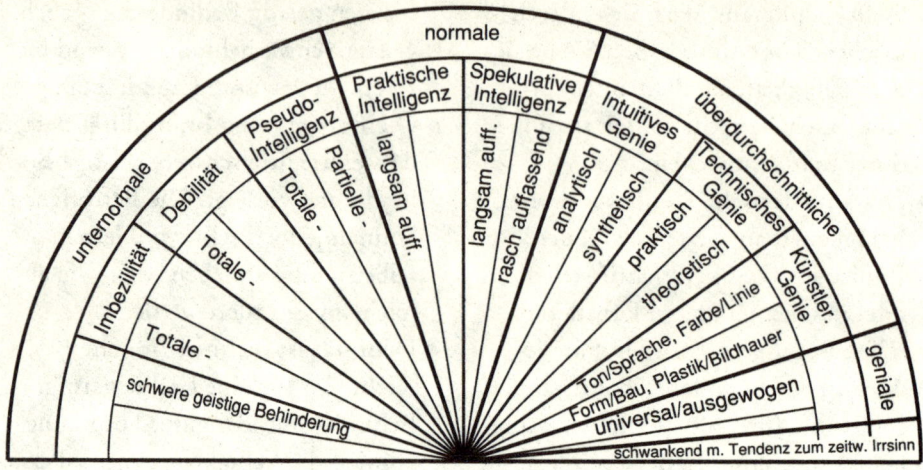

Energie auch durch bestimmte Einflüsse (Krankheit, seelische Belastung) gebremst?

Mit Hilfe des Pendels können Sie die Energie ermitteln, die Ihnen zur Verfügung steht. Hierzu benutzen Sie wiederum ein Pendeldiagramm, in das Sie in Fünferschritten die Zahlen von 0 bis 100 eintragen. Halten Sie den Pendel vor das Diagramm und stellen Sie die Frage: „Wie groß ist meine innere Energie?" Wenn Sie einen Wert erzielen, der unter 60 % liegt, ist es an der Zeit, dass Sie neue Kräfte tanken – vielleicht sollten Sie einfach einmal Urlaub nehmen und ausspannen. Auch bei einem Wert, der um die 60 % liegt, sollten Sie sich darüber Gedanken machen, ein paar Tage frei zu nehmen. Bei Werten von über 70 % brauchen Sie sich überhaupt keine Sorgen machen; wer 80 % oder mehr erreicht und

sich trotzdem noch müde und schlapp fühlt, nutzt seine Energien wahrscheinlich nicht richtig.

Gefühlsmensch oder Vernunftmensch

Sie können mit dem Pendel auch überprüfen, ob Sie eher ein Gefühlsmensch oder ein Vernunftmensch sind – möglicherweise gehören Sie aber auch eher zu den Personen, die sich von ihren Trieben leiten lassen. Mit dem Pendeldiagramm von Seite 63 können Sie herausfinden zu welcher Gruppe Sie gehören. Falls der Pendel auf einen der Sektoren im linken Bereich des Diagramms weist – keine Angst: Gefühlsstörungen (Angst, Depressionen) oder leichte Beeinträchtigungen der Vernunft (übersteigerte Reaktionen) kön-

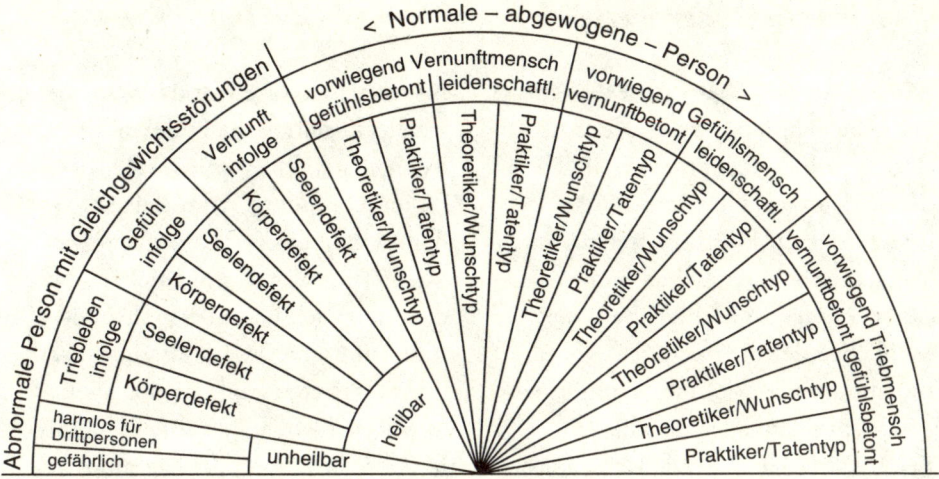

nen bei jedem einmal auftreten. In jedem Fall sollten Sie zum Arzt gehen, wenn Sie meinen, dass der Pendel Recht haben könnte. Natürlich sollten Sie Ihr Pendelergebnis vorher noch einmal gründlich mit der Frage überprüfen: „Ist das Ergebnis, das ich erzielt habe, korrekt?"

Wenn Sie zu den Vernunft-, den Gefühls- oder den Triebmenschen gehören, achten Sie bitte noch darauf, was für ein Typ Sie sind: Sind Sie eher ein Praktiker oder Tatentyp, der die Dinge in die Hand nimmt, ein Theoretiker oder Wunschtyp, der zwar hochfliegende Träume und Ideen hat, sie aber nicht oder nur unter großen Schwierigkeiten in die Tat umsetzen kann? Diese Charakterisierung sagt nämlich einiges über die einzelnen Menschentypen aus: Ein Gefühlsmensch, der leidenschaftlich und ein Tatentyp ist, steht zu sei-

nen Gefühlen, so stark sie auch sein mögen. Wenn ihm etwas nicht passt, explodiert er leicht, versucht aber auch an der Situation etwas zu ändern. Ein Vernunftmensch, der ein wenig gefühlsbetont ist und zu den Wunschtypen gehört, macht sich viele Gedanken über eine Reihe von Dingen, setzt sie aber nicht selbst in die Tat um. Das überlässt er lieber anderen. Ein Triebmensch hingegen, der vernunftbetont ist und zu den Tatentypen gehört, reagiert zwar in vielen Situationen sehr leidenschaftlich, wenn er etwas erreichen will, siegt jedoch die Vernunft und er bleibt ruhig. Versuchen Sie selbst herauszufinden, welche Charakteristika auf Sie besonders zutreffen.

Männlich oder weiblich

Alle Menschen haben eine weibliche und eine männliche Seite. Kurz zur Erklärung: Zu den „typisch" weiblichen Eigenschaften zählen Sensibilität, Friedfertigkeit, Hilfsbereitschaft, zu den „typisch" männlichen Stärke, Ausdauer, Ehrgeiz. Welche Seite – die weibliche oder die männliche – bei Ihnen dominiert, können Sie mit dem Pendel problemlos herausfinden. Zeichnen Sie eine gerade Linie auf ein Blatt Papier. An das linke Ende der Linie schreiben Sie ein „W" für weiblich, an das rechte Ende der Linie ein „M" für männlich. Zeichnen Sie ausgehend von der Linie nun noch drei Strahlen, die nach oben zeigen und alle etwa den gleichen Abstand voneinander haben. Diese Strahlen dienen Ihnen als Unterteilung der unteren geraden Linie, damit Sie ungefähr erkennen können, wie viele männliche beziehungsweise weibliche Anteile Sie besitzen. Halten Sie den Pendel nun unten an die Mitte der Linie und fragen Sie: „Wo auf dieser Skala bin ich mit meinen männlichen und weiblichen Anteilen einzuordnen?" Zeigt der Pendel sehr weit nach links, haben Sie mehr weibliche als männliche Seiten, je weiter er nach rechts schwingt, umso mehr männliche Eigenschaften besitzen Sie – ganz egal, ob Sie ein Mann oder eine Frau sind.

Die Tagesform

An manchen Tagen ist das Selbstbewusstsein stärker, an anderen Tagen weniger stark ausgeprägt. Für wichtige Unternehmungen (zum Beispiel Gehaltsverhandlungen) sollte man sich möglichst einen Tag aussuchen, an dem man sich besonders selbstbewusst fühlt und seine Meinung mit Nachdruck vertreten kann. Wenn Sie herausfinden wollen, ob solch ein Tag ist, fertigen Sie ein Pendeldiagramm an, das die folgenden Charakterisierungen enthält, und befragen Ihren Pendel mit Hilfe dieses Diagramms, wie stark Ihr Selbstbewusstsein an dem bestimmten Tag ist:
Überdurchschnittlich, stark, mittelmäßig, gering, kaum ausgeprägt.
Dieses Pendeldiagramm ist selbstverständlich auch noch anderweitig verwendbar. Zum Beispiel können Sie Ihren Pendel mit diesem Diagramm nach Ihrer momentanen Belastungsfähigkeit fragen, wenn Ihnen ein Arbeitsauftrag angeboten wird und Sie nicht wissen, ob Sie ihn annehmen sollen. Sie können zudem nach Ihrer Ausdauer, nach Ihrer momentanen Geduld und nach Ihrer Kreativität fragen. Bestimmt fallen Ihnen noch weitere Beispiele ein, wofür Sie dieses Pendeldiagramm sinnvoll einsetzen können.

Partnerschaft

Der Bereich Liebe und Partnerschaft ist für den Pendeleinsatz zwar geeignet, aber nur mit gewissen Einschränkungen. Sie dürfen zum Beispiel nicht erwarten, dass der Pendel Ihnen voraussagt, wann und wo Sie Ihrem „Traumpartner" begegnen – er kann Ihnen allerdings Hinweise darauf geben, wo es sich lohnen könnte, nach einer Person zu suchen, mit der Sie eine Partnerschaft eingehen können. Es ist zudem möglich, mit dem Pendel herauszufinden, ob ein potentieller Partner zu Ihnen passt. Wenn Sie den Pendel im Bereich Liebe und Partnerschaft einsetzen, nehmen Sie das Ganze nicht zu ernst, sondern sehen Sie es als ein reizvolles Spiel an. Schließlich gibt es für die Liebe keine festen Regeln. Selbst wenn der Pendel meint, dass Sie und Ihr Partner in bestimmten Punkten nicht zusammenpassen, kann doch gerade das sehr reizvoll sein. Partnerschaftsprobleme sollten Sie – wenn möglich – nicht mit dem Pendel lösen. Ein klärendes Gespräch mit dem Partner bringt viel mehr als der Einsatz des Pendels. Die Fähigkeit miteinander zu sprechen ist schließlich das A und O einer Partnerschaft!

Partnersuche

Einen potentiellen Partner kann man an vielen Orten kennen lernen: auf einer Party, bei Freunden, in der Firma, in der Nachbarschaft, im Sportverein, in Abendkursen und sogar im Supermarkt. Aber natürlich kann man auch über eine Bekanntschaftsanzeige einen Partner finden. Für den Pendeleinsatz eignen sich vor allem Bekanntschaftsanzeigen – mit dem Pendel können Sie herausfinden, ob der Mensch, der hinter der Anzeige steckt, zu Ihnen passen könnte.

Wenn Sie versuchen wollen über eine Bekanntschaftsanzeige Kontakt aufzunehmen, nehmen Sie sich eine Zeitung oder Zeitschrift zur Hand, in der Sie Anzeigen finden, die Ihren Vorstellungen entsprechen. In einem Stadtmagazin inserieren beispielsweise eher junge Leute, in einer Tageszeitung finden Sie sowohl Anzeigen jüngerer als auch älterer Menschen. Wenn Sie möchten, können Sie auch eine Vorauswahl treffen und die ausgewählten Anzeigen auf ein Blatt Papier kleben.

Halten Sie nun den Pendel über die einzelnen Anzeigen und fragen Sie: „Könnte diese Person zu mir passen?" Antwortet Ihr Pendel mit „Ja", machen Sie mit einem Stift ein Häkchen hinter die Anzeige, antwortet er mit „Nein", streichen Sie die Annonce durch. Wahrscheinlich werden am Ende mehrere Anzeigen übrig bleiben, bei denen der Pendel mit „Ja" geantwortet hat. Diese Anzeigen können Sie noch etwas genauer „unter die Lupe" nehmen. Fertigen Sie ein Pendeldiagramm an, in dem Sie die Zahlen von 0 bis 100 in

Fünferschritten eintragen. Halten Sie Ihr Pendel vor das Diagramm und stellen Sie bei jeder der übrig gebliebenen Anzeigen die Frage: „Wie groß ist die Wahrscheinlichkeit, dass diese Person zu mir passen könnte?" Die Antworten des Pendels schreiben Sie nun neben die Anzeige. So finden Sie heraus, welcher der Inserenten am besten zu Ihnen passen könnte.

Sie können selbst auch eine Bekanntschaftsanzeige in einer Zeitung oder Zeitschrift Ihrer Wahl veröffentlichen. Wenn Sie die Antworten auf Ihre Annonce erhalten, legen Sie die Briefe vor sich hin und fragen den Pendel, welche der Briefschreiber am besten zu Ihnen passen. Doch lassen Sie sich bei der Auswahl nicht zu stark vom Pendel beeinflussen. Gefällt Ihnen ein Brief besonders gut, treffen Sie sich ruhig mit dem Briefschreiber, auch wenn der Pendel meint, dass Sie nicht zu ihm passen.

Der Pendel kann Ihnen auch bei der Suche nach einem geeigneten Ort zum Kennenlernen helfen. Das Pendeldiagramm unten listet einige Orte auf, wo Sie potentiellen Partnern begegnen können. Sie können auch selbst ein Pendeldiagramm mit den Orten anfertigen, die Sie häufig aufsuchen.
Halten Sie den Pendel vor das Diagramm und stellen Sie die Frage: „Welcher dieser Orte ist am geeignetsten, um einen Mann/eine Frau kennen zu lernen?" Der Pendel wird Ihnen sicher einen Ort nennen, Ansprechen müssen Sie dort aber schon selbst jemanden.

Gegenseitige Sympathie und Übereinstimmung

Wer jemanden getroffen hat, der ihm gefällt, ist oft unsicher, ob der andere seine Gefühle erwidert, selbst wenn es offensichtlich ist, dass sich beide sympathisch sind. Mit dem Pendel können

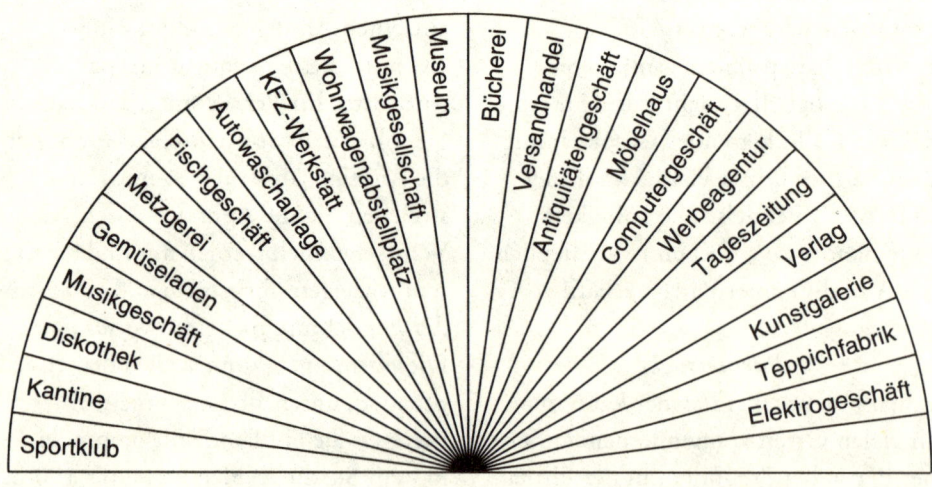

Sie herausfinden, ob der andere ebenfalls intensivere Gefühle für Sie hegt. Fertigen Sie ein Pendeldiagramm an, in das Sie folgende Begriffe eintragen: kein Interesse, Freundschaftliche Beziehung, rein sexuelles Interesse, Sympathie, aus der mehr werden kann, Verliebtheit.

Stellen Sie dem Pendel nun die Frage: „In welcher Beziehung steht … (Name) zu mir?" Wieder sollten Sie sich bei der Beantwortung dieser Frage nicht nur auf den Pendel, sondern auch auf Ihr eigenes Gefühl verlassen. Es heißt zwar immer, dass Gegensätze sich anziehen, doch die Realität zeigt, dass zwischen Partnern in den wichtigsten Eigenschaften und Interessen eine gewisse Übereinstimmung bestehen muss, damit eine Partnerschaft auf Dauer Bestand hat. Mithilfe des Pendels können Sie (begrenzt) herausfinden, ob sie zusammenpassen.

Um Übereinstimmungen zwischen Ihnen und Ihrem Partner herauszufinden, bietet es sich wiederum an, ein Pendeldiagramm anzufertigen, in das Sie in Fünferschritten die Zahlen von 0 bis 100 eintragen. 0 steht in diesem Fall für kein Interesse/nicht vorhandene Eigenschaft, die Zahl 100 für sehr großes Interesse/gehört zu den wichtigsten Charaktereigenschaften. Nun können Sie zunächst anhand einer Liste Ihrer Interessen und Hobbys auspendeln, ob Ihr Partner ebenfalls Freude an den Dingen hat, die Ihnen Spaß

bereiten (Fragestellung: „Wie groß ist das Interesse meines Partners an dem Hobby XY?"). Je größer der Wert ist, der sich beim Pendeln ergibt, umso interessierter ist Ihr Partner an Ihrem Hobby und umso sicherer können Sie sein, dass er sich daran beteiligen wird. Mit den Eigenschaften ist die Sache etwas schwieriger. Sie müssen zunächst den Pendel befragen, wie stark bei Ihnen gewisse Charaktereigenschaften ausgeprägt sind, erst danach geht es um Ihren Partner und seine Charaktereigenschaften. Warum Sie den Pendel zuerst nach Ihren Eigenschaften fragen? Ganz einfach: Die meisten Menschen schätzen sich selbst falsch ein; mit dem Pendel können Sie diese Selbsteinschätzung noch einmal überprüfen.

Notieren Sie sich die Ergebnisse, die die Befragung des Pendels über Ihre Eigenschaften erbracht hat, denn Sie müssen sie noch mit den Resultaten Ihres Partners vergleichen. Je größer die Übereinstimmungen sind, umso größer ist auch die Wahrscheinlichkeit, dass Sie und Ihr Partner zusammenpassen.

Hier eine kleine Liste von Eigenschaften, nach deren Ausprägung Sie den Pendel befragen können, und die Sie beliebig erweitern können.

Humor, Sexualtrieb, Lebensfreude, Selbstbewusstsein, Ehrgeiz, Intelligenz, Lebhaftigkeit, Sensibilität, Familiensinn, Treue.

STUDIUM UND BERUF

Der Pendel kann Studien- und Berufs-anfängern bei der Wahl von Studien-fach oder Beruf mit Rat und Hilfe zur Seite stehen – er kann aber auch Hin-weise darauf geben, welches Studium, welcher Beruf für Sie geeigneter ist be-ziehungsweise wo Sie ihre Fähigkeiten am besten und sinnvollsten einsetzen können.

Zunächst geht es darum herauszufin-den, in welchem beruflichen Bereich Sie am besten aufgehoben sind: Ist es der technische, der künstlerische oder wissenschaftliche Bereich oder sind Sie eher an der Wirtschaft oder an psycho-logischen Berufen interessiert? Viel-leicht eignen Sie sich aber auch beson-ders gut zum Landwirt oder haben ein glückliches „Händchen" für den Gar-tenbau? Mithilfe des Pendeldia-gramms, das Sie im Anhang auf Sei-te 140 finden, können Sie ermitteln, in welchem der genannten Bereiche Sie am erfolgreichsten (oder auch am glücklichsten) sein könnten.

Stellen Sie Ihrem Pendel die Frage: „Welcher berufliche Bereich entspricht am ehesten meinen Fähigkeiten?" Sie können natürlich genauso fragen: „In welchem beruflichen Bereich bin ich am glücklichsten?" Die Fragestellung sollten Sie davon abhängig machen, was Sie von Ihrem Beruf erwarten: eine steile Karriere, einen guten Verdienst oder Glück und Erfüllung?

Sie können dem Pendel nacheinander auch mehrere Fragen stellen. So finden Sie heraus, ob der berufliche Bereich, in dem Sie besonders erfolgreich sind, auch derjenige ist, der Ihnen eine inne-re Befriedigung verschafft. Ist das nicht der Fall, fragen Sie den Pendel noch einmal, worauf Sie mehr Wert legen sollten: auf den Erfolg oder die Erfül-lung im Beruf?

Das Studium

Viele junge Leute möchten zwar gern studieren, doch sie wissen nicht, für welches Fach sie sich entscheiden sol-len. Genauso wie den Beruf können Sie auch das für Sie geeignete Studien-fach mit dem Pendel ermitteln. Ferti-gen Sie anhand der folgenden Liste ein Pendeldiagramm mit den Studienfä-chern an, die Sie am meisten interes-sieren. Fragen Sie dann den Pendel, welches das richtige Studienfach für Sie ist.

- Agrarwissenschaft (Abschluss: Diplom)
- Anglistik (Englisch; Magisterab-schluss oder Lehramt)
- Architektur (Diplom)
- Biologie (Diplom oder Lehramt)
- Chemie (Diplom oder Lehramt)
- Germanistik (Deutsch; Magister-abschluss oder Lehramt)
- Informatik (Diplom)
- Jura (Staatsexamen)

- Maschinenbau (Diplom)
- Medizin (meistens Doktorarbeit)
- Pädagogik (Diplom, Lehramt)
- Physik (Diplom, Lehramt)
- Politologie (Magisterabschluss; manchmal auch Lehramt)
- Psychologie (Diplom)
- Sozialwissenschaften (Diplom)
- Soziologie (Magisterabschluss)
- Sportwissenschaft (Diplom, meist Lehramt)
- Theologie
- Wirtschaftswissenschaften (Abschluss: Diplom)

Diese Liste soll Ihnen nur Anhaltspunkte geben, welche Studienfächer Sie in Ihr Pendeldiagramm aufnehmen können. Falls Ihr Pendel Ihnen zwei Studienfächer „ans Herz legt", sollten Sie sich überlegen, ob Sie diese zusammen studieren können. Ist das jedoch allein wegen des Arbeitsaufwands nicht möglich, fragen Sie den Pendel noch einmal, welches der beiden Fächer für Sie besser geeignet ist.

Die richtige Berufswahl

Die Berufswahl ist selbst dann noch schwierig, wenn der Pendel den Bereich eingegrenzt hat, in dem man tätig werden sollte. Schließlich gibt es zum Beispiel so viele medizinische Berufe, und auch die Berufe in der Verwaltung sind zahlreich.

Deshalb empfiehlt es sich, auch hier wieder auf Pendeldiagramme zurückzugreifen, in denen nun die einzelnen Berufe aufgelistet sind.

Im Anhang finden Sie auf den Seiten 140–146 mehrere Diagramme, die den beruflichen Bereichen in der vorhergehenden Pendeltafel zugeordnet sind: So finden Sie beispielsweise einige Diagramme mit technischen Berufen, aber auch andere mit Berufen, die man weitestgehend der Wissenschaft zuordnen kann. In einigen Pendeldiagrammen finden Sie auch Berufe aus zwei verschiedenen Bereichen.

Suchen Sie nun die Diagramme, die zu dem beruflichen Bereich passen, den Ihnen der Pendel genannt hat, und stellen Sie die Frage: „Welcher dieser Berufe entspricht am ehesten meinen Fähigkeiten?" Sie können wieder fragen: „In welchem dieser Berufe finde ich Erfüllung?" Schlägt der Pendel nicht aus, gehen Sie einfach zur nächsten Pendeltafel über. Es kann passieren, dass der Pendel insgesamt mehrere Berufe für Sie auswählt. Entweder fertigen Sie für diese Berufe ein neues Pendeldiagramm an und fragen wiederum, welcher Beruf sich am besten für Sie eignet, oder Sie fragen der Reihe nach, wie hoch die Wahrscheinlichkeit ist, dass Sie in diesem Beruf am erfolgreichsten (am glücklichsten) sind. Dazu benötigen Sie ein Pendeldiagramm, das Ihnen schon mehrfach in diesem Buch vorgestellt wurde: das

Diagramm, das die Zahlen von 0 bis 100 in Fünferschritten enthält. Je größer die Wahrscheinlichkeit ist, dass ein Beruf sich für Sie eignet, umso höher ist auch die Zahl, die der Pendel Ihnen nennt. Notieren Sie zu jedem Beruf die erpendelte Zahl und vergleichen Sie sie am Ende miteinander.

Möglicherweise finden Sie in den vorgefertigten Pendeldiagrammen die Berufe nicht, die Sie am meisten interessieren. Notieren Sie die von Ihnen favorisierten Berufe in einem selbst angefertigten Pendeldiagramm und fragen Sie den Pendel, welcher dieser Berufe für Sie am geeignetsten ist (siehe Blanko-Pendeldiagramm auf Seite 40).

Berufswechsel – ja oder nein?

Manche Menschen kommen noch nach Jahren der Berufstätigkeit auf die Idee, einen anderen Beruf zu erlernen, weil ihre bisherige Tätigkeit ihnen keine Herausforderung bietet. Andere hingegen planen sich selbstständig zu machen. Ein Berufswechsel oder der Schritt in die Selbstständigkeit ist immer mit Risiken und Unwägbarkeiten verbunden, die man nie genau absehen kann – auch mithilfe des Pendels nicht. Allerdings kann Ihnen der Pendel Hinweise darauf geben, ob Sie die richtige Entscheidung treffen.

Er kann Ihnen beispielsweise Auskunft darüber geben, ob Sie in der neuen Tätigkeit Ihrer Wahl mehr Befriedigung finden werden als in Ihrem jetzigen Beruf – falls dies der Grund sein sollte, warum Sie den Beruf wechseln wollen. Sie können den Pendel fragen, ob jetzt der richtige Zeitpunkt ist, um Ihre Entscheidung in die Tat umzusetzen. Für all diese Fragen brauchen Sie weder ein Pendeldiagramm noch andere Hilfsmittel.

Ein kleiner Tipp noch zum Schluss: Machen Sie Ihre Entscheidung nicht allein von dem Pendelergebnis abhängig! Wenn Sie bei Ihrer jetzigen Tätigkeit nur noch unzufrieden sind oder Ihre Arbeit Sie vielleicht sogar krank macht, sollten Sie sich für einen Berufs- oder Arbeitsplatzwechsel entscheiden – egal, ob der Pendel mit „Nein" antwortet.

GESUNDHEIT

Nichts ist so wichtig wie die Gesundheit. Deshalb sollte jeder darauf bedacht sein, sie sich möglichst lange zu erhalten. Der Pendel kann Ihnen Hinweise darauf geben, wie es um Ihren Gesundheitszustand bestellt ist. Nicht umsonst ist die Gesundheit einer der Haupteinsatzbereiche des Pendels. Erfahrene Pendelpraktiker, die zugleich über gewisse medizinische Grundkenntnisse verfügen sollten, können Krankheitsherde ausfindig machen oder zumindest eingrenzen, sie können Krankheitsursachen ermitteln und – nicht zuletzt – Empfehlungen für Heilmethoden geben, die über die schulmedizinische Therapie hinausgehen. Missverstehen Sie das alles bitte nicht: Natürlich müssen Sie zum Arzt gehen, wenn es Ihnen nicht gut geht oder wenn Sie Schmerzen haben. Auch bei einer schweren Erkrankung ist eine Behandlung durch den Arzt unbedingt notwendig. Genauso ist es notwendig, dass Sie die Medikamente nehmen, die Ihnen Ihr Arzt verordnet. Der Pendel kann Sie nur darauf hinweisen, dass eine Krankheit vorliegt und den Bereich eingrenzen in dem der Krankheitsherd liegt – Krankheiten heilen kann er nicht. Auch die endgültige Diagnose muss in jedem Fall vom Arzt gestellt werden.

Die alternativen Heilmethoden, die Ihnen im folgenden Abschnitt vorgestellt werden, sollten nur ergänzend zur schulmedizinischen Therapie eingesetzt werden. Sprechen Sie jedoch zuvor mit Ihrem Arzt darüber, ob Sie eine solche Heilmethode zur Unterstützung des Genesungsprozesses einsetzen dürfen. Wer den Pendel gewissenhaft einsetzt, teilt die eben genannten Informationen auch seinen Freunden und Bekannten mit, für die er pendelt. Wenn sich bei der Befragung des Pendels herausstellt, dass ein Verdacht auf eine schwerwiegende Erkrankung vorliegt, machen Sie Ihren Freunden und Bekannten keine unnötige Angst, indem Sie ihnen beispielsweise mitteilen, dass die Diagnose des Pendels „Krebs" lautet. Geben Sie ihnen stattdessen den Rat, dass sie den Arzt aufsuchen und sich gründlich untersuchen lassen sollen. Wenn sich die Diagnose des Pendels durch die schulmedizinische Untersuchung bewahrheitet, haben Sie genau das Richtige getan.

Achten Sie bei der Prüfung des Gesundheitszustands mit dem Pendel nicht nur auf organische Erkrankungen, sondern fragen Sie stets auch nach seelischen Belastungen oder Störungen. Seelische Beschwerden können nicht nur selbst zum großen Problem werden, sie können auch organische Krankheiten hervorrufen. Da insbesondere bei seelischen Belastungen alternative Therapien (zum Beispiel die Farbtherapie oder die Bach-Blüten-Therapie) gute Erfolge erzielen, sollten Sie mithilfe des Pendels auch immer nach der geeigneten Behandlungsform suchen. Wenn Sie Ihren oder den Gesundheitszustand anderer Menschen mit dem Pendel ergründen, fragen Sie auch immer danach, ob es Anzeichen dafür gibt, dass sich eine Krankheit entwickelt. Ist dies der Fall, ziehen Sie mit dem Pendel Erkundigungen ein, welche Heilmethode oder welches Heilmittel geeignet ist, um den Ausbruch der Erkrankung zu verhindern. Wem es durch den Pendeleinsatz gelingt, Krankheiten vorzubeugen, hat schon viel für seine Gesundheit oder die seiner Mitmenschen getan!

Finden des Krankheitsherdes

Zuerst sollte man feststellen, ob eine körperliche oder seelische Erkrankung vorliegt. Dazu stellt man dem Pendel die Frage: „Ist der Gesundheitszustand dieses Menschen gut?" Verneint der Pendel, fragen Sie: „Liegt eine seelische Erkrankung vor?" Verneint der Pendel wieder, folgt die Frage: „Liegt eine organische Erkrankung vor?" Wird diese Frage bejaht, müssen Sie zunächst herausfinden, welches Organ oder welche

Organe von der Krankheit betroffen sind. Sie können die Person bitten sich hinzulegen. Dann halten Sie den Pendel über die einzelnen Körperteile und fragen jeweils, ob die Organe, über denen der Pendel schwingt, gesund sind. Sie können es aber auch einfacher haben, indem Sie entweder eine Abbildung des menschlichen Körpers oder aber ein Pendeldiagramm verwenden, um das kranke Organ zu ermitteln.

Der menschliche Körper

Die Abbildungen auf den Seiten 73 und 74, die den Körper eines Mannes und den einer Frau zeigen, können Sie verwenden, um ein krankes Organ mit dem Pendel zu ermitteln. Überall dort, wo Sie ein Kreuzchen sehen, finden Sie ein Organ oder ein Körperteil, das von einer Erkrankung betroffen sein kann. Links neben der Zeichnung stehen jeweils die Erklärungen zu den verschiedenen Kreuzchen.
Halten Sie nun den Pendel über eine der Zeichnungen und konzentrieren Sie sich intensiv. Fragen Sie den Pendel: „Welcher Körperteil oder welches Organ befindet sich in schlechtem Gesundheitszustand?" Bald wird der Pendel Ihnen durch seine Schwingungen anzeigen, wo der Krankheitsherd zu suchen ist. Damit haben Sie den ersten Schritt getan, um die Krankheit einzugrenzen.

Kopf, Gehirn, Nerven
Stirnhöhle
Augen

Nase

Ohren
Zunge, Zähne
Rachenhöhle
Mandeln
Kehlkopf
Kropf und Verengung
Luft- und Speiseröhre

Lungenflügel

Herz
Herz-Nerven
Brust
Rückenwirbel
Mageneingang
Magen-Nerven
Magen
Magenausgang
Leber

Arme
Ellbogen
Nieren

Gallenblase
Därme
Dickdarm
Zwölffingerdarm
Hüftgelenke
Blut
Blase
Harnleiter

Handgelenke
Hände und Fingergelenke
Ischiasnerv

Oberschenkel

Sehnenbänder

Kniegelenke
Kniescheibe

Waden

Sehnenbänder

Fußgelenke

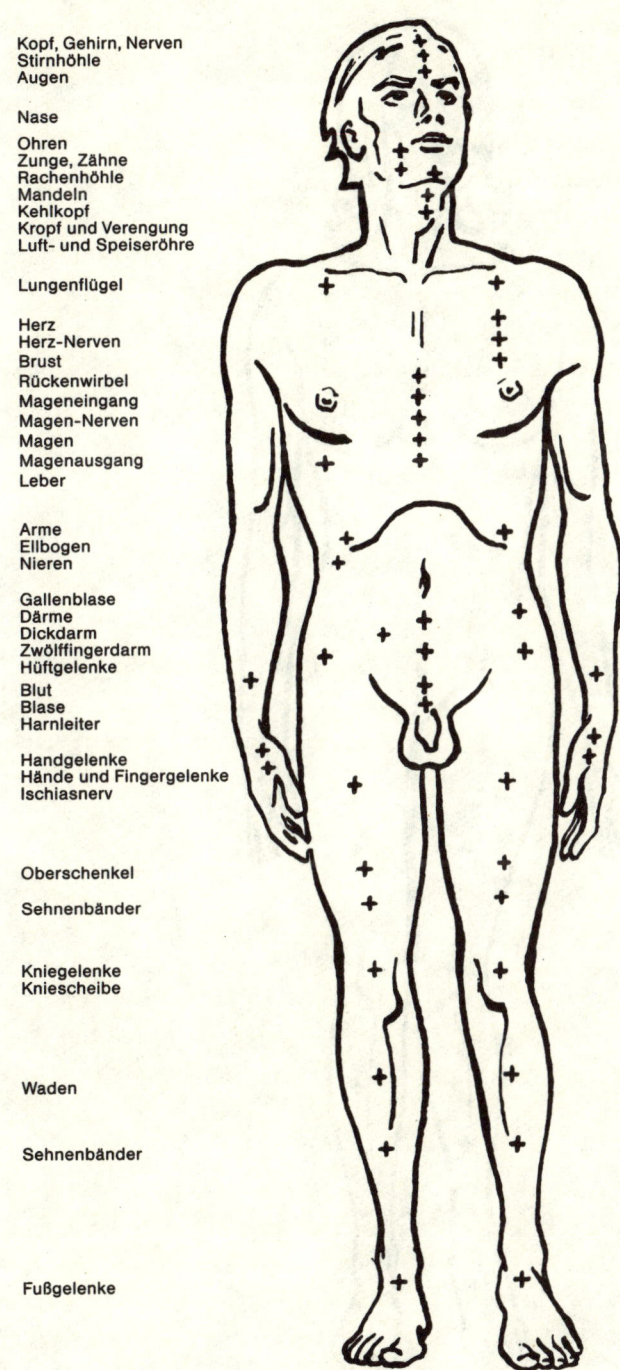

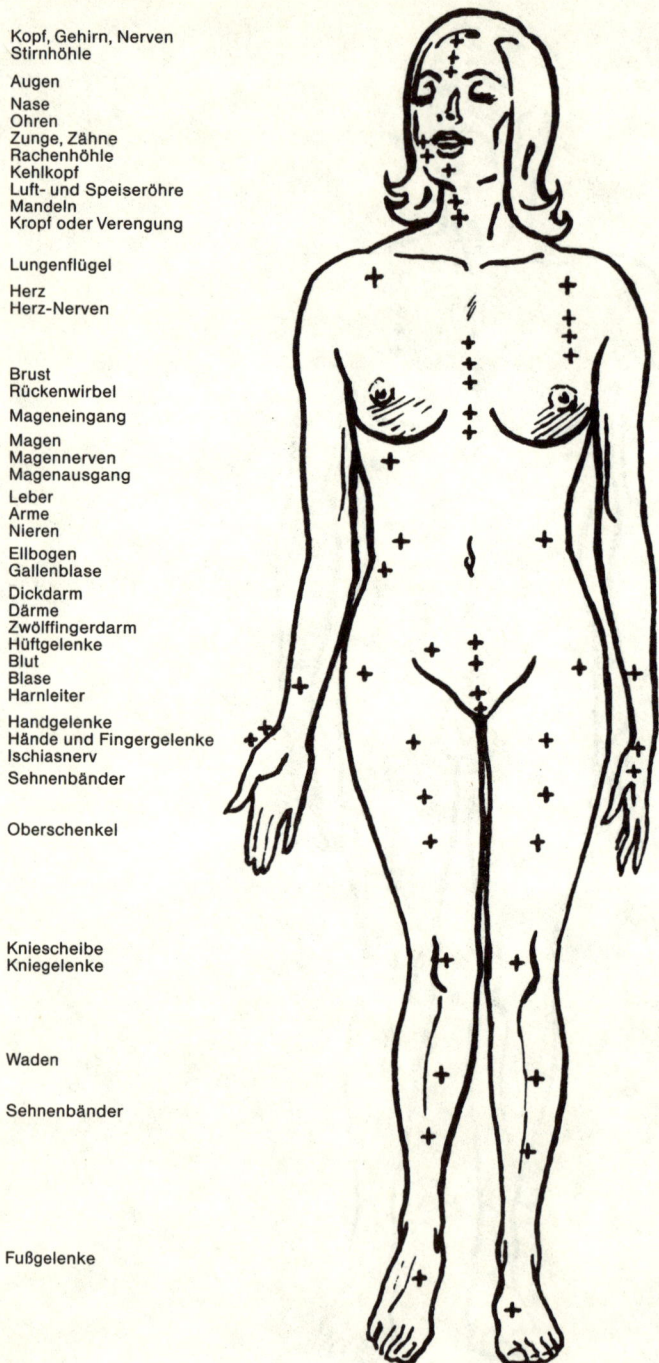

Kopf, Gehirn, Nerven
Stirnhöhle

Augen

Nase
Ohren
Zunge, Zähne
Rachenhöhle
Kehlkopf
Luft- und Speiseröhre
Mandeln
Kropf oder Verengung

Lungenflügel

Herz
Herz-Nerven

Brust
Rückenwirbel

Mageneingang

Magen
Magennerven
Magenausgang

Leber
Arme
Nieren

Ellbogen
Gallenblase

Dickdarm
Därme
Zwölffingerdarm
Hüftgelenke
Blut
Blase
Harnleiter

Handgelenke
Hände und Fingergelenke
Ischiasnerv

Sehnenbänder

Oberschenkel

Kniescheibe
Kniegelenke

Waden

Sehnenbänder

Fußgelenke

Einfache Pendeldiagramme

Manche Pendelpraktiker halten das Pendeln über der Abbildung eines menschlichen Körpers für zu ungenau. Sie ziehen die Verwendung eines Pendeldiagramms vor, um den Krankheitsherd herauszufinden. Auch Sie können ein Pendeldiagramm verwenden, wenn Ihnen das lieber ist. Das Pendeldiagramm auf Seite 147 eignet sich sehr gut, um den Krankheitsherd einzugrenzen.

Halten Sie den Pendel in die Mitte des Diagramms. Fragen Sie nun danach, welches Organ oder welcher Körperteil erkrankt oder gestört ist. Wenn der Pendel angibt, dass die Hüfte von einer Erkrankung betroffen ist, wissen Sie noch nicht, um welchen Teil der Hüfte es sich handelt. Fragen Sie daher die einzelnen zur Hüfte gehörenden Körperteile – die im zur Hüfte gehörenden Sektor des Diagramms stehen – einzeln nacheinander ab, etwa so: „Ist die rechte Hüfte gesund?" Antwortet der Pendel mit „Ja", fragen Sie weiter: „Ist die linke Hüfte gesund?" Ist dies auch der Fall, fragen Sie nach den Oberschenkeln und den Arterien, bis der Pendel Ihnen eine Frage verneint. Nun haben Sie das erkrankte Körperteil oder Organ gefunden.

Mithilfe dieses Pendeldiagramms können Sie auch ermitteln, inwieweit das Organ oder der Körperteil in seiner Funktion eingeschränkt ist. Halten Sie den Pendel auf die Null der Prozentskala unter dem Pendeldiagramm und fragen Sie: „Um wie viel Prozent ist die Funktionstüchtigkeit des kranken Organs/des kranken Körperteils gemindert?" Der Pendel wird sich nun über dieser Prozentskala in Bewegung setzen. Schauen Sie nach, bis zu welcher Zahl er ausschwingt. Um so viel Prozent ist das jeweilige Organ in seiner Funktion eingeschränkt.

Pendeldiagramme für „Anspruchsvolle"

Wer sich in medizinischen Dingen etwas besser auskennt, wird wahrscheinlich die zwei Pendeldiagramme auf den Seiten 148 und 149 vorziehen, wenn es darum geht, das erkrankte Organ oder den betroffenen Körperteil zu ermitteln. Die beiden Pendeldiagramme verwenden nämlich weitgehend die medizinischen Fachbegriffe für die einzelnen Körperteile und Organe. Außerdem sind sie noch etwas genauer als die Abbildungen des menschlichen Körpers auf den Seiten 73 und 74. Damit jeder etwas mit diesen sehr sinnvollen Diagrammen anfangen kann, folgt nun eine kurze Erklärung der Fachbegriffe:

Cerebrum: Gehirn
Hypophyse: Hirnanhangdrüse
Pankreas: Bauchspeicheldrüse
Duodenum: Zwölffingerdarm
Pharynx: Rachen
Larynx: Kehlkopf
Trachea: Luftröhre

Tonsillen: Mandeln
Thyreoidea: Schilddrüse
Oesophagus: Speiseröhre
HWS: Halswirbelsäule
BWS: Bauchwirbelsäule
LWS: Lendenwirbelsäule
Urethra: Harnröhre
Genitale: Geschlechtsteile
Appendix: Blinddarm
Adnexe: Eierstöcke und Eileiter
Testis: Hoden
Ovar: Eierstock
Periton. (= Peritoneum): Bauchfell
Nerv. Ischiad.: Ischiasnerv
Hepar: Leber
Cholang. Gbl.: Gallenblase
Colon ascend:/Colon transv./Colon. desc.
Sigma: Teile des Dickdarms
Pylorus: Magenpförtner
Diaphragma: Zwerchfell
Pleura: Brustfell
Clavicula: Schlüsselbein
Cerebellum: Kleinhirn
Aorta: Hauptarterie des Körpers
Mamma: Weibliche Brust
Lien: Milz
Vulva: Äußere weibliche Geschlechts-
organe
Uterus: Gebärmutter
Rectum: Enddarm

Wenn Sie eines oder beide dieser Pendeldiagramme verwenden wollen, halten Sie den Pendel in die Mitte des jeweiligen Diagramms und fragen Sie: „Welches Organ oder welcher Körperteil ist in keinem guten gesundheitlichen Zustand?" Mithilfe dieser zwei Pendeldiagramme müssten Sie eine detaillierte Auskunft erhalten.

Ermittlung der genauen Krankheit

Wenn Sie wissen, welches Organ erkrankt ist, können Sie die eigentliche Erkrankung herausfinden. Auf den Seiten 150–158 im Anhang finden Sie einige Pendeldiagramme, die Ihnen dabei helfen. In diesen Diagrammen finden Sie Erkrankungen, die den einzelnen Körperteilen und Organen zugeordnet sind, sodass Sie nur das „passende" Pendeldiagramm zum erkrankten Organ suchen müssen. Dann halten Sie den Pendel auf den Punkt in der Mitte des Diagramms und fragen: „Um welche Erkrankung handelt es sich?" Gibt der Pendel Ihnen keine Auskunft, könnte es sich um eine Krankheit handeln, die in dem Diagramm nicht zu finden ist.

Ursache der Erkrankung

Den Pendelpraktiker sollte jedoch nicht nur die Krankheit selbst, sondern auch die Krankheitsursache interessieren. Viele Erkrankungen können beispielsweise durch seelische Belastungen oder durch schädliche Umwelteinflüsse verursacht werden. Kennt man die

Ursache, kann man einem erneuten Auftreten der Krankheit in vielen Fällen vorbeugen.

Die Krankheitsursache kann man wieder mit einem Pendeldiagramm herausfinden. In der nun folgenden Liste finden Sie verschiedene Krankheitsursachen, die Sie in ein Pendeldiagramm eintragen können. Die Fragestellung kann beispielsweise lauten: „Was ist die Ursache/der Auslöser für meine Erkrankung?"

Krankheitsauslöser

Allergie: Der Körper reagiert überempfindlich auf an sich harmlose Stoffe, wie z. B. Blütenpollen oder Tierhaare.

Autoimmunerkrankung: Das Immunsystem läuft Amok – die Immunzellen, die Krankheitserreger abwehren sollen, greifen den eigenen Körper an.

Bakterien: Neben Viren die häufigsten Krankheitserreger; Ursache für viele Infektionen.

Chemikalien: Der Kontakt mit chemischen Substanzen (bei der Arbeit, im Haushalt) löst in manchen Fällen Erkrankungen aus.

Fehlende Bewegung: Manche Beschwerden (zum Beispiel Verstopfung) lassen sich auf Bewegungsmangel zurückführen.

Gendefekt: Die Erkrankung ist erblich bedingt.

Genussgifte: Alkohol sowie das Rauchen sind Ursache für eine Reihe verschiedener Krankheiten.

Große seelische Belastung: Ein einschneidendes Erlebnis (Tod eines nahestehenden Menschen, Scheidung, Umzug in eine fremde Stadt) kann so stark belasten, dass es körperliche Beschwerden nach sich zieht.

Hormonstörung: Der Körper produziert eine zu geringe oder zu große Menge eines bestimmten Hormons.

Lärm: Anhaltender Lärm schwächt die Abwehrkräfte und zieht eine Reihe von Krankheiten nach sich.

Medikamente: Körperliche und seelische Beschwerden können auch als Nebenwirkungen nach der Medikamenteneinnahme auftreten.

Mineralstoffmangel: Zu geringe Aufnahme von Mineralstoffen mit der Nahrung führt zu verschiedenen Mangelerscheinungen.

Parasiten: Flöhe, Läuse, Milben, Würmer. Sie gelangen meistens über verunreinigte Nahrungsmittel oder über den Kontakt mit Tieren oder anderen Menschen auf beziehungsweise in den Körper.

Pilze: Befallen in der Regel nur ein angegriffenes Immunsystem; können sich aber, wenn sie in den Darm gelangen, im ganzen Körper ausbreiten und schwere Erkrankungen hervorrufen.

Schädliche Strahlung: Erdstrahlen oder Elektrosmog können Krankheiten hervorrufen.

Schlackenstoffe: Abbauprodukte des Stoffwechsels sammeln sich im Körper an und rufen Beschwerden hervor.

Stress: Schwächt das Immunsystem; macht den Körper anfälliger für Erkrankungen aller Art. Stress begünstigt Herz- und Kreislauferkrankungen.

Umweltverschmutzung: Schadstoffe im Trinkwasser, in der Luft und im Boden können bei anhaltendem Kontakt eine Reihe verschiedener Krankheiten hervorrufen.

Unterdrückte Gefühle: Wer seine Gefühle nicht zeigen kann und sie stattdessen in sich „hineinfrisst", wird anfälliger für Erkrankungen.

Viren: Neben Bakterien die häufigsten Krankheitserreger; schwer zu bekämpfen, da es gegen viele Viren kein Medikament gibt

Vitaminmangel: Wer zu wenig Vitamine mit der Nahrung aufnimmt, leidet über kurz oder lang unter Mangelerscheinungen, die sich sowohl als körperliche als auch als seelische Beschwerden äußern können.

Wettereinflüsse: Belastendes Wetter (Föhn, hohe Luftfeuchtigkeit, zu starke Sonneneinstrahlung) kann sich besonders bei empfindlichen Menschen auf den Organismus auswirken und Beschwerden (zum Beispiel Kopfschmerzen) verursachen.

Bestimmte verhältnismäßig „harmlose" Krankheitsursachen (zum Beispiel Bewegungs- oder Vitaminmangel) lassen sich – wenn man sie kennt – problemlos beheben. Wer mithilfe des Pendels die Krankheitsursache ermittelt, tut damit also oft gleichzeitig etwas zur Vorbeugung von Erkrankungen und Beschwerden.

Wer sollte die Behandlung durchführen?

Nicht immer weiß man, an wen man sich mit seinen Beschwerden wenden soll. Doch auch in diesem Fall kann der Pendel helfen. Das Pendeldiagramm auf Seite 159 oben nennt Ihnen einige Anlaufstellen, die Sie ergänzen können, beispielsweise durch einen Arzt für Naturheilverfahren oder einen Spezialisten für Homöopathie oder Bach-Blüten-Therapie. Stellen Sie dem Pendel die Frage: „Wer kann mir bei meiner Erkrankung am besten helfen?" Der Pendel wird Ihnen weiterhelfen.

ALTERNATIVE HEILMETHODEN

Die Entscheidung über eine schulmedizinische Behandlung sollte bei einer Erkrankung nicht der Pendel, sondern der Arzt treffen. Allerdings gibt es verschiedene alternative Heil- und Entspannungsmethoden, die die medizinische Therapie unterstützen und ergänzen können und in vielen Fällen gute Erfolge erzielen – einige dieser Heilbehandlungen haben sogar mittlerweile Eingang in die Schulmedizin gefunden oder werden von ihr schon seit längerem eingesetzt (zum Beispiel Massagen). Leichtere Beschwerden können mit alternativen Heilmethoden sogar behandelt werden. Auch bei seelischen Belastungen können alternative Therapien vielfach hilfreich sein. Eine für Sie geeignete Heilmethode können Sie durchaus mit dem Pendel ermitteln. In den Pendeldiagrammen auf der Seite 159 unten und 160 oben im Anhang finden Sie eine Auswahl verschiedener alternativer Therapien, die Sie selbstverständlich durch eigene Vorschläge ergänzen können. Stellen Sie dem Pendel die Frage, welche dieser Heilmethoden für Sie geeignet ist.

Da Sie sicher nicht alle Heilverfahren kennen, die in den beiden Pendeldiagrammen vorgestellt werden, folgt ein kurzer Überblick über die wesentlichen Merkmale dieser Therapien. Einige der Heilverfahren werden später noch ausführlicher vorgestellt.

Alternative Therapien im Überblick

Akupunktur: Bei dieser alten chinesischen Heilmethode werden dem Kranken Akupunkturnadeln in bestimmte Punkte des Körpers gestochen, die mit den inneren Organen in Beziehung stehen. Die Nadelung bewirkt anschließend eine Linderung der verschiedensten Beschwerden.

Anthroposophische Medizin: Medizinische Behandlungsformen, die auf die Weltanschauungslehre von Rudolf Steiner zurückgehen. Die anthroposophische Medizin ist an die Schulmedizin angelehnt.

Aromatherapie: Die Aromatherapie macht sich die heilenden Eigenschaften ätherischer Öle zu Nutze. Durch das Einatmen dieser Öle können Beschwerden gelindert werden.

Atemtherapie: Durch verschiedenste Formen von Atemtechniken gelingt es, zu mehr Entspannung zu finden, wodurch körperliche und seelische Beschwerden positiv beeinflusst werden.

Aura-Soma-Behandlung: Die bei dieser Therapieform verwendeten farbigen, so genannten Balance-Öle sollen dazu beitragen, Körper und Seele in Einklang miteinander zu bringen.

Autogenes Training: Entspannungstechnik, bei der sich durch die intensive Vorstellung von körperlichen Empfindungen eine wohlige Entspannung von Körper und Seele einstellt.

Ayurveda: Ganzheitliches altindisches Verfahren, das keine Krankheiten heilt, sondern den Menschen zum seelischen Gleichgewicht und zur Einheit mit der Natur führen will.

Bach-Blüten-Therapie: Die Blütenessenzen des Dr. Bach werden gezielt gegen seelische Probleme eingesetzt. Indem sie die seelische Konstitution stärken, wirken sie andererseits auch auf das körperliche Wohlbefinden.

Blütenessenzen: Durch die Einnahme von Blütenessenzen wird vor allem die seelische Konstitution gestärkt.

Chiropraktik: Die Chiropraktik ist eine Methode, mit der Gelenk- und Wirbelblockaden unter anderem durch „Einrenken" aufgelöst werden. Sie darf nur von erfahrenen Chiropraktikern durchgeführt werden.

Diätkur: Spezielle Diäten lassen nicht nur die Pfunde purzeln, sie wirken auch positiv auf das körperliche und seelische Allgemeinbefinden.

Edelsteintherapie: Die Edelsteintherapie geht davon aus, dass es mit Hilfe der verschiedenen Schwingungen, die Edelsteine aussenden, möglich ist, blockierte Energien freizusetzen und den Gesundheitszustand zu verbessern.

Enzymtherapie: Bei dieser Form der Behandlung werden dem Kranken Enzyme verabreicht. Das sind Stoffe, die dazu beitragen, dass bestimmte Vorgänge im Körper überhaupt erst ablaufen können – die Enzyme setzen diese Reaktionen in Gang. Durch die Enzymtherapie werden dem Körper fehlende Enzyme zugeführt, wodurch es zu einer allgemeinen Verbesserung des Gesundheitszustands kommen soll.

Farbtherapie: Die Farbtherapie macht sich zu Nutze, dass die verschiedenen Farben unterschiedliche Wirkungen auf den Menschen haben. Mithilfe von Farblampen oder Farbschirmen können Stimmungen beeinflusst und seelische Probleme behandelt werden.

Feldenkrais-Methode: Die Feldenkrais-Methode zählt zu den Entspannungstechniken. Bei diesem Verfahren werden durch bewusst ausgeführte Bewegungen innere und äußere Verspannungen gelöst. Besonders sinnvoll ist die Feldenkrais-Methode bei starken Belastungen.

Feng-Shui-Beratung: Feng Shui ist eine chinesische Lehre, die davon ausgeht, dass eine falsche Aufteilung unserer Wohnung und unseres Wohnbereichs Auswirkungen auf die Gesundheit hat. Mithilfe der Feng-Shui-Beratung kann man negative Einflüsse erkennen und ihnen entgegenwirken.

Fuß-Reflexzonenmassage: Dieses Heilverfahren geht davon aus, dass sich auf der Fußsohle verschiedene Punkte (so genannte Reflexpunkte) befinden, die über die Nervenbahnen mit den inneren Organen verbunden sind. Durch eine gezielte Massage dieser Reflexpunkte lassen sich körperliche Erkrankungen positiv beeinflussen.

Gewürztherapie: Mithilfe von Gewürzen sollen seelische und körperliche Beschwerden gelindert werden.

Gruppentherapie: Die Gruppentherapie ist eine besondere Form der Psychotherapie, die in kleinen Gruppen (sechs bis zehn Teilnehmer) durchgeführt wird.

Heilfasten: Bei diesem Heilverfahren nimmt man über mehrere Tage nur Flüssigkeiten zu sich. Das Ziel des Fastens besteht darin, den Darm und den

Körper von schädlichen Abbauprodukten des Stoffwechsels zu reinigen. Das Immunsystem wird angeregt, Krankheiten können besser geheilt werden.

Homöopathie: Heilverfahren, das mit natürlichen Mitteln arbeitet, die ein ähnliches Krankheitsbild erzeugen können. „Ähnliches wird durch Ähnliches geheilt." Die Heilmittel werden in unterschiedlichen Potenzen (Verdünnungen) hergestellt.

Hypnosetherapie: Mithilfe von Hypnose werden vor allem seelische Störungen behandelt. Der Therapeut gibt während der Hypnose Anleitungen, die der Patient verinnerlicht, wodurch sich sein Verhalten verändert und oft auch die seelische Störung behoben werden kann.

Kinesiologie: Mithilfe von kinesiologischen Bewegungs- und Massageübungen lassen sich neue Energien aktivieren, Erschöpfungszustände und Stress abbauen.

Kneipptherapie: Verschiedene Formen von Wasserkuren (Wassertreten, Bäder, Packungen und Bewegungstherapie), die vor allem gegen rheumatische Beschwerden und bei Erschöpfungszuständen eingesetzt werden.

Kräuterkunde: Mit Heilkräutern lassen sich zahlreiche körperliche und seelische Beschwerden lindern oder sogar heilen.

Kunsttherapie: Durch künstlerische Ausdrucksformen sollen unter anderem innere Blockaden gelöst und unterdrückte Gefühle zum Ausdruck gebracht werden.

Lymphdrainage: Gezielte Massage in Richtung der Lymphbahnen, die den Fluss der Lymphflüssigkeit anregt. Infolge der Lymphdrainage werden schädliche Stoffwechselabbauprodukte verstärkt aus den Geweben abtransportiert und die Zellen besser mit Nährstoffen versorgt.

Magnetische Heilung: Mithilfe von Magnetfeldern sollen Störungen beseitigt werden.

Massage: Mit Massagetechniken lassen sich nicht nur Muskelverspannungen lösen, die Schmerzen hervorrufen können, Massage fördert außerdem die Durchblutung und hilft blockierte Energien freizusetzen.

Meditation: Diese Entspannungstechnik führt durch die zeitweise Versenkung in sich selbst zu mehr Wohlbefinden.

Neuraltherapie: Bei diesem Naturheilverfahren werden Betäubungsmittel in Schmerzpunkte, in so genannte Störfelder sowie in Reflexzonen (Hautsegmente, die mit Organen durch Nerven verbunden sind), gespritzt. Die Neuraltherapie geht davon aus, dass auf diese Weise über Nervensignale Schmerzen aller Art gelindert werden können. Die Neuraltherapie wird vor allem bei rheumatischen Beschwerden, aber auch gegen Kopfschmerzen und andere starke oder chronische Schmerzen eingesetzt.

Ozontherapie: Bei der Ozontherapie wird dem Patienten ein Sauerstoff-Ozon-Gemisch entweder in das Gewebe gespritzt oder auf andere Weise verabreicht. Ozon ist eine natürliche Form des Sauerstoffs, die in großen Konzentrationen körperliche Beschwerden hervorrufen kann, zusammen mit Sauerstoff in kleinen Mengen verabreicht soll Ozon jedoch gegen Krankheiten helfen, die durch Sauerstoffmangel hervorgerufen werden. Haupteinsatzgebiete der Ozontherapie sind Durchblutungsstörungen und Bluterkrankungen.

Psychotherapie: Alle Formen der Psychotherapie (psychoanalytische Verfahren, Gesprächspsychotherapie, kognitive Verhaltenstherapie) können wirksam auch gegen schwere seelische Störungen (Depressionen, Angstzustände) eingesetzt werden.

Qi-Gong: Bei Qi-Gong handelt es sich um verschiedene Formen der chinesischen Atem- und Bewegungstherapie, die sich an den Meridianen (Energieleitbahnen) orientieren.

Reiki: Beim Reiki sollen durch Berührungen heilende Energien vom Behandelnden auf den Kranken übergehen.

Rolfing: Dies ist eine Form der Massage des Bindegewebes, die mit den Knöcheln der Hand durchgeführt wird und sehr schmerzhaft sein kann. Rolfing geht von einer falschen Körperhaltung aus, die zu Verspannungen und Verschiebung der Vertikalachse des Körpers führt und den Menschen in der Entfaltung seiner Persönlichkeit hindert.

Shiatsu: Unter Shiatsu (japan. Gegenstück zur chinesischen Akupressur) versteht man eine Form der Druckmassage, bei der bestimmte Punkte des Körpers massiert werden. Mithilfe von Shiatsu können Schmerzen gelindert sowie Schlafstörungen und nervöse Zustände behandelt werden.

Tai Chi: Alte chinesische Form der Meditation. Langsame, fließende Bewegungen führen zur Harmonisierung von Körper und Geist.

Tanztherapie: Mithilfe des Tanzes werden unter anderem unterdrückte Gefühle ausgedrückt und infolgedessen seelische Blockaden aufgelöst.

Urintherapie: Eigenurinbehandlung; die Urintherapie soll vor allem die körpereigenen Abwehrkräfte stärken.

Wasseranwendungen: Zu den Wasseranwendungen gehören neben Trinkkuren und äußerlichen Anwendungen wie Wickel verschiedene Formen von Bädern. Wasseranwendungen regen die Durchblutung und den Stoffwechsel an und werden zur Behandlung akuter Beschwerden wie auch chronischer Erkrankungen eingesetzt.

Yoga: Yoga ist eine Entspannungstechnik, die mit Atemübungen, bestimmten Bewegungsübungen und einer besonderen Ernährung arbeitet. Yoga trägt dazu bei, zum Gleichgewicht von Körper und Seele zurückzufinden.

Zelltherapie: (Auch Frischzellentherapie) Bei diesem Heilverfahren werden dem Kranken Zellen aus Tierfeten eingespritzt, in der Hoffnung, dass diese das erkrankte Organ zur Bildung neuer, gesunder Zellen anregen. Die Zelltherapie wird von der Schulmedizin wegen der noch nicht erforschten Risiken abgelehnt.

VORTEILE ALTERNATIVER THERAPIEN

Die meisten alternativen Heilverfahren bieten gegenüber der Schulmedizin den Vorteil, dass sie Körper und Seele nicht getrennt voneinander betrachten. Mittlerweile ist erwiesen, dass organische Erkrankungen das seelische Wohlbefinden beeinträchtigen können, und seelische Belastungen zu körperlichen Beschwerden, ja sogar zu schweren Krankheiten führen.

Unerwünschte Nebenwirkungen treten bei alternativen Therapien – so gut wie nicht auf (Ausnahmen: Frischzellentherapie, Ozontherapie). Man kann sie deshalb gefahrlos ausprobieren und jederzeit wieder absetzen, wenn sie nicht die Wirkung zeigen sollten, die man sich von ihnen verspricht. Hören Sie deshalb ruhig auf Ihren Pendel, wenn er Ihnen zusätzlich zur medizinischen Behandlung noch eine dieser Heilmethoden empfiehlt.

Mit dem Pendeldiagramm auf Seite 160 unten können Sie zudem herausfinden, wie oft oder wie lange (je nach Ihrer Fragestellung) Sie das Heilverfahren einsetzen müssen, damit Ihre Beschwerden gelindert werden. Wenn Ihr Pendel Ihnen allerdings die Auskunft gibt, dass Sie 100 Tage fasten sollen, sollten Sie stutzig werden und das Ergebnis unbedingt noch einmal überprüfen. Das gilt selbstverständlich auch für alle anderen ungewöhnlichen Pendelresultate.

Aromatherapie

Dass bestimmte Düfte eine wohltuende Wirkung haben, hat bestimmt jeder schon festgestellt – nicht umsonst stellen wir uns intensiv duftende Blumen in die Wohnung oder benutzen Parfums. Die Aromatherapie macht sich die Heilkraft von duftenden, ätherischen pflanzlichen Ölen zunutze: Sie setzt die Öle zur Inhalation, zur Massage, aber auch als Badezusatz ein und behebt damit seelische Probleme und körperliche Beschwerden. Der Duft, den eine Duftlampe verbreitet, die mit Wasser und ein paar Tropfen des richtigen ätherischen Öls gefüllt ist, hebt nicht nur die Stimmung, sondern trägt auch zur Entspannung bei.

Der Pendel sagt Ihnen, welches der ätherischen Öle Sie gegen seelische und körperliche Beschwerden einsetzen sollten (Fragestellung: „Welches ist das geeignete ätherische Öl gegen meine Beschwerden?"). Fertigen Sie ein Pendeldiagramm mit den Namen der verschiedenen ätherischen Öle an. Die folgende Liste nennt Ihnen dafür eine Auswahl von ätherischen Ölen und ihre Wirkung:

Anisöl: Hilft gegen Blähungen und Verdauungsstörungen aller Art.

Basilikumöl: Beruhigt die Nerven, hilft gegen Konzentrationsschwäche und geistige Erschöpfung, lindert depressive Verstimmungen.

Bergamottöl: Besitzt antibakterielle Eigenschaften, fördert den Schlaf, hilft gegen Atemwegserkrankungen.

Estragonöl: Hilft gegen Appetitlosigkeit, bei Verdauungsstörungen und gegen Blähungen.

Eukalyptusöl: Befreit die Atemwege, besitzt eine starke antibakterielle Wirkung.

Geraniumöl: Lindert Wechseljahrsbeschwerden und hilft gegen Hautentzündungen.

Kamillenöl: Wirkt krampflösend, entzündungshemmend und beruhigend, kann gegen Angst, Schlaflosigkeit und innere Unruhe eingesetzt werden.

Kiefernöl: Hilft gegen Harnwegsinfektionen und bei Erkrankungen der Atemwege.

Lavendelöl: Entfaltet eine beruhigende Wirkung, kann gegen Schlafstörungen, Kopfschmerzen und Nervosität eingesetzt werden.

Majoranöl: Hilft gegen Krämpfe, Angstzustände, Schlafstörungen und Kopfschmerzen.

Nelkenöl: Tötet Krankheitserreger ab, wirkt Blähungen entgegen und lindert Magenbeschwerden.

Pfefferminzöl: Lindert Kopfschmerzen, stärkt die Nerven, hilft gegen Erkrankungen der Atemwege.

Rosenöl: Hat eine antibakterielle Wirkung, hebt die Stimmung und hilft gegen Schlafstörungen.

Salbeiöl: Wird gegen Verdauungsstörungen eingesetzt, stärkt und beruhigt die Nerven, hilft gegen Kopfschmerzen bei Erkältung.

Thymianöl: Wirkt Atemwegsbeschwerden entgegen, ist besonders bei Erkrankungen der Bronchien hilfreich.

Ylang-Ylangöl: Mildert Aggressionen, wirkt Stress, Schlafstörungen und Angstzuständen entgegen.

Zedernholzöl: Steigert die Konzentration und das Durchsetzungsvermögen.

Zitronenöl: Tötet Krankheitserreger ab, steigert die Stimmung und löst seelische Anspannung.

Bach-Blüten-Therapie

Der britische Arzt Dr. Edward Bach entwickelte zu Anfang des 20. Jahrhunderts ein Naturheilverfahren, das noch heute nach seinem Entdecker Bach-Blüten-Therapie genannt wird. Dr. Bach ging davon aus, dass es in erster Linie der seelische Zustand ist, der bei einer Krankheit behandelt werden muss. Er entdeckte 37 Blütenessenzen und eine Essenz aus Quellwasser, die Geist, Körper und Seele in Einklang bringen und dadurch auch Krankheiten entgegenwirken.

Meistens werden mehrere verschiedene Blütenessenzen (jeweils nur wenige Tropfen) zu einem ganz individuellen Heilmittel zusammengemischt, in eine Pipettenflasche, die 30 Milliliter fasst, gefüllt und mit Alkohol (zur Konservierung) und Quellwasser aufgefüllt. Diese Tropfen müssen etwa fünfmal am Tag genommen werden (jeweils zwei Tropfen), manchmal häufiger, manchmal seltener. Die Tropfen werden unter die Zunge geträufelt, einen Augenblick im Mund behalten und anschließend geschluckt.

Es ist nicht immer ganz einfach, die richtige Blütenmischung in der günstigsten Dosierung zu finden. Aber Sie besitzen ja ein wundervolles Hilfsmittel: den Pendel, mit dem Sie die geeigneten Blütenessenzen herausfinden können, die in Ihre ganz persönliche Blütenmischung hineinkommen. Auch die für Sie geeignete Dosierung können Sie auspendeln.

Fertigen Sie mithilfe der folgenden Tabelle, in der die einzelnen Blütenessenzen mit ihren Wirkungen aufgezählt werden, ein Pendeldiagramm an. Fragen Sie den Pendel, welche der Blütenessenzen für Ihre Blütenmischung geeignet sind und wie viele Tropfen von jeder Essenz in Ihre Mischung hineingehören.

Die Bach-Blüten-Essenzen

Agrimony: Ist für Personen geeignet, die häufig nervös sind und unter Belastungen leiden, ihre Sorgen aber keinem mitteilen, sondern sie lieber überspielen, weil sie niemandem zur Last fallen wollen.

Aspen: Für Menschen, die unter großer Angst leiden, aber selbst nicht genau wissen, wovor sie sich fürchten.

Beech: Für all diejenigen geeignet, die nach Perfektion streben und intolerant gegenüber ihren Mitmenschen und ihren Fehlern sind.

Centaury: Ist für Personen geeignet, die sich wegen ihrer Gutmütigkeit zu leicht und zu oft ausnutzen lassen und sich mehr Willensstärke wünschen.

Cerato: Für unsichere Menschen geeignet, die andere stets um Rat fragen müssen, bevor sie eine Entscheidung treffen können, und die sich mehr Selbstständigkeit und ein besseres Urteilsvermögen wünschen.

Cherry Plum: Diese Blütenessenz empfiehlt sich für alle, die sich nur schlecht kontrollieren können. Obwohl sie Angst davor haben, die Kontrolle über sich verlieren, reagieren sie oft unvernünftig, bisweilen sogar cholerisch. Manche von ihnen fürchten aufgrund ihrer starken Gefühlsschwankungen den Verstand zu verlieren.

Chestnut Bud: Die Blütenessenz Chestnut Bud ist besonders sinnvoll für die Personen, die häufig dieselben Fehler begehen. Obwohl sie es besser wissen, handeln sie immer nach dem gleichen Muster. Sie müssen mehr Erfahrungen als andere sammeln und ärgern sich darüber.

Chicory: Die Menschen, für die diese Bach-Blüten-Essenz geeignet ist, versuchen stets anderen zu helfen, jedoch nicht ganz uneigennützig: Sie verfolgen damit das Ziel, andere gefühlsmäßig an sich zu binden, und sind rasch verletzt, wenn ihre Hilfe abgelehnt wird.

Clematis: Diese Blütenessenz ist auf die Bedürfnisse von Menschen abgestimmt, die nur allzu oft in Tagträume abgleiten und ihre eigene Realität erschaffen. An der „wirklichen" Welt zeigen sie nur wenig Interesse. Sie besitzen jedoch große Ideale, die sie gern verwirklicht sehen würden, unternehmen aufgrund ihrer Antriebslosigkeit jedoch nicht viel, um sie zu realisieren.

Crab Apple: Crab Apple eignet sich besonders gut für Menschen, die einen ausgeprägten Sinn für Reinlichkeit besitzen – sie waschen sich oft und versuchen damit auch ihre vermeintliche innere „Unreinheit" abzulegen. Vielfach verzetteln sie sich in Kleinigkeiten und verlieren dabei den Blick für das Wesentliche.

Elm: Diese Blütenessenz ist für all diejenigen, die das (vorübergehende) Gefühl haben, ihre Aufgaben nicht oder nicht mehr in der vorgegebenen Zeit erledigen zu können. Ihnen wächst zeitweise ihre Verantwortung über den Kopf und sie sind in dieser (glücklicherweise) kurzen Phase zutiefst verunsichert.

Gentian: Dr. Bach sah Gentian für Personen vor, die sich leicht verunsichern und entmutigen lassen, die oft niedergeschlagen sind und das Gefühl haben, dass nichts, was sie anpacken, klappen könnte. Die Menschen, für die Gentian geeignet ist, sind häufig leicht depressiv.

Gorse: Gorse empfiehlt sich für Menschen, die völlig hoffnungslos sind, die das Gefühl haben, dass alles über ihnen zusammenbricht. Wenn andere ihnen Hilfe anbieten, nehmen sie diese zwar an, sind jedoch von vornherein überzeugt davon, dass ihnen nichts helfen kann.

Heather: Heather eignet sich für Personen, die großes Aufheben um sich und ihre Person machen und die das unwiderstehliche Bedürfnis haben, anderen selbst kleinste Belanglosigkeiten mitzuteilen. Wenn andere ihnen ihre Gefühle und Probleme mitteilen möchten, lassen sie sie nicht ausreden oder sie hören ihnen nicht zu.

Holly: Diese Bach-Blüten-Essenz empfiehlt sich allen, die auf ihre Mitmenschen übermäßig neidisch sind und ihnen gegenüber stets Mißtrauen empfinden. Häufig sind sie cholerisch, aggressiv und leicht reizbar. Oft hegen sie unbegründete Rachegefühle anderen gegenüber.

Honeysuckle: Dr. Bach dachte diese Blütenessenz all denen zu, die – statt in der Gegenwart zu leben und sie zu genießen – ständig auf vermeintlich bessere Zeiten zurückblicken. Sie leben in der Vergangenheit und können Gegenwart und Zukunft nichts mehr abgewinnen.

Hornbeam: Hornbeam eignet sich für Menschen, die das Gefühl haben, geistig und körperlich völlig erschöpft zu sein, die ihre Arbeit zwar erledigen, jedoch häufig glauben sie nicht bewältigen zu können. Sie sind matt, müde und ohne Energie.

Impatiens: Impatiens ist für alle Ungeduldigen, die überstürzt Entscheidungen fällen und andere zur schnelleren Arbeit antreiben. Um sich herum verbreiten sie oft eine große Hektik; sie zeigen zudem kein Verständnis für andere, die nicht so schnell in ihrer Arbeit und ihren Entscheidungen sind, wie sie selbst.

Larch: Larch eignet sich für Menschen, deren Selbstwertgefühl nur gering ausgeprägt ist. Sie haben kein Vertrauen in ihre eigenen Fähigkeiten und glauben von vornherein an ihren Misserfolg. Häufig sind Larch-Menschen schüchtern, sie können aber auch leicht reizbar sein, wenn sich ihre Befürchtungen bewahrheiten.

Mimulus: Diese Blütenessenz ist für all diejenigen, die häufig unter Angstzuständen leiden. Wovor sie Angst haben, können sie genau sagen, doch in der Regel behalten sie ihre Gefühle für sich. Häufig handelt es sich um schüchterne, sensible Personen.

Mustard: Mustard empfiehlt sich für Menschen, die in regelmäßigen Abständen wie aus heiterem Himmel eine tiefe Traurigkeit überfällt. Gründe für diese extremen Stimmungstiefs können sie in der Regel nicht nennen – sie wissen nur, dass es ihnen nicht mehr gelingt, sich über irgendetwas zu freuen.

Oak: Oak ist für die Menschen, die sich selbst immer dazu zwingen, möglichst lange durchzuhalten, selbst wenn sie schon mit ihren Kräften am Ende sind. Sie gestehen sich nur ungern Schwächen ein und gehen – nicht immer zum Wohle ihrer Gesundheit – gegen sie an. Das Wort Hoffnungslosigkeit existiert für sie nicht.

Olive: Die Bach-Blüten-Essenz eignet sich für alle, die mit ihren Kräften am Ende sind, die keine Möglichkeit mehr besitzen, ihre Energien aufzuladen. Auch die kleinste Erwartung, die nun noch an sie gestellt wird, überfordert sie restlos.

Pine: Pine empfiehlt sich für all diejenigen, die das Gefühl haben, nie genug getan zu haben, selbst wenn sie ihr Bestes gegeben haben. Sie leiden unter Schuldgefühlen, weil sie glauben die Ansprüche der anderen nicht erfüllen zu können. Sie sind unzufriedene Perfektionisten, die für alles die Verantwortung übernehmen, selbst wenn keiner es von ihnen verlangt.

Red Chestnut: Diese Blütenessenz hilft all denjenigen, die sich in übergroßem Maß um andere Sorgen machen. Sie fürchten ständig, dass den Menschen, die ihnen nahe stehen, etwas passieren könnte und können sich von diesen Gedanken auch nicht frei machen, selbst wenn sie wissen, dass es ihren Lieben gut geht.

Rock Rose: Diese Blütenessenz hilft denen, die unter regelrechten Panikattacken leiden, die sich bis hin zu Todesangst steigern können. Rock Rose eignet sich jedoch auch für alle, die schwache Nerven haben und unter großer Anspannung stehen, sowie bei Unfällen und plötzlicher Krankheit.

Rock Water: Bei Rock Water handelt es sich um keine Blütenessenz, sondern um reines Quellwasser. Es eignet sich für die Personen, die hehre Moralvorstellungen hegen und nach strengen Regeln leben. Sinnenfreuden stehen sie skeptisch gegenüber, weil diese oft nicht zu ihren Idealen passen. Sie üben sich in Selbstdisziplin und erwarten das auch von anderen.

Scleranthus: Scleranthus eignet sich für diejenigen, die eine Sache beginnen, sie aber nicht zu Ende führen. Sie können sich nur schwer für etwas entscheiden, weil sie oft erst der einen, dann der anderen Ansicht sind. Ihre Sprunghaftigkeit belastet auch ihre zwischenmenschlichen Beziehungen.

Star of Bethlehem: Diese Blütenessenz empfiehlt sich für Menschen, die ein einschneidendes Erlebnis (Tod eines nahestehenden Menschen, Trennung) noch nicht völlig überwunden haben – sie stehen noch immer wie unter Schock und begreifen nicht richtig, was um sie herum passiert.

Sweet Chestnut: Dr. Bach fand heraus, dass diese Blütenessenz sich für Menschen eignet, die sich im Zustand tiefster Verzweiflung befinden, die sich – bildlich gesprochen – nicht mehr vor und zurück bewegen können. Sie leiden große Qualen und haben das Gefühl, dass nichts im Leben mehr Sinn hat für sie.

Vervain: Vervain ist für Menschen, die mit großem Fanatismus ihre Überzeugungen und Ideale vertreten und andere zu „bekehren" versuchen. Das, was sie erreichen wollen, versuchen sie so schnell wie möglich durchzusetzen. Wenn andere ihnen dabei im Weg stehen, werden sie manchmal einfach überrannt. Häufig überschätzen Vervain-Menschen sich und ihre Kräfte.

Vine: Diese Blütenessenz eignet sich für Menschen, die von sich so überzeugt sind, dass sie schon fast als arrogant bezeichnet werden können. Sie versuchen anderen ihre Meinung aufzudrängen und sind wütend, wenn ihnen das nicht gelingt. Sie streben nach Führungspositionen und gehen mit ihrer Macht manchmal nicht besonders verantwortungsbewusst um.

Walnut: Walnut empfiehlt sich für Menschen, die einen neuen Weg einschlagen oder einschlagen müssen und nun noch nicht sicher sind, wohin sie genau gehen. Sie fühlen sich unsicher und suchen nach einem Halt. Deshalb lassen sie sich in dieser Situation leicht von anderen beeinflussen.

Water Violet: Water Violet eignet sich für Einzelgänger, die anderen immer wieder zeigen, dass diese ihnen unterlegen sind. Water-Violet-Menschen ruhen in sich selbst und treffen ihre Entscheidungen unabhängig von anderen. Sie haben oft Schwierigkeiten mit anderen in engeren Kontakt zu treten.

White Chestnut: Diese Blütenessenz ist für Menschen geeignet, deren Gedanken sich ständig im Kreis drehen, die ihr eigenes Gefängnis aus Gedanken nicht durchbrechen können, selbst wenn sie wollen. Als Folge kommt es zu innerer Unruhe, Gereiztheit und Konzentrationsschwierigkeiten.

Wild Oat: Wild Oat eignet sich für alle, die sehr kreativ sind, viele Interessen haben und in ihrem Leben Großes vollbringen möchten. Trotz oder gerade wegen ihrer vielen Begabungen finden sie nur schwer Erfüllung, denn sie verzetteln sich leicht in ihren zahlreichen Interessen. Als Folge stellt sich Unzufriedenheit ein.

Wild Rose: Diese Blütenessenz ist für Menschen, die keine Interessen mehr haben, die alles teilnahmslos betrachten und keine Freude mehr empfinden können. Sie klagen aber auch nicht, sondern zeigen überhaupt keine Gefühlsregungen mehr. Sie befinden sich sozusagen in einem Kokon, den sie selbst nicht mehr aufbrechen können.

Willow: Willow eignet sich für diejenigen, die durch das Unglück, das ihnen das Leben beschert hat, verbittert geworden sind. Sie üben an allem Kritik und können andere Menschen nicht so akzeptieren, wie sie sind.

Notfalltropfen (Rescue Remedy): Dies ist ein Heilmittel aus fünf Blütenessenzen: Cherry Plum, Clematis, Impatiens, Rock Rose und Star of Bethlehem. Notfalltropfen sind – wie ihr Name schon sagt – ein Mittel für eine Situation (einen Notfall), in der man schnelle Hilfe braucht, wie z. B. nach einem Unfall oder bei einem Schock, bei plötzlichen starken Schmerzen u. Ä.

Blütenessenzen

Neben den Bach-Blüten-Essenzen existieren weltweit noch zahlreiche andere Blütenessenzen, deren Einnahme sich ebenfalls sehr positiv auf die seelische und körperliche Gesundheit auswirkt. Diese Blütenessenzen haben jedoch nicht den Sinn, die Bach-Blüten-Essenzen zu ersetzen, sie ergänzen sie. In dieser Vielfalt der Blütenessenzen werden sicher auch Sie ein geeignetes Heilmittel finden. Der Pendel leistet Ihnen dabei wertvolle Hilfestellung, indem er die passende Essenz für Sie heraussucht. Fertigen Sie sich anhand der folgenden Auflistung ein Pendeldiagramm an, um herauszufinden, welche Blütenessenz oder welche Mischung aus Blütenessenzen für Sie geeignet ist. Die Dosierung können Sie mithilfe des Pendels ermitteln.

Kalifornische Blütenessenzen

Blackberry: Fördert die Kreativität und hilft Antriebs- und Energielosigkeit zu überwinden.

Borage: Hilft bedrohliche Situationen zu überstehen und neuen Mut zu schöpfen.

California Poppy: Wird gegen Nervosität und innere Unruhe eingesetzt, führt zu mehr Gelassenheit und Zuversicht.

Chamomille: Entfaltet eine beruhigende Wirkung und kann bei starken Belastungen hilfreich sein.

Dill: Bringt Ordnung in verworrene Gedanken, hilft mit Situationen fertig zu werden, in denen viele neue Eindrücke gleichzeitig auf den Betroffenen einstürmen.

Fuchsia: Geht gegen die Unterdrückung von Gefühlen an und hilft die Gedanken auf die gegenwärtige Situation zu konzentrieren.

Iris: Fördert die Kreativität und wirkt Resignation entgegen.

Madia: Kann gezielt gegen Konzentrationsstörungen eingesetzt werden, bringt die Gedanken auf den Punkt.

Manzanita: Bringt Tagträumer in die Realität zurück und hilft ihnen dabei, sich besser zurechtzufinden.

Morning Glory: Gibt verloren gegangene Energien zurück, kann aber genauso gut gegen innere Unruhe und Sprunghaftigkeit eingesetzt werden.

Nasturtium: Verleiht neue Energie und hilft dabei, Gefühle auszudrücken.

Penstemon: Stärkt die Fähigkeit mit schwierigen Situationen fertig zu werden, gibt Mut und neue Kraft.

Pink Yarrow: Hilft sensiblen Naturen, mit Schwierigkeiten besser umzugehen.

Red Clover: Wird gegen plötzliche Attacken übergroßer Angst eingesetzt, denn sie trägt dazu bei, ruhiger zu werden und die innere Gelassenheit wiederzufinden.

Sagebrush: Diese Blütenessenz hilft denjenigen, die nur schwer loslassen können, zum Beispiel mit Trennungen umzugehen.

Scarlet Monkeyflower: Wirkt extremen Gefühlsschwankungen entgegen.

Scotch Broom: Gibt Kraft und Ausdauer, hilft mit depressiven Verstimmungen fertig zu werden und verleiht neuen Mut.

Self-Heal: Wirkt Selbstzweifeln entgegen und hilft die eigenen Fähigkeiten zu erkennen und gezielt einzusetzen.

Shasta Daisy: Trägt dazu bei, Gedanken in die Tat umzusetzen.

Star Tulip: Stärkt das Gefühlsleben; hilft die eigenen Gefühle zu erkennen und auszuleben.

Sticky Monkeyflower: Stärkt den Glauben in die eigene Attraktivität; hilft das Sexualleben befriedigender zu gestalten.

Sunflower: Fördert die Unabhängigkeit von anderen.

Sweet Pea: Stärkt das Verantwortungsbewusstsein.

Yarrow: Kann gezielt gegen übergroße Sensibilität eingesetzt werden.

Es gibt noch eine Vielzahl weiterer Blütenessenzen aus allen Teilen der Welt. Falls Sie das Thema interessiert, besorgen Sie sich weitere Bücher dazu und wählen Sie mithilfe des Pendels die für Sie geeigneten Essenzen aus.

Edelsteintherapie

Die Edelsteintherapie geht davon aus, dass alle Edelsteine bestimmte Schwingungen ausstrahlen, die Seele, Geist und Körper ins Gleichgewicht bringen können. Jeder Edelstein besitzt andere Fähigkeiten, sodass die Steine ganz gezielt bei bestimmten Problemen eingesetzt werden können. Zudem verleihen Edelsteine ihrem Träger neue Energie. Angewendet werden Edelsteine auf ganz unterschiedliche Art und Weise: Man kann sie beispielsweise die ganze Zeit bei sich tragen – am besten an einer Kette um den Hals, da sie dort die nackte Haut berühren und ihre Energie direkt übertragen können. Man kann sie aber auch für eine Zeitspanne von 20 bis 30 Minuten auf die Energiezentren des Körpers, die Chakras, legen, über die Sie ab Seite 115 noch mehr erfahren werden. Die Energie der Steine geht dann direkt in die Energiezentren des Körpers über.

Haben Sie das Gefühl, dass ein Edelstein nicht mehr die Wirkung zeigt, die er zu Beginn der Therapie hatte, reinigen Sie ihn unter fließendem Wasser und legen Sie ihn anschließend mehrere Stunden in die Sonne. So kann er sich mit neuer Energie aufladen, die sich wieder auf Sie überträgt. Den Edelstein, der für Sie und Ihre Zwecke geeignet ist, können Sie durch den Pendel ermitteln. Auf Seite 161 finden Sie zwei Pendeldiagramme mit Steinen, die für die Therapie verwendet werden. Stellen Sie dem Pendel die Frage: „Welcher Edelstein passt zu mir?"

Edelsteine und ihre wohltuenden Eigenschaften

Achat: Dieser Edelstein, den es in den verschiedensten Farben und Formen gibt, ist besonders gut für Menschen geeignet, die beruflich mit der Natur zu haben.

Amethyst: Der violette Amethyst hat eine Reihe von Kräften: Er baut starke Aggressionen ab und hilft die Bedeutung von Träumen zu erkennen. Zudem vertreibt der Amethyst Kopfschmerzen und wirkt Schlafstörungen entgegen.

Aquamarin: Der blaugrüne Aquamarin reinigt Körper und Seele und erweitert das Bewusstsein. Er hilft gegen körperliche Beschwerden im Nackenbereich.

Aventurin: Der grünliche Aventurin hellt die Stimmung auf.

Bergkristall: Der Bergkristall ist ein sehr wertvoller, heilkräftiger Stein. Er umgibt seinen Träger mit einem Kraftfeld, an dem alles Negative abprallt.

Bernstein: Der goldgelbe Bernstein besitzt eine reinigende Wirkung und verleiht Kraft und Weisheit.

Chrysokoll: Der blaugrüne Chrysokoll wirkt Ängsten entgegen und verhilft zu mehr Gelassenheit und innerer Ruhe.

Chrysopras: Der apfelgrüne Chrysopras verleiht seinem Träger das Gefühl von Ausgeglichenheit, gleichzeitig stärkt er das Selbstbewusstsein.

Falkenauge: Das Falkenauge verleiht größere Weitsicht.

Granat: Der dunkelrote Granat hilft gegen Erschöpfungszustände und verleiht seinem Träger Mut.

Jade: Der grüne Jadestein hat eine beruhigende Wirkung und verleiht dem Träger das Gefühl, dass er sich im Einklang mit sich selbst und in Harmonie mit seiner Umwelt befindet.

Jaspis: Der grüne Jaspis trägt zur körperlichen und zur seelischen Entspannung bei; gleichzeitig verhilft er seinem Träger zu mehr Ruhe, Gelassenheit und Ausgeglichenheit. Der rote Jaspis hilft bei Erschöpfungszuständen und verleiht zusätzliche Energien.

Karneol: Der orangefarbene Karneol stärkt das allgemeine Wohlbefinden und die Verbundenheit mit der Natur.

Koralle: Die Koralle ist kein Stein im eigentlichen Sinne, sondern sie besteht aus den Skeletten von Meeresbewohnern. Die Koralle hebt die Stimmung und stellt den Einklang zwischen Körper und Seele wieder her.

Lapislazuli: Der tiefblaue Lapislazuli öffnet den geistigen Horizont; er gibt verloren geglaubte geistige Kräfte zurück und stärkt den Glauben an die Liebe.

Malachit: Der grüne Malachit steigert die Kreativität und gibt die Kraft, mit Veränderungen fertig zu werden. Zudem verleiht er dem Träger ein Gefühl von Sicherheit und Selbstbewusstsein.

Mondstein: Der weiße Mondstein fördert die geistige und seelische Reifung. Zudem verleiht er Kraft und Mut.

Obsidian: Der schwarze Obsidian schärft die Sinne und steigert die Intuition.

Olivin (Peridot): Der grüne Olivin trägt zur Beruhigung und Entspannung bei, er unterstützt die geistigen Kräfte und hilft gegen Traurigkeit.

Onyx: Der schwarze Onyx hält negative Energien fern und stabilisiert das Gefühlsleben.

Rhodochrosit: Der rote Rhodochrosit hilft seinem Träger echtes Mitgefühl und echte Anteilnahme zu empfinden, er lässt ihn zudem empfänglicher für die Gefühle seiner Mitmenschen werden. Außerdem verbessert er das Allgemeinbefinden.

Rhodonit: Der rote Rhodonit entwirrt die Gedanken und trägt zur Beruhigung und Entspannung bei.

Rosenquarz: Der rosafarbene Rosenquarz stärkt die positiven Gefühle gegenüber den Mitmenschen und verhilft seinem Träger zu mehr Freude.

Rubin: Der rote Rubin steigert die Lebenskraft, die Vitalität und die Liebesfähigkeit. Er verleiht seinem Träger die Kraft, anderen Menschen Trost zu spenden und Mut zuzusprechen.

Saphir: Der blaue Saphir trägt dazu bei, das Bewusstsein zu klären, es von störenden Einflüssen aller Art zu befreien. Er ist sozusagen ein Stein des Verstandes, der seinem Träger ein Gefühl dafür vermittelt, was richtig und was falsch ist.

Smaragd: Der grüne Smaragd hat eine Vielzahl von Fähigkeiten: Einerseits beruhigt und entspannt er, er befreit von Nervosität und stärkt Körper, Seele und Geist. Andererseits hat er auch eine belebende Wirkung, weshalb sich sein Einsatz insbesondere bei Erschöpfungszuständen bewährt hat.

Sodalit: Der blaue Sodalit bringt seinem Träger auf Dauer innere Ruhe und Harmonie.

Tigerauge: Das braune Tigerauge stärkt den Mut und die Fähigkeit, über seinen eigenen Schatten zu springen.

Topas: Der Goldtopas verhilft seinem Träger, Liebe für seine Umwelt zu

empfinden. Er hilft bei Konzentrationsschwäche, stärkt das Bewusstsein, steigert die Kreativität und die Vitalität. Er kann gegen körperliche und seelische Erschöpfung eingesetzt werden und verleiht seinem Träger neue Kraft.

Türkis: Der blaugrüne Türkis ist ein Stein, der alles Negative von seinem Träger abhält. Er schützt seinen Träger vor Krankheiten und vor seelischer und geistiger Erschöpfung.

Turmalin: Der grüne Turmalin hilft seinem Träger Schwierigkeiten rasch zu erkennen und zu beheben und Probleme zu bewältigen. Er fördert das Denken und stärkt die Kraft der Nerven.

Zitrin: Der goldgelbe Zitrin steigert die Stimmung und wirkt somit depressiven Verstimmungen entgegen. Er schärft den Verstand, aber auch den Blick für das Wesentliche. Zudem fördert er das positive Denken, hilft bei Angstzuständen und stärkt die Gefühle.

Farbtherapie

Auch mit Farben kann man heilen – das ist inzwischen allgemein bekannt. Farben haben großen Einfluss auf die Stimmung, wie Sie aus eigener Erfahrung sicher wissen: Wer sich in einem orange-gelb gestrichenen Raum aufhält, fühlt sich immer wohler als jemand, der sich in einem dunkelblauen Raum befindet. Ein oranges Gelb wirkt fröhlich und hebt die Stimmung, während blau immer ein wenig kalt wirkt. Manchmal kann ein blauer Raum jedoch auch eine positive Wirkung erzielen, denn die blaue Farbe beruhigt und entspannt.

Um die Farbtherapie durchzuführen, müssen Sie natürlich nicht Ihre komplette Wohnung neu streichen – es reicht aus, wenn Sie sich farbiges Transparentpapier kaufen. Dieses Papier wird nun vor eine Lampe gespannt (bitte nicht zu nah an der Birne – das Papier könnte sonst zu heiß werden). Setzen Sie sich nun eine Zeit lang (20 bis 30 Minuten) vor die Lampe und lassen Sie die Farbe auf sich wirken. Sie müssen selbstverständlich nicht die ganze Zeit direkt in das Licht schauen – es reicht aus, wenn Sie die Farbe wahrnehmen.

Während dieser „Farbbestrahlung" konzentrieren Sie sich nur auf die Farbe – auf nichts anderes. Lassen Sie sich nicht ablenken! Versenken Sie sich in die Farbe und lassen Sie alle Empfindungen zu, die Sie während dieser Zeit überkommen.

Die für Sie geeignete Farbe finden Sie mithilfe der zwei Pendeldiagramme auf der Seite 162 im Anhang. In diese Diagramme wurden auch Schwarz, Weiß und Infrarot aufgenommen, obwohl Schwarz und Weiß nicht direkt zu den Farben zählen und Infrarot vom menschlichen Auge nicht wahrgenommen werden kann. Beim Infrarot handelt es sich um elektromagnetische Strahlung, die vom Menschen als intensive Wärme empfunden wird, weshalb Infrarotstrahlung auch für gesundheitliche Zwecke eingesetzt werden kann. Die „unbunten" Farben Schwarz und Weiß haben ebenfalls eine Wirkung auf den menschlichen Organismus – während Schwarz eher bedrückend wirkt, strahlt Weiß eine positive Energie aus. Dennoch muss man es nicht negativ sehen, wenn der Pendel über dem „schwarzen" Sektor ausschlägt – vielleicht hilft Ihnen die Farbtherapie mit dem schwarzen Farbton dabei, bedrückende, deprimierende Gefühle herauszulassen, sodass sie sich nach der Farbbestrahlung gelöster und positiver fühlen.

Sie können die Pendeldiagramme mit den Farben auch nutzen, um die für Sie besonders geeignete Kleidungsfarbe herauszufinden. Auch die Farbe der Kleidung hat eine Wirkung auf unser Seelenleben – wer beispielsweise niedergeschlagen und bedrückt ist, sollte sich möglichst nicht schwarz kleiden, auch wenn Schwarz die Farbe der Trauer ist. In solchen Fällen empfehlen sich bunte, fröhliche Farben. Verlassen Sie sich auf den Pendel; er wird Ihnen schon die richtige Auskunft geben.

Homöopathie

Die Homöopathie ist ein Heilverfahren, dessen Grundannahme darin besteht, dass bei einer Krankheit nie nur der Körper isoliert betrachtet werden darf. Die Homöopathie sieht den Menschen in seiner Gesamtheit und geht davon aus, dass eine Krankheit nur dann entstehen kann, wenn eine Störung der körpereigenen Heilungskräfte (auch als Heilungs- oder Lebensenergie bezeichnet) vorliegt, die normalerweise alle Krankheiten abwehren. Das Ziel der Homöopathie ist es, diese Kräfte zu stärken, damit der Organismus gegen die Krankheit angehen kann und der Mensch von seiner Krankheit geheilt wird.

Begründet wurde die Homöopathie bereits 1796 von dem deutschen Arzt Samuel Hahnemann, der der Ansicht war, dass ein Stoff, der bei einem Gesunden in höherer Dosierung eine Erkrankung oder Krankheitssymptome verursacht, bei einem Kranken – wird er in sehr niedriger Dosierung verabreicht – genau die Symptome bekämpft, die er sonst hervorruft. Diese Theorie bezeichnet man auch als Ähnlichkeitsprinzip: „Ähnliches wird mit Ähnlichem geheilt."

Das Ziel der Homöopathie ist es, zu jedem Krankheitsbild das passende Arzneimittelbild zu finden. Bei der Ermittlung des Krankheitsbilds wird darauf geachtet, sowohl die körperlichen Symptome (zum Beispiel trockener Husten) als auch die seelischen Symptome (zum Beispiel Verhaltensauffälligkeiten) zu erfassen. Die Arzneimittel besitzen eine ähnliche Charakterisierung, sodass es dem Kranken ermöglicht wird, die dem Krankheitsbild am nächsten kommende Substanz auszuwählen.

Da die Homöopathie eine Vielzahl von Erfolgen aufweisen kann, hat sie sich mittlerweile neben der Schulmedizin etabliert – eine Reihe von Allgemeinmedizinern besitzt bereits eine homöopathische Zusatzausbildung.

Zu den homöopathischen Arzneimitteln gehören sowohl pflanzliche und tierische als auch mineralische Stoffe, die jeweils in sehr starker Verdünnung verabreicht werden. Diese Verdünnungen bezeichnet man auch als Potenzen, die mit bestimmten Buchstaben (D und C) und Zahlen charakterisiert werden: D1, D2, D6, D12, C30 usw. Wird die Potenz D1 gewählt, weiß man, dass die Arzneisubstanz in einer Verdünnung von 1:10 vorliegt, bei der Potenz D2 schon in einer Verdünnung von 1:100. Verdünnt werden die homöopathischen Mittel mit Alkohol oder Milchzucker – bei der Verdünnung mit Milchzucker liegen sie als kleine Kügelchen, als so genannte Globuli, vor. Die Homöopathie handelt – im Gegensatz zur Schulmedizin (von der Homöopathie Allopathie genannt) – nicht nach dem Motto „Viel hilft viel". Sie geht davon aus, dass die Mittel umso wirksamer sind, je stärker sie verdünnt sind. Ein Mittel mit der Potenz D1 ist demnach beispielsweise weniger wirksam als ein Mittel mit der Potenz D12, weshalb man es auch häufiger einnehmen muss. Je höher die Potenz ist, desto genauer sollte das Arzneimittelbild zum Krankheitsbild passen. Bewährt haben sich im Allgemeinen die Potenzen D6 und C12.

Sie haben mit Ihrem Pendel ein wertvolles Hilfsmittel, das Ihnen genau sagen kann, welche Potenz eines bestimmten Mittels Sie wählen sollten. Im Pendeldiagramm auf Seite 163 finden Sie eine Reihe verschiedener Potenzen, sodass es für Sie nicht schwierig sein dürfte, mit dem Pendel die geeignete Dosierung herauszufinden. Zudem beinhaltet dieses Diagramm noch Hinweise, wie lange das jeweilige Mittel eingenommen werden sollte. Sie können Ihrem Pendel also zwei verschiedene Fragen stellen, die er Ihnen mithilfe der Pendeltafel beantworten kann.

Im Allgemeinen sind die homöopathischen Arzneien in Form von Tropfen oder Globuli erhältlich. Die Globuli lässt man unter der Zunge zergehen, die Tropfen können direkt auf die Zunge geträufelt werden. Als eine Dosis gelten ein Globuli oder zwei Tropfen der Arznei.

Achten Sie bitte darauf, dass Sie die Tropfen nicht auf einen Metalllöffel geben, sondern verwenden Sie einen Plastiklöffel. Auch die Globuli sollten nicht mit Metallgegenständen in Berührung kommen. Während der Dauer der Einnahme sollten Sie keinen Kaffee trinken, nicht rauchen, aber auch keine Dämpfe ätherischer Öle einatmen. Das bedeutet beispielsweise, dass man die Aromatherapie nicht neben der Homöopathie anwenden sollte.

Die Wahl der Arznei

Es ist nicht immer ganz leicht, das passende homöopathische Mittel für das jeweilige Krankheitsbild zu finden. Doch der Pendel kann Ihnen dabei eine gute Hilfe sein. Die Pendeltafeln auf den Seiten 164–166 nennen eine Auswahl häufig verwendeter homöopathischer Mittel. Zwei dieser Pendeldiagramme bieten Ihnen zusätzlich noch Platz, um ein weiteres Mittel hinzu zu schreiben. Sie können aber auch Ihr ganz persönliches Pendeldiagramm anfertigen.

Damit Sie auch wissen, bei welcher Erkrankung die in den Pendeldiagrammen genannten homöopathischen Mittel eingesetzt werden, hier ein kurzer Überblick der Anwendungsgebiete einzelner homöopathischer Mittel.

Acidum nitricum (Acid. nitr.): Bei Halsschmerzen, wenn man dazu neigt, sich rasch zu verkühlen. Die Halsschmerzen fühlen sich an, als hätte man etwas Schmerzendes in der Kehle sitzen, man kann kaum schlucken. Die

Mandeln sind geschwollen, es zeigen sich Geschwüre im Rachen. Kälte verschlimmert die Beschwerden noch; insgesamt ist die betroffene Person sehr kälteempfindlich.

Aconitum (Aconit.): Bei allen plötzlich eintretenden, heftigen Schmerzen (Ohren-, Hals-, Bauchschmerzen), bei plötzlich einsetzendem hohen Fieber. Die Schmerzen setzen gleich nach der Einwirkung von Kälte (Aufenthalt im Freien) ein. Hinzu kommt bei den Betroffenen Angst und starke Erregung (der Pulsschlag ist beschleunigt), charakteristisch ist zudem großer Durst auf gekühlte Getränke.

Allium cepa: Sinnvoll bei Erkältung, Schnupfen und Husten, wenn die Beschwerden durch Feuchtigkeit und Kälte hervorgerufen werden. Die Augen tränen, die Nase brennt und läuft, sodass auch die Haut um die Nase angegriffen wird. Hinzu kommt Kopfdruck. An der Luft verbessern sich die Beschwerden.

Antimonium tartaricum (Antim. tart.): Bei Verdauungsstörungen, Magen- und Atemwegsbeschwerden. Die Haut des Betroffenen wirkt blass, er fühlt sich sehr matt. Bei Atemwegsproblemen sammelt sich Schleim in den Bronchien, der sich nur schwer löst. Bei Magenbeschwerden ist den Betroffenen sehr übel. Wärme verschlimmert die Beschwerden noch.

Apis mellifica (Apis mell.): Bei Blasenentzündung, Husten, Halsschmerzen.

Wärme verschlechtert die Beschwerden, das Gesicht schwillt an, die Harnausscheidung ist gering. Charakteristisch ist ein brennender Schmerz.

Argentum nitricum (Argent. nitr.): Bei Halsschmerzen, besser Halskratzen, denn der Hals fühlt sich sehr rau an, oft kommt es auch zu Schwellungen im Rachen. Die Beschwerden werden durch kühle Luft gelindert. Häufig geht Nervosität mit den Schmerzen einher.

Arnica: Nach Verletzungen, die starke Schmerzen hervorrufen, bei hohem Fieber. Der Körper ist berührungsempfindlich. Bei Fieber ist besonders das Gesicht heiß, die Hände fühlen sich hingegen kühl an. Der Betroffene wirkt sehr matt, manchmal fast apathisch und möchte in Ruhe gelassen werden.

Arsenicum album (Arsen. alb.): Dieses Mittel ist besonders bei Bauchschmerzen geeignet, wenn der Betroffene unruhig und nervös ist, die Schmerzen sich durch Wärme etwas verbessern und starkes Erbrechen oder Durchfall zu den Schmerzen hinzutreten. Eine bequeme Liegeposition finden Arsenicum-Menschen nicht – sie wälzen sich ruhelos im Bett herum und fühlen sich sehr müde und matt.

Belladonna (Bellad.): Bei starken Schmerzen (Bauch-, Hals-, Ohrenschmerzen) oder anderen starken Beschwerden (hohes Fieber), die wie aus heiterem Himmel auftreten. Bei Entzündungen kommt es rasch zu Schwellungen, die sehr berührungsempfindlich sind. Belladonna-Patienten schlafen sehr unruhig, brauchen Wärme und reagieren auf Erschütterungen mit starkem Schmerzempfinden.

Bryonia: Bryonia kann gegen alle Beschwerden und Schmerzen eingesetzt werden, die ganz allmählich beginnen und längere Zeit andauern. Wenn sich Bryonia-Patienten bewegen, verschlimmern sich ihre Probleme; Kopfschmerzen treten bei fast allen Beschwerden (Magen- und Darmbeschwerden, Erkältungskrankheiten) hinzu. Die Betroffenen sind müde, antriebsarm, fast apathisch. Kälte lindert die Beschwerden; großer Durst ist für Bryonia-Menschen charakteristisch.

Calcium carbonicum (Calc. carb.): Dieses Mittel wird vor allem bei Erkältungskrankheiten eingesetzt. Kennzeichnend ist die große Kältempfindlichkeit der Betroffenen, sie fühlen sich schwach. Die Lymphknoten sind geschwollen, säuerlicher Geschmack tritt im Mund auf. Beim Husten oder Schnupfen tritt gelbes Sekret aus.

Calcium phosphoricum (Calc. phosph): Bei Menstruationsbeschwerden; insbesondere bei heftigen Rückenschmerzen während der Regelblutung. Die Betroffenen sind zudem sehr wetterfühlig – die Beschwerden verstärken sich bei Wetteränderungen. Hinzu kommen Schwindelgefühle und Kopfschmerzen.

Cantharis: Bei Harnwegsentzündungen, die sehr rasch sehr schmerzhaft werden. Die Betroffenen haben ständig das Gefühl, Wasser lassen zu müssen, doch wenn sie dann die Toilette aufsuchen, können sie nur wenige Tropfen Urin ausscheiden – der Harn kann Blut enthalten. Cantharis-Menschen wirken unruhig und nervös.

Causticum: Bei trockenem, schmerzhaftem Husten. Die Atemwege scheinen zwar verschleimt zu sein, doch der Schleim will sich nicht lösen. Das Husten ist sehr anstrengend.

Chamomilla: Eignet sich besonders gut für Beschwerden bei Kleinkindern; bei Überempfindlichkeit auf Schmerzen, bei Wutanfällen und bei Unzufriedenheit.

China: Bei Magenschmerzen, die mit nächtlichem Durchfall oder Erbrechen verbunden sind; hinzu kommen häufig Blähungen und häufiges, heftiges Aufstoßen.

Cimicifuga: Hilft bei Menstruationsbeschwerden, wenn die Schmerzen manchmal im Unterleib, manchmal im Rücken, manchmal im Kreuz auftreten. Bewegt sich die Cimicifuga-Patientin, verschlimmern sich die Schmerzen noch. Im Ganzen ist sie unruhig.

Cocculus: Bei Menstruationsbeschwerden, die sich durch Krämpfe und Unterbauchschmerzen äußern. Meistens fühlt sich die Betroffene matt und müde, oft erscheint der Bauch während der Regelblutung dicker als sonst.

Colocynthis: Bei Bauchschmerzen; die Schmerzen sind heftig, krampfartig und kaum zu ertragen. Blähungen lindern den Schmerz zeitweise. Colocynthis-Menschen finden Erleichterung, wenn sie sich zusammenkrümmen, wenn sie die Beine an den Bauch ziehen können. Sie sind sehr erregt, fühlen sich aber dennoch matt und ausgelaugt. Oft treten Erbrechen und Durchfall infolge der krampfartigen Schmerzen auf.

Conium: Bei Menstruationsbeschwerden – wenn die Brüste während der Regelblutung geschwollen sind und schmerzen sowie gleichzeitig Schwindelgefühle und Erschöpfungszustände auftreten.

Dioscorea: Bei krampfartigen Bauchschmerzen, die mit Blähungen einhergehen und sich auf andere Körperteile erstrecken. Wenn sich der Betroffene bewegt, geht es ihm besser. Sonst will er möglichst in Ruhe gelassen werden. Erbrechen müssen Dioscorea-Patienten nicht, allerdings kommt es morgens in der Frühe manchmal zu Durchfall.

Drosera: Bei Husten, der anfallsartig auftritt, sich durch ein kitzelndes Gefühl im Hals ankündigt und nicht mehr aufzuhalten ist, selbst wenn man ihn zu unterdrücken versucht. Im Liegen verschlimmert sich der Husten; das Luftholen zwischen den Hustenstößen kann erschwert sein.

Dulcamara: Bei Erkältungskrankheiten, die durch Verkühlung hervorgerufen werden, oft geht der Verkühlung starkes Schwitzen voraus. Die Erkältung verschlechtert sich beim Dulcamara-Patienten durch neblig-trübes, nasskaltes Wetter.

Eupatorium perfoliatum (Eup. perf.): Bei Erkältungskrankheiten, bei denen die Schmerzen bis in die Knochen kriechen. Der Eupatorium-Patient muss meistens heftig und viel niesen; Bewegung verschlimmert die Knochenschmerzen.

Euphrasia: Bei Bindehautentzündungen oder Erkältungskrankheiten, bei denen die Augen stark tränen oder sogar Schleim absondern. Hinzu kommen meist starke Kopfschmerzen – der Patient hat das Gefühl, als würde sich ein enger Helm um den Kopf legen. Die Symptome bessern sich, wenn der Patient sich ins Bett legt.

Ferrum phosphoricum (Ferr. phosph.): Bei Erkältungskrankheiten, Blasenentzündung, Kopf- und Ohrenschmerzen, die nach großen Belastungen, nach Stress auftreten. Ferrum-Patienten sind in der Regel sehr müde und wünschen sich nur noch eins: Schlafen. Konzentrationsschwäche tritt ebenfalls auf; der Aufenthalt im Freien verschlimmert die Beschwerden.

Gelsemium: Bei allen möglichen Formen von Schmerzen (Kopf-, Bauch-, Halsschmerzen), bei Erkältungskrankheiten; die Beschwerden treten in der Regel einige Tage nach einem einschneidenden Erlebnis auf, das den Patienten stark belastet hat. Es kommt zu Schwindelgefühlen, Benommenheit sowie zu großer Müdigkeit, manchmal auch zu Verwirrtheit. Der Kopf ist meistens heiß, Hände und Füße dagegen sind kalt.

Hepar sulfuris (Hepar sulf.): Bei Husten, der durch Kälte hervorgerufen wurde. Hepar-Patienten frieren rasch, sie sind berührungsempfindlich und gereizt. Wärme lindert die Beschwerden, Kälte verstärkt sie.

Hypericum: Bei tiefen Wunden, die große Schmerzen hervorrufen, und schweren Prellungen, bei denen die Schmerzen in andere Körperteile ausstrahlen.

Ipecacuanha: Bei Magen- und Darmbeschwerden, wenn die Betroffenen häufig erbrechen müssen, die Magenbeschwerden dadurch aber nicht gelindert werden. Ipecacuanha-Patienten sind – wenn sie im Bett liegen – eine Zeit lang wach, dann fühlen sie sich plötzlich wieder sehr erschöpft.

Iris: Bei Kopfschmerzen, die durch Anspannung und Anstrengung ausgelöst wurden; die Kopfschmerzen treten erst auf, wenn der Patient sich wieder ausruht. Meistens geht Übelkeit mit den Kopfschmerzen einher (typisches Migräne-Symptom).

Kalium bichromicum (Kal. bichr.): Bei Husten und Erkältungskrankheiten, die mit starken Schleimabsonderungen einhergehen. Typisch für diese Patienten ist, dass sie rasch frieren. Das Husten wird häufig als sehr schmerzhaft empfunden.

Kalium carbonicum (Kal. carb.): Bei Erkältungskrankheiten oder Schmerzen, die durch Zugluft hervorgerufen werden. Die Patienten frieren rasch und haben häufig stechende Schmerzen. Zu Hustenanfällen (ohne Schleimabsonderung) kommt es meistens bei Kälte.

Kalium muriaticum (Kal. mur.): Bei Blasenentzündung, wenn der Urin dunkler ist als sonst. Beim Wasserlassen (tröpfchenweise) treten Schmerzen auf, als ob die Harnröhre wund wäre.

Lachesis: Bei Schmerzen und Erkältungskrankheiten, die nach dem Schlafen schlimmer sind als vorher. Die Schmerzen sind nicht kontinuierlich vorhanden, sondern treten in regelmäßigen Abständen auf und gehen dann auch wieder zurück. Lachesis-Patienten reagieren auf Berührungen überempfindlich.

Ledum: Bei Insektenstichen (insbesondere Bienenstichen), bei Prellungen, aus denen voraussichtlich noch ein Bluterguss entsteht, bei Wunden, die sich entzünden.

Lycopodium (Lycopod.): Bei Halsschmerzen, Kopfschmerzen, Magenbeschwerden und Erkältungskrankheiten; die Schmerzen treten meistens zunächst in der rechten Körperhälfte auf, können sich dann jedoch ausbreiten. Wärme lindert die Beschwerden mit Ausnahme von Kopfschmerzen.

Magnesium phosphoricum (Magn. phosph.): Bei Menstruationsbeschwerden, die sich durch Unterleibskrämpfe bemerkbar machen und durch Wärme gelindert werden. Oft strahlen die Schmerzen in Richtung Brustkorb oder zu den Oberschenkeln aus.

Mercurius solubilis (Merc. sol.): Bei Erkältungskrankheiten, bei Schmerzen aller Art, bei Magen- und Darmbeschwerden; Mercurius-Patienten haben häufig geschwollene Lymphknoten; sie vertragen weder übermäßig hohe noch sehr niedrige Temperaturen. Der Schweiß hat einen unangenehmen Geruch.

Natrium muriaticum (Natr. mur.): Bei Halsschmerzen, Erkältungskrankheiten, die nach Enttäuschungen oder anderen schmerzhaften Erlebnissen auftreten. Mit der Erkrankung gehen heftige Kopfschmerzen sowie großer Durst einher (jedoch nur auf kalte Getränke, obwohl die Betroffenen oft frieren).

Nux vomica (Nux vom.): Bei Magen- und Darmbeschwerden, bei Halsschmerzen und Menstruationsbeschwerden, die entweder nach der Einwirkung von Kälte oder nach übermäßigem Essen oder Alkoholkonsum auftreten. Die Betroffenen sind leicht reizbar, wollen in Ruhe gelassen werden. Wenn sie erbrechen müssen, müssen sie erst lange Zeit würgen, bevor sich ihr Magen entleert. Sie fühlen sich schwach und müde.

Phosphorus: Bei Magen- und Darmbeschwerden, bei Halsschmerzen; Phosphorus-Patienten stört während ihrer Erkrankung alles: Geräusche, Gerüche, aber auch Berührungen können sie nur schwer ertragen. Sie haben selbst bei Magenbeschwerden häufig noch Hunger und vor allem Durst, jedoch nur auf kalte Getränke.

Pulsatilla: Pulsatilla kann bei allen möglichen Beschwerden eingesetzt werden. Mehr als bei vielen anderen Mitteln ist bei Pulsatilla der emotionale Zustand der Betroffenen von Bedeutung. Pulsatilla-Patienten können beispielsweise nur schwer allein sein, sie suchen Trost und Aufmerksamkeit. Wärme verstärkt die Beschwerden der Pulsatilla-Patienten noch.

Rhus toxicodendron (Rhus tox.): Bei Erkältungskrankheiten, die mit starken Gliederschmerzen verbunden sind. Nasse Füße sind oft der Auslöser für die Beschwerden; die Schmerzen sind meistens nicht so heftig, dafür fühlen sich die Gliedmaßen müde und taub an. Insgesamt fühlen sich Rhus-Patienten oft schwach, sie sind ängstlich und nervös.

Rumex: Bei Erkältungskrankheiten, bei denen die Atemwegsprobleme im Vordergrund stehen. Rumex-Patienten leiden oft unter einem bellenden Husten, der anfallsartig regelmäßig zu denselben Zeiten ausbricht. Kälte verschlimmert die Beschwerden – Bewegungen werden vermieden.

Sarsaparilla: Bei Blasenentzündungen, die als Folge einer Verkühlung des Unterleibs auftreten. Gegen Ende des Wasserlassens haben Sarsaparilla-Patienten meist so heftige Schmerzen, dass die Betroffenen erleichtert sind, wenn der Schmerz nachlässt. In manchen Fällen lässt sich Blut im Urin feststellen, manchmal wirkt der Harn auch schaumig.

Silicea: Bei Erkältungskrankheiten, vor allem auch bei Halsschmerzen; häufig treten die Beschwerden auf, nachdem die Füße nass und kalt geworden sind. Die Lymphknoten sind geschwollen; Wärme verstärkt die Beschwerden noch.

Spigelia: Bei heftigen Schmerzen aller Art, die durch Bewegung verschlimmert und durch Ruhe gelindert werden. Kopfschmerzen beginnen oft im Nacken und breiten sich dann über den Kopf bis zu den Schläfen aus.

Spongia: Bei Fieber und Erkältungskrankheiten, die sich langsam entwickeln und mit einem trockenen Husten einhergehen. Wärme verschlimmert die Beschwerden, im Liegen kommt es meistens auch zu einer Verschlechterung des Zustands.

Staphisagria (Staphis.): Bei Blasenentzündungen, die als Folge unterdrückter Aggressionen auftreten. Beim Wasserlassen verspüren die Betroffenen ein heftiges Brennen in der Harnröhre; durch Bewegung verschlimmern sich die Beschwerden noch.

Sulfur: Bei allen Arten von Schmerzen, bei Husten und Erkältungskrankheiten; Sulfur ist besonders für Menschen geeignet, die normalerweise nicht so leicht unterzukriegen sind. Der Schweiß von Sulfur-Patienten kann einen beißenden Geruch aufweisen, trotzdem wollen sie sich aufgrund ihrer Beschwerden nicht waschen. Hitze wird von den Betroffenen als unangenehm empfunden.

Veratrum album (Veratr. alb.): Bei Magen- und Darmbeschwerden; wenn es zu solch heftigen Schmerzen kommt, dass sich der Patient zusammenkrümmen muss. Durchfall und Erbrechen treten gleichzeitig auf. Veratrum-Patienten fühlen sich matt und erschöpft.

Kräuterheilkunde

Mehr und mehr Menschen stehen heute der Schulmedizin misstrauisch gegenüber. Vor allem bei leichteren Beschwerden geht der Trend zu pflanzlichen Mitteln statt zur „chemischen Keule". Und tatsächlich gibt es auch eine Reihe von pflanzlichen Arzneien, die bei diesen Beschwerden hilfreich sein können, ohne jedoch die Nebenwirkungen nach sich zu ziehen, die viele synthetisch hergestellte Medikamente mit sich bringen. Nicht immer ist es bei der Fülle von pflanzlichen Arzneien leicht, die richtige Heilpflanze zu finden, denn gegen ein und dasselbe gesundheitliche Problem ist meistens nicht nur ein Kraut gewachsen, sondern es stehen mehrere Heilpflanzen zur Verfügung. Hier kann Ihnen Ihr Pendel nützliche Dienste erweisen – er kann die Heilpflanze herausfinden, die für Sie am geeignetsten ist. Sie können mit Ihrem Pendel auch feststellen, wie oft Sie das pflanzliche Mittel anwenden und über welchen Zeitraum Sie es nehmen müssen, damit Ihre Beschwerden abklingen. Pendeldiagramme finden Sie auf Seite 167. In der folgenden Übersicht sind verschiedene Beschwerden und die Heilkräuter, die gegen diese Beschwerden hilfreich sein können aufgeführt. Sie können mit Hilfe dieser Übersicht ein Pendeldiagramm anfertigen und mit dem Pendel ermitteln, welche Heilpflanze Sie nehmen sollten.

Appetitlosigkeit
Enzian (Tee)
Fieberklee (Tee)
Orangenschale (Tee)
Wermutkraut (Tee)

Bauchschmerzen
Kamille (Tee)
Beinwell (Tee)
Fenchel (Tee)
Lavendel (Tee oder Lavendelbad)
Pfefferminze (Tee)
Rosmarin (Tee)
Zitronenmelisse (Tee)

Blasenentzündung
Bärentraube (Tee)
Brennnesselkraut (Tee)
Goldrute (Tee)
Löwenzahn (Tee)
Schachtelhalm (Tee)

Depressive Verstimmungen
Baldrian (Abkochung, Tropfen und Fertigpräparate)
Basilikum (Tee)
Johanniskraut (Tee und Fertigpräparate)
Lavendel (Tee)
Lindenblüten (Tee)
Passionsblume (Tee)
Zitronenmelisse (Tee)

Durchfallerkrankungen
Frauenmantel (Tee)
Gänsefingerkraut (Tee)
Kamille (Tee)
Odermennig (Tee)
Zitronenmelisse (Tee)

Erkältungskrankheiten
Holunder (Tee)
Katzenminze (Tee)
Lindenblüten (Tee)
Pfefferminze (Tee)
Roter Sonnenhut (Tee oder Fertigpräparat)
Schafgarbe (Abkochung oder Tee)

Halsschmerzen
Gartenringelblume (Tee oder Spülung)
Kamille (Tee, Spülung oder Tinktur)
Klettenlabkraut (Tee)
Salbei (Tee oder Spülung)
Thymian (Tee oder Spülung)

Hauttrockenheit
Eichenrinde (Kompressen)
Hamamelis (Kompressen)
Kamille (Kompressen)
Schafgarbe (Kompressen)
Walnuss (Kompressen, Bäder)

Husten mit festsitzendem Schleim
Anis (Tee)
Efeu (Fertigpräparate)
Eukalyptus (Tee oder Öl zur äußeren Anwendung)
Fenchel (Tee)
Thymian (Tee)

Hustenanfälle (trockener Husten)
Efeu (Fertigpräparate)
Huflattich (Tee)
Königskerze (Tee)
Thymian (Tee)

Kopfschmerzen und Migräne
Lavendel (Tee)
Majoran (Tee)
Pfefferminze (Tee oder Öl zum Einreiben der Schläfen)
Rosmarin (Tee)
Thymian (Tee)
Zitronenmelisse (Tee)

Nervosität
Baldrian (Abkochung, Tropfen und Fertigpräparate)
Eisenkraut (Tee)
Hafer (Tee)
Helmkraut (Tee)
Hopfen (Abkochung)
Kamille (Tee)
Lindenblüten (Tee)
Passionsblume (Tee)
Zitronenmelisse (Tee)

Schlaflosigkeit
Baldrian (Abkochung, Tropfen und Fertigpräparate)
Helmkraut (Tee)
Hopfen (Abkochung)
Kamille (Tee)
Lavendel (Tee oder Duftsäckchen)
Lindenblüten (Tee)
Passionsblume (Tee)

Wunden
Arnika (Kompressen)
Gartenringelblume (Kompressen)
Johanniskraut (Öl zum Auftragen auf die Wunde)
Kamille (Kompressen)
Schachtelhalm (Kompressen)
Schafgarbe (Kompressen)

ALLERGIEN

Unter einer Allergie versteht man eine Überempfindlichkeit des Körpers gegen einen an sich harmlosen Stoff, zum Beispiel gegen Tierhaare, bestimmte Nahrungsmittel, Gräserpollen, den Kot der Hausstaubmilbe und, und, und ... Leider identifiziert das körpereigene Abwehrsystem diesen Stoff bei einer Allergie nicht mehr als harmlos, sondern „glaubt" fälschlicherweise, es handle sich um einen Krankheitserreger, der den Körper schädigen will. Daraufhin produziert das Immunsystem bestimmte Stoffe, die so genannten Antikörper, die gegen den Stoff, Allergieauslöser oder Allergen genannt, vorgehen. Diese Antikörper sind es letztlich, die die allergische Reaktion hervorrufen. Sie verbinden sich mit bestimmten Zellen des Körpers (den Mastzellen) und hängen sich an das Allergen an. Daraufhin schütten die Mastzellen Stoffe aus, die nun die allergische Reaktion (das Anschwellen der Schleimhäute beim Heuschnupfen, einen allergischen Hautausschlag oder Niesen, bis hin zu asthmatischen Anfällen) verursachen. Bei einer Allergie spielt also unser körpereigenes Abwehrsystem aus bislang noch nicht völlig geklärten Gründen verrückt.

Formen von Allergien

Wenn Sie vermuten, dass Sie unter einer Allergie leiden, etwa weil sich bei Ihnen asthmaähnliche Symptome zeigen, Sie einen ungewöhnlichen Hautausschlag haben oder sich zu bestimmten Zeiten im Jahr (oder auch ganzjährig) Schnupfen mit heftigem Niesreiz und ständig laufender Nase einstellt, können Sie mithilfe des Pendels herausfinden, wogegen Sie allergisch sind. Schließlich besteht die beste Therapie bei einer Allergie darin, den Allergieauslöser zu meiden – und das kann man nur, wenn man ihn kennt! Um den Allergieauslöser zu erpendeln, gehen Sie am besten folgendermaßen vor: Sie fertigen zunächst ein Pendeldiagramm an, das die verschiedenen Allergieauslöser im groben Überblick enthält:
Tierhaarallergie, Nahrungsmittelallergie, Pollenallergie, Allergie gegen Inhaltsstoffe von Kosmetika, Allergie gegen Chemikalien, andere Kontaktallergie, Hausstaubmilbenallergie.
Nun befragen Sie den Pendel, um was für eine dieser Allergien es sich bei Ihnen handelt. Haben Sie das herausgefunden, kann die Suche nach dem Allergieauslöser weitergehen.
Aber wohlgemerkt: Den Gang zum Arzt, um das Pendelergebnis zu überprüfen, sollten Sie alsbald antreten.

Nahrungsmittelallergien

Hat Ihr Pendel Ihnen geantwortet, dass es sich bei Ihrer Allergie um eine Nahrungsmittelallergie handelt, müssen Sie noch ermitteln, gegen welches oder welche Nahrungsmittel Sie allergisch sind. Dazu verwenden Sie ebenfalls Pendeldiagramme. Zunächst geht es darum herauszufinden, zu welcher Nahrungsmittelgruppe (Milchprodukte, Getreide usw.) das allergieauslösende Nahrungsmittel gehört. Das Pendeldiagramm auf Seite 168 kann Ihnen dabei helfen.

Wissen Sie nun, zu welcher dieser Gruppen das allergieauslösende Nahrungsmittel gehört, kann es weitergehen. Suchen Sie sich unter den Pendeldiagrammen auf den Seiten 169–171 das aus, das die Nahrungsmittel enthält, die zu der eben erpendelten Nahrungsmittelgruppe gehören. Nun können Sie Ihren Pendel gezielt befragen, gegen welche dieser Speisen, welches Getränk oder Genussmittel Sie allergisch sind.

Diese Pendeldiagramme enthalten nur eine Auswahl von Lebensmitteln, die besonders häufig Allergien hervorrufen. Möglicherweise sind Sie jedoch gegen ein anderes Nahrungsmittel allergisch. Überlegen Sie, welche Speisen Sie häufig zu sich nehmen, und fertigen Sie Ihr ganz persönliches Pendeldiagramm an!

Allergieauslösende Pflanzen

Hat der Pendel Ihnen mitgeteilt, dass Sie gegen Pollen von Gräsern, Sträuchern oder Bäumen allergisch reagieren, können Sie mit seiner Hilfe natürlich auch herausfinden, um welches spezielles Gras, welchen Strauch oder Baum es sich handelt. Unten finden Sie eine Übersicht der häufigsten allergieauslösenden Pflanzen, mit deren Hilfe Sie ein Pendeldiagramm anfertigen können. In den Klammern nach dem Pflanzennamen finden Sie die Blütezeit der jeweiligen Pflanze. Schließlich sollten Sie während dieser Zeit besonders vorsichtig sein, wenn Sie sich im Freien aufhalten.

Birke (April–Mai)
Buche (April–Mai)
Eiche (Mai)
Erle (Februar–März)
Esche (April–Mai)
Glatthafer (Mai–Juli)
Goldrute (August–September)
Haselnuss (Februar– April)
Holunder (Juni–September)
Honiggras (Juni–August)
Kammgras (Juni–Juli)
Knäuelgras (Mai–Juni)
Lieschgras (Juni–Juli)
Linde (Mai–Juni)
Pappel (März–April)
Raygras (Mai–Juni)
Robinie (April–Mai)
Roggen (Mai–Juni)
Rohrgras (Mai–Juni)

Ruchgras (Mai–Juli)
Schwingel (Mai–Juni)
Spitzwegerich (Mai–August)
Straußgras (Mai–August)
Trespe (Februar–Juni)
Ulme (März–April)
Weide (März–April)
Weizen (Juni)
Wiesenfuchsschwanz (Mai–Juni)
Wiesenhafer (Mai–Juni)
Wiesenrispengras (Mai–Juni)

Allergieauslösende Kosmetika

Auch Kosmetika (beziehungsweise ihre Inhaltsstoffe) können eine Allergie auslösen. Ihr Pendel sagt Ihnen, gegen welches Pflegeprodukt Sie allergisch sind. Fertigen Sie sich ein Pendeldiagramm an und tragen Sie die verschiedenen Kosmetika ein, die Sie Tag für Tag benutzen. Zur Orientierung nun noch eine kurze Liste mit verschiedenen Kosmetika, die eine Allergie hervorrufen können.

Abdeckstift
Aftershave
Augenbrauenstift
Badeöle
Deodorant
Duschgel
Enthaarungsmittel
Feuchtigkeitscreme
Gesichtscreme
Gesichtswasser
Haarfestiger
Haartönung
Handcreme
Körperlotion
Lidschatten
Lippenkonturenstift
Lippenstift
Make-up
Parfüm
Puder
Rasierschaum
Rasierwasser
Rouge
Shampoo
Schaumbad
Seife
Sonnenschutzmittel
Wimperntusche

Sonstige Allergieauslöser

Es gibt noch viele weitere mögliche Allergieauslöser – im Prinzip kann jeder Stoff, der mit dem Körper auf irgendeine Weise in Kontakt kommt, eine Allergie hervorrufen. Mithilfe des Pendels können Sie auch solche Allergieauslöser herausfinden – Sie müssen nur die Stoffe, die als Allergen infrage kommen können, in ein Pendeldiagramm eintragen und den Pendel befragen. Damit Ihnen das leichter fällt, hier ein kurzer Überblick über weitere häufige Allergieverursacher.

Chemikalien in Teppichen, Möbeln, Wandfarbe usw.
Farbe in Kleidungsstücken
Farben
Haushaltsreiniger
Hausstaub (Kot der Hausstaubmilbe)
Hundehaare

Katzenhaare
Kleidungsstücke
Lacke
Latex (Gummihandschuhe,
Kondome)
Lederkleidung/Ledermöbel
Metallteile (Schmuck, Hosenknöpfe
aus Nickel, Brillengestelle usw.)
Pferdehaare
Pflanzendünger

Stoffe, mit denen man bei der Arbeit
häufig in Berührung kommt (Bäcker:
Mehl, Friseur: Haarfärbemittel,
Shampoo) usw.
Unkrautvernichtungsmittel
Vogelfedern (Haustiere!)
Waschmittel
Wolle
Zeitungen (Druckerschwärze)
Zimmerpflanzen

ERNÄHRUNG

Die Ernährung spielt eine große Rolle für die Gesundheit. Schließlich führen wir unserem Körper mit der Nahrung nicht nur die lebenswichtige Energie zu, sondern auch Vitamine, Mineralstoffe und Spurenelemente, die unser Organismus benötigt, damit alle Körperzellen ihre Funktion erfüllen können. Wer eine zu geringe Menge dieser Vitalstoffe mit der Nahrung aufnimmt, wird bald Mangelerscheinungen aufweisen, die das Wohlbefinden stark beeinträchtigen können – doch nicht nur das: Auch Krankheiten können infolge von Vitamin- und Mineralstoffmangel entstehen.

Auch wie wir uns ernähren ist wichtig für die Gesundheit. Natürlich sollten alle wichtigen Nährstoffe, aus denen sich die Nahrung zusammensetzt (Kohlenhydrate, Fette, Eiweiße), auf dem Speiseplan stehen. Manche Menschen profitieren jedoch besonders von einer vegetarischen Kost, andere von einer anderen Form der Ernährung. Ob Sie eine ausreichende Menge an Vitaminen aufnehmen oder ob sich für Sie eine spezielle Form der Ernährung besonders eignet – zu all diesen Fragen können Sie Ihren Pendel befragen.

Vitamine/Mineralstoffe

Wenn Sie sich häufig müde, matt und lustlos fühlen, wenn Ihre Haare keinen Glanz mehr besitzen oder Sie reizbar und nervös sind, könnte es sein, dass Sie unter Vitamin- oder Mineralstoffmangel leiden. Um dieses Problem zu lösen, fragen Sie den Pendel, ob Sie von einem bestimmten Vitamin oder Mineralstoff eine größere Menge als bisher aufnehmen sollten. Dazu brauchen Sie ein Pendeldiagramm mit den einzelnen Vitaminen und/oder Mineralstoffen. Das können Sie ganz leicht selbst anfertigen. Auf den folgenden Seiten finden Sie die Vitamine und Mineralstoffe, die Sie in das Pendeldiagramm (Vorlage siehe Seite 40) eintragen. Zugleich erfahren Sie, wozu die jeweiligen Vitamine oder Mineralstoffe vom Körper benötigt werden und welche Nahrungsmittel besonders reich an diesen Stoffen sind.

Vitamine

Vitamin A (Retinol): Wichtig für das Sehen im Dunkeln, für die körpereigenen Abwehrkräfte, für gesunde Haut und Schleimhäute; Vitamin A kommt in größeren Mengen besonders in Milch und Milchprodukten, Eiern und Butter vor.

Vitamin B1 (Thiamin): Wichtig für den Stoffwechsel der Nerven- und der Muskelzellen; reich an Vitamin B1 sind Schweinefleisch, Kartoffeln, Hülsenfrüchte.

Vitamin B2 (Riboflavin): Notwendig für das Sehvermögen und den Fettstoffwechsel; reich an Vitamin B2 sind grüne Blattgemüse, Milch, Leber und Käse.

Vitamin B6 (Pyridoxin): Ist für den Eiweißstoffwechsel unerlässlich; reich an Vitamin B6 sind Weizen (Vollkornbrot aus Weizen), Paprika, aber auch Kartoffeln.

Vitamin B12 (Cobalamin): Notwendig für die Blutbildung; reich an Vitamin B12 sind Leber, Makrele, Käse, Milch, Eier und Schweinefleisch.

Folsäure: Ist ebenfalls an der Blutbildung beteiligt; kommt vor allem in grünen Blattgemüsen, in Tomaten, Apfelsinen sowie in Bananen und Kartoffeln vor.

Niacin: Notwendig für den Aufbau der Haut, außerdem trägt Niacin zur Regulation des Energiehaushalts der Zellen bei; reich an Niacin sind Fisch, Fleisch und Erdnüsse.

Pantothensäure: Unerlässlich für den Stoffwechsel; kommt unter anderem in Milch, Milchprodukten und in Eiern vor.

Vitamin C (Ascorbinsäure): Stärkt die körpereigenen Abwehrkräfte, trägt indirekt zur Blutbildung bei, ist wichtig für die Zellen des Bindegewebes, reich an Vitamin C sind Paprika, Weißkohl, Apfelsinen, Kiwis und Brokkoli.

Vitamin D (Calciferol): Wird vom Körper selbst unter Sonneneinstrahlung hergestellt, aber auch über die Nahrung aufgenommen; notwendig für den Knochenaufbau. Zu den Nahrungsmitteln, die reich an Vitamin D sind, gehören unter anderem Fisch und Eier.

Vitamin E (Tocopherol): Vitamin E schützt die Zellen vor bestimmten Stoffen – den so genannten freien Radikalen –, die sie anhaltend schädigen können. Vitamin E kommt unter anderem in Pflanzenölen vor.

Vitamin H (Biotin): Ist für den Stoffwechsel unerlässlich. Biotin kommt vor allem in Leber, Hefe, Eigelb, Nüssen und Milch vor.

Vitamin K (Phyllochinon): Wichtig für die Blutgerinnung; reich an Vitamin K sind alle Gemüsesorten (besonders Kohl) sowie Fleisch und Milch.

Mineralstoffe

Chlorid: Wird für die Bildung von Magensalzen benötigt; kommt in Kochsalz (Natriumchlorid) vor.

Kalium: Notwendig für die Entwässerung der Zellen und somit für den Abtransport von Stoffwechselabbauprodukten aus den Zellen; wird zudem vom Herz und von den Muskeln benötigt, damit diese ihre Funktion erfüllen können. Reich an Kalium sind Hülsenfrüchte (Erbsen und Linsen), Kartoffeln, Bananen sowie Fleisch, Fisch und Milch.

Kalzium: Kalzium ist für den Aufbau der Knochen notwendig; zudem hilft es, Allergien vorzubeugen und ist wichtig für die Blutgerinnung. Kalzium kommt vor allem in Milch und Milchprodukten, aber auch in Grünkohl vor.

Magnesium: Wird vor allem von den Muskelzellen, aber auch von allen anderen Körperzellen benötigt; Magnesium ist am Knochenaufbau beteiligt; reich an Magnesium sind Naturreis, Spinat und Bananen.

Natrium: Wird von den Zellen benötigt, um Wasser zu binden; Natrium kommt vor allem in Kochsalz (als Natriumchlorid) vor.

Phosphor: Wird von den Knochen sowie vom Stoffwechsel benötigt; kommt in Fleisch und Wurst sowie in Colagetränken in größeren Mengen vor.

Spurenelemente

Chrom: Wird für Stoffwechselprozesse benötigt.

Eisen: Notwendig für die Bildung des Blutfarbstoffs Hämoglobin und damit für den Sauerstofftransport der roten Blutkörperchen zu den Körperzellen; reich an Eisen sind Fleisch (Rind und Lamm), Vollkornbrot, Naturreis und Hülsenfrüchte.

Fluorid: Härtet die Zähne und bietet Schutz vor Karies.

Jodid: Notwendig für die Schilddrüsenfunktion; reich an Jodid sind Jodsalz und Meeresfisch.

Kobalt: Ist unerlässlich für die Blutbildung; Kobalt wird stets zusammen mit Vitamin B12 mit der Nahrung aufgenommen.

Kupfer: Wird für den Stoffwechsel und die Herstellung des Blutfarbstoffs Hämoglobin benötigt.

Selen: Wichtig für die körpereigenen Abwehrkräfte, außerdem wehrt Selen zellschädigende Stoffe (die so genannten freien Radikale) ab. Selen ist vor allem in Fisch und Fleisch enthalten.

Zink: Notwendig für die Funktion des Immunsystems, für den Aufbau der Haut und für den Eiweißstoffwechsel; reich an Zink sind Leber, Linsen, Käse und Milch.

Ernährungsformen

Auch die für Sie (zumindest zeitweilig) passende Ernährungsform können Sie mit dem Pendel erfragen. Vielleicht möchten Sie wissen, mit welcher Art von Ernährung es Ihnen gelingen kann, einige Kilogramm abzunehmen, möglicherweise wollen Sie aber auch wissen, welche Ernährungsform die gesündeste für Sie ist. Fertigen Sie ein Pendeldiagramm an, in das Sie verschiedene Ernährungsformen aufnehmen und stellen Sie Ihrem Pendel die Frage, die Sie am meisten interessiert.

Die folgende Übersicht nennt eine Auswahl verschiedener Ernährungsweisen und Diäten.

Apfelessigkur: Vor den drei Hauptmahlzeiten trinkt man ein Glas Wasser, das mit zwei Teelöffeln Apfelessig und Honig vermischt ist. Der Apfelessig trägt zur Darmreinigung bei und versorgt den Organismus mit wichtigen Vitaminen und Mineralstoffen.

Ausgewogene Mischkost: Alle Nahrungsmittel sind erlaubt; die Nahrung setzt sich zu etwa 60 % aus Kohlenhydraten, zu 25–30 % aus Fetten und zu 10–15 % aus Eiweißen zusammen. Insgesamt werden mehr pflanzliche als tierische Produkte mit der Nahrung aufgenommen.

Ballaststoffreiche Ernährung: Ballaststoffe sind nahezu unverdauliche Bestandteile der Nahrung – sie tragen dazu bei, die Darmpassage zu beschleunigen, da sie den Darm füllen und Wasser binden. In der Nahrung enthaltene Giftstoffe können deshalb weniger lang auf die Innenwände des Darms einwirken, wodurch Erkrankungen vorgebeugt wird.

Fasten: Verzicht auf feste Nahrung, um den Darm von Giftstoffen und den Körper von Stoffwechselabbauprodukten (so genannten Schlacken) zu reinigen. Eine Fastenkur sollte möglichst nicht länger als sieben Tage dauern und zuvor mit dem Arzt besprochen werden. Während des Fastens soll sehr viel Flüssigkeit aufgenommen werden.

Haysche Trennkost: Bei dieser Diätform, bei der die Nahrung zu vier Fünfteln aus Obst und Gemüse und zu einem Fünftel aus anderen Nahrungsmitteln besteht, die Kohlenhydrate oder Eiweiß enthalten, dürfen kohlenhydrat- und eiweißhaltige Nahrungsmittel nicht zum gleichen Zeitpunkt verzehrt werden.

Kartoffeldiät: Bei der Kartoffeldiät dürfen über einen gewissen Zeitraum nur Kartoffeln und Rohkost gegessen werden. Die Kartoffeldiät sollte jedoch nicht zu lange durchgeführt werden, weil es sonst zu Vitamin- und Mineralstoffmangel kommen kann.

Mayo-Diät: Bei dieser Diät sind nur mageres Fleisch, Obst, Gemüse und Eier erlaubt. Die Mayo-Diät sollte nur über einen kurzen Zeitraum durchgeführt werden, um Mangelernährungserscheinungen auszuschließen.

Purinarme Kost: Purine sind Nahrungsbestandteile, die vom Körper in Harnsäure umgewandelt werden. Bei zu viel Harnsäure können sich Harnsäurekristalle bilden, die sich in den Gelenken absetzen und einen schmerzhaften Gichtanfall hervorrufen. Purine sind vor allem in fettem Fisch, Innereien, fettem Geflügel und vermehrt auch in Hülsenfrüchten enthalten.

Rohkost: Die Nahrungsmittel werden vor dem Verzehr nicht weiter behandelt, das heißt sie werden weder gedünstet, noch gekocht oder gebacken und gebraten.

Salzarme Kost: Zu viel Salz in der Nahrung kann zu erhöhtem Blutdruck, zu Entstehung von Nierenerkrankungen und Herzkrankheiten beitragen. Bei salzarmer Kost sollte die tägliche Kochsalzaufnahme drei Gramm nicht übersteigen.

Vegane Ernährung: Verzicht auf alle Nahrungsmittel, die tierischen Ursprungs sind – Fleisch, Fisch, Eier, Milch und Milchprodukte.

Vegetarische Ernährung: Verzicht auf Fleisch und Wurst; andere tierische Produkte (Eier, Milchprodukte) sind erlaubt.

Vollwerternährung: Bei der Vollwerternährung werden die Nahrungsmittel weitgehend naturbelassen verzehrt. Das bedeutet, dass ein Großteil der Nahrung aus Rohkost besteht, ungeschältes Getreide verwendet wird, nur wenig Fleisch gegessen und auf Zucker weitgehend verzichtet wird.

Fragen Sie Ihren Pendel, über welchen Zeitraum Sie die gewählte Ernährungsweise beibehalten sollen. Doch wenn Ihnen ein Pendelergebnis „komisch" vorkommt, überprüfen Sie es lieber noch einmal.

Nahrungsmittel auf Schadstoffe prüfen

Sie können mithilfe Ihres Pendels auch überprüfen, ob die Nahrungsmittel, die Sie zu sich nehmen wollen, Schadstoffe enthalten oder ob sie auf eine Weise behandelt (zum Beispiel bestrahlt) wurden, durch die es eventuell zu Gesundheitsschäden kommen kann. Fertigen Sie ein Pendeldiagramm an, das verschiedene Schadstoffe enthält und legen Sie das Nahrungsmittel, das Sie überprüfen wollen, auf den Tisch. Fragen Sie den Pendel, ob dieses Nahrungsmittel Schadstoffe in gesundheitsschädigender Konzentration enthält und wenn ja, welche. Die folgende Liste gibt Ihnen Anhaltspunkte, welche Schadstoffe Sie in Ihr Pendeldiagramm aufnehmen können.

Antibiotika: Werden vor allem in der Tiermast verwendet; gelangen sie durch tierische Produkte in den menschlichen Körper können sie unter anderem Allergien hervorrufen, aber auch dazu führen, dass bestimmte Bakterien gegen diese Antibiotika resistent werden. Das bedeutet, dass diese Antibiotika, werden sie zur Bekämpfung einer Krankheit eingenommen, keine Wirkung mehr zeigen.

Blei: Blei kann die Nerven schädigen und Veränderungen des Blutbilds hervorrufen.

Farbstoffe: Manche Farbstoffe stehen im Verdacht, Allergien hervorzurufen.

Geschmacksverstärker: Können im Einzelfall allergische Reaktionen auslösen.

Hormone: Hormone werden (trotz Verbots) immer noch vor allem in der Tiermast eingesetzt; sie können unter

Umständen Krebs hervorrufen, aber auch auf die Fruchtbarkeit beim Menschen Einfluss nehmen.

Kadmium: Kadmium ist ein Schwermetall, das die Nieren nachhaltig schädigen und die Knochenfestigkeit reduzieren kann. Wird es mit der Nahrung aufgenommen, reichert es sich im Organismus an.

Konservierungsmittel: Diese Stoffe machen Nahrungsmittel zwar haltbar, können jedoch bei empfindlichen Menschen Allergien oder andere Erkrankungen begünstigen.

Nitrate: Vor allem pflanzliche Nahrungsmittel können Nitrate enthalten, wenn sie auf überdüngten Feldern angebaut wurden. Nitrate werden vom Körper in krebserregende Stoffe – die Nitrosamine – umgewandelt.

Pestizide: Pflanzenschutzmittel, wie die Pestizide auch genannt werden, tragen vermutlich zur Entwicklung von Krebs bei und haben – je nach verwendetem Mittel – noch weitere negative Einflüsse auf den menschlichen Organismus.

Radioaktive Bestrahlung: Lebensmittel können durch Bestrahlung haltbar gemacht werden; sie senden dann zwar keine Strahlung aus, doch ist nicht sicher, ob durch Veränderungen im Erbgut der Nahrungsmittel nicht vielleicht Krebs ausgelöst werden könnte. Zudem werden vermutlich in den Nahrungsmitteln enthaltene Vitalstoffe zerstört.

Süßstoffe: Manche Süßstoffe (nicht alle) stehen im Verdacht, gesundheitsschädlich zu sein. Es wird befürchtet, dass einige sogar die Entstehung von Krebs begünstigen können.

Natürlich können Sie Ihrem Pendel auch ganz allgemein die Frage stellen, ob ein bestimmtes Nahrungsmittel für Sie gesund ist. Mithilfe der Pendeldiagramme, die zum Abschnitt „Allergien" gehören, (Seite 105) können Sie herausfinden, welche Nahrungsmittel für Sie besonders geeignet sind und welche Sie besser meiden sollten.

DIE CHAKRAS

Die Chakras sind nach dem hinduistischen Glauben Energiezentren, die jeder Mensch besitzt. Sie verbinden den feinstofflichen Körper eines Menschen mit seinem physischen Körper und sind in ständiger Entwicklung begriffen. Insgesamt existieren sieben Hauptchakras, die bestimmten körperlichen Systemen und den mit ihnen verbunden Organen des menschlichen Körpers zugeordnet werden, und noch einige Nebenchakras. Über bestimmte Drüsen, die wiederum den einzelnen Chakras zugeordnet sind, verteilen die Chakras Energie und Lebenskraft im physischen Körper.

Die Chakras drehen sich ständig um ihre eigene Achse (Chakra ist das Sanskrit-Wort für Rad). Je weiter entwickelt die Chakras sind und je stärker die Energie ist, die von ihnen ausgeht, umso weiter ist auch der betreffende Mensch in seiner geistigen, seelischen und körperlichen Entwicklung fortgeschritten.

Die Organe, die den Chakras zugeordnet werden, und die Chakras beeinflussen sich gegenseitig. Beispielsweise kann die Energie der Chakras behindert werden, wenn Krankheiten der ihnen zugeordneten Organe vorliegen. Genauso können organische Störungen die Folge sein, wenn der Energiefluss eines Chakras (zum Beispiel durch Überforderung, Stress, negative Gefühle) blockiert ist.

Die einzelnen Chakras und ihre Bedeutung

Jeder Mensch besitzt sieben Hauptchakras: das Wurzelchakra, das Sakralchakra, das Solarplexuschakra, das Herzchakra, das Kehlchakra, das Stirnchakra und das Kronenchakra.

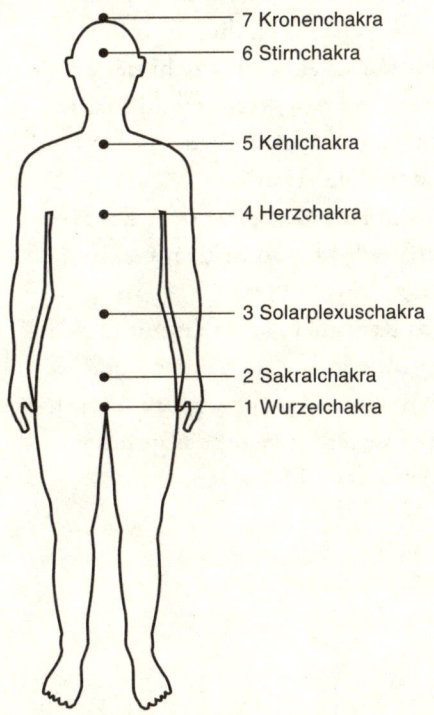

7 Kronenchakra
6 Stirnchakra
5 Kehlchakra
4 Herzchakra
3 Solarplexuschakra
2 Sakralchakra
1 Wurzelchakra

Dem **Wurzelchakra** sind als Drüsen die Nebennieren und als Organe der Dickdarm und der Mastdarm zugeordnet.

Dem **Sakralchakra** zugeordnet sind die Fortpflanzungsdrüsen (Eierstöcke, Hoden); Auswirkungen hat die Entwicklung des Sakralchakras auch auf die Nieren und die Blase.

Dem **Solarplexuschakra** entspricht die Bauchspeicheldrüse; zu den inneren Organen, die vom Solarplexuschakra beeinflusst werden, gehören die Leber, der Magen, die Gallenblase, die Milz und der Dünndarm.

Das **Herzchakra** wird der Thymusdrüse zugeordnet; das ihm entsprechende Organ ist das Herz, aber auch die Arme werden von ihm beeinflusst.

Das **Halschakra** entspricht der Schilddrüse und den Nebenschilddrüsen; ihm zugeordnet sind zudem die Lungen und der Hals.

Das **Stirnchakra** entspricht der Hirnanhangdrüse und ist dem Gehirn als Organ zugeordnet.

Das **Kronenchakra** steht mit der Zirbeldrüse in Zusammenhang und ist nicht einem Organ zugeordnet, sondern bezieht sich auf das gesamte Wesen eines Menschen.

Der Fluss der Energie

Alle sieben Chakras stehen miteinander über die Wirbelsäule in Verbindung und beeinflussen sich gegenseitig. So kann zum Beispiel der Energiefluss (Kundalini-Kraft genannt), der vom Wurzelchakra ausgeht, über die anderen Chakras schließlich das Kronenchakra erreichen. Das ist jedoch erst bei zunehmender Persönlichkeits- und Bewusstseinsentwicklung der Fall.

Dieser Energiefluss kann auch blockiert werden – zum Beispiel durch seelische Belastungen (Trauer, Überforderung). Das führt dazu, dass sich der Mensch in seiner Persönlichkeit nicht weiter entfalten kann. Es ist daher wichtig, diese Blockaden aufzuheben, um den Energiefluss und damit die Persönlichkeitsentwicklung nicht länger zu behindern.

Mit Hilfe des Pendels können Sie herausfinden, ob bei Ihren Chakras Blockaden bestehen. Nehmen Sie dazu die Abbildung mit den Chakras auf Seite 115 zur Hand. Halten Sie den Pendel über das jeweilige Chakra der Abbildung, zu dessen Zustand Sie Informationen benötigen, und fragen Sie den Pendel, ob bei diesem Chakra eine Blockade vorliegt.

Darüber hinaus können Sie mit dem Pendel auch in Erfahrung bringen, inwieweit das jeweilige Chakra ausgeprägt ist. Fertigen Sie dafür ein Pendeldiagramm an, das die Zahlen 0 bis 100 in Fünferschritten enthält. 0 steht dabei für 0 %, 100 für 100 %. Fragen Sie den Pendel, wie stark ausgeprägt das jeweilige Chakra auf dieser Skala ist – je bessere (höhere) Werte Sie erhalten, umso stärker (positiver) ausgeprägt sind auch die Gefühle und Eigenschaften, die dem jeweiligen Chakra zugeordnet sind, und umso besser ist der körperliche Zustand der Organe, die mit dem Chakra in Verbindung stehen.

Eigenschaften und Emotionen, die den Chakras zugeordnet sind

Die Chakras besitzen bestimmte Funktionen. Sie beeinflussen verschiedene Eigenschaften, aber auch Gefühle. Jedem Chakra sind andere Funktionen zugeordnet:

Wurzelchakra: Das Element des Wurzelchakras ist die Erde. Das Wurzelchakra gibt Stabilität in Gefühlen und Einstellungen – es ist praktisch die „Stütze" des Menschen. Ist die Funktion des Wurzelchakras gestört, kommt es auf körperlicher Ebene zu Verdauungsbeschwerden (zum Beispiel Verstopfung), auf seelischer Ebene zu Angst und Unsicherheit.

Sakralchakra: Das Sakralchakra steht eng mit dem Element Wasser in Zusammenhang. Es beeinflusst die Sexualität und die Fruchtbarkeit. Zudem wird das Ausmaß der Kreativität und des Selbstbewusstseins durch das Sakralchakra bestimmt. Bei Störungen des Sakralchakras kommt es sowohl zu Unfruchtbarkeit als auch zu Problemen mit der Sexualität; auf seelischer Ebene zu Eifersucht und Konkurrenzdenken.

Solarplexuschakra: Das Element, das dem Solarplexuschakra zugeordnet wird, ist das Feuer. Kein Wunder, dass dieses Chakra großen Einfluss auf die Willenskraft ausübt. Je stärker das Solarplexuschakra ausgeprägt ist, umso mehr Macht besitzt auch der jeweilige Mensch. Es ist zudem für die starken Gefühle zuständig – egal, ob es sich um positive oder negative Emotionen handelt. Ist das Solarplexuschakra blockiert, können Magenprobleme die Folge sein; auf seelischer Ebene kann es zu einem Gefühl der inneren Leere, zu Feigheit und Angst kommen.

Herzchakra: Das Herzchakra, dessen Element die Luft ist, steht für die Liebe. Ist seine Funktion blockiert, kommt es auf der körperlichen Ebene zu Herz- und Lungenerkrankungen, auf der seelischen Ebene zu Habgier, Geldgier und Machthunger.

Kehlchakra: Das Kehlchakra hat als Element den Äther. Es ist zuständig für die Kreativität und Kommunikationsfähigkeit einer Person. Je stärker das Kehlchakra entwickelt ist, umso stärker ausgeprägt ist auch die Intuition eines Menschen. Bei Störungen des Kehlchakras kommt es zu Halsschmerzen, Lymphknotenschwellungen,

Schilddrüsenerkrankungen; auf der seelischen Ebene zu Überheblichkeit und Selbstsucht.

Stirnchakra: Dem Stirnchakra ist kein Element zugeordnet. Es ist für die Wahrnehmung zuständig; je ausgeprägter es ist, umso stärker sind die mentalen Fähigkeiten und umso besser versteht der Betreffende auch sich selbst. Bei Störungen des Stirnchakras kommt es auf der körperlichen Ebene zu Kopfschmerzen und Sehstörungen, auf der seelischen Ebene zu Selbstgerechtigkeit und Starrsinn.

Kronenchakra: Dem Kronenchakra ist kein Element zugeordnet. Wenn es besonders stark ausgeprägt ist, befinden sich Körper und Geist in Harmonie. Ist die Funktion des Kronenchakras blockiert, kommt es zu einer Entfremdung von sich selbst.

Blockaden mit Pendelhilfe beseitigen

Stellen Sie mithilfe des Pendels fest, dass Blockaden einzelner Chakras bestehen, sollten Sie dagegen unbedingt etwas unternehmen, damit die Energie wieder ungehindert fließen kann und keine körperlichen oder seelischen Störungen entstehen. Hilfreich kann dabei zum Beispiel das Auflegen von Edelsteinen auf die einzelnen Chakras sein. Sie müssen etwa 20 bis 30 Minuten auf dem Chakra platziert werden, bis sich erste Wirkungen zeigen. Mithilfe des Pendels können Sie herausfinden, welcher Edelstein für das Auflegen auf das jeweilige Chakra besonders geeignet ist. Im Abschnitt über die Edelsteintherapie (Seite 91) finden Sie Pendeldiagramme, die Ihnen dabei helfen können. Aber auch die Bach-Blüten-Therapie können Sie zur Harmonisierung der Chakras einsetzen; ab Seite 84 finden Sie nähere Informationen über diese Therapieform. Genauso wirksam können die Aroma- und die Farbtherapie sein – wenn Sie eine dieser Therapien einsetzen wollen, um die Blockierung der Chakras zu lösen, schlagen Sie auf Seite 83 beziehungsweise auf Seite 93 nach.

Leider ist es jedoch nicht möglich, durch diese Therapien die Chakras zu stärken – das gelingt Ihnen allein durch Ihre seelische und geistige Weiterentwicklung.

DIE AURA

Unter der Aura versteht man ein farbiges, energiereiches Strahlenfeld, das den menschlichen Körper einhüllt. Die Ausdehnung der Aura sowie ihre Farben stehen in engem Zusammenhang mit der jeweiligen Lebensenergie, der Bewusstseins- und Persönlichkeitsentwicklung einer Person. Je strahlender und kräftiger die Farben erscheinen, umso ausgeprägter sind in der Regel auch die positiven Eigenschaften eines Menschen und umso besser ist seine körperliche Verfassung. Aber auch die Größe und die Form der Aura geben Hinweise auf den geistigen, den seelischen und den körperlichen Zustand. Nur wenige Menschen sind dazu fähig, diese Aura ohne weitere Hilfsmittel zu sehen. Ihnen steht mit dem Pendel jedoch ein „Werkzeug" zur Verfügung, mit dem Sie Ihre eigene Aura oder die anderer Menschen „sichtbar" machen können.

Meistens besteht die Aura aus mehreren Farben. Beispielsweise weist sie in der Nähe des Kopfes eine andere Farbe auf als am Brustkorb, weil sie in enger Beziehung zu den Chakras steht, den sich drehenden Energiezentren des Körpers. Die Farbe der Aura ist unter anderem vom Zustand der Chakras abhängig (siehe dazu mehr auf Seite 115 ff.).

Mithilfe des Pendels können Sie die Farben Ihrer persönlichen Aura ermitteln. Ganz einfach: Indem Sie zunächst ein Pendeldiagramm anfertigen, das verschiedene Farben beinhaltet. Fragen Sie dann Ihren Pendel, welche Farbe Ihre Aura im Kopfbereich (oder im Bereich des Kronen- oder des Stirnchakras) besitzt. Notieren Sie sich die Antwort des Pendels auf einem Zettel. Fragen Sie nun nacheinander weiter, welche Farbe Ihre Aura im Bereich des Halses, des Herzens, des Sonnengeflechts (Solarplexus), im Bereich der Fortpflanzungsorgane und der Beine hat. Mit den notierten Antworten können Sie zur „Auswertung" schreiten.

Farben der Aura und ihre Bedeutung

Strahlendes Violett: Friedensliebe, Freiheit, Natürlichkeit, große Liebesfähigkeit, Freundlichkeit, Rücksichtnahme, hervorragende Urteilskraft.

Trübes Violett: Unsicherheit, Isolation, mangelnde Urteilskraft, Selbstgefälligkeit; Engstirnigkeit, Kompromisslosigkeit.

Strahlendes Blau: Treue, Gerechtigkeitssinn, Fürsorge für andere, Idealismus, große Intuition.

Trübes Blau: Eifersucht, Neid, Selbstsucht, Schuldgefühle, Überheblichkeit, Tyrannei, Feigheit, Eitelkeit, Heuchelei, Unflexibilität.

Strahlendes Grün: Großzügigkeit, großes Einfühlungsvermögen, Unabhängigkeit, Freiheit, Selbstvertrauen.

Trübes Grün: Machthunger, Sicherheitsstreben, Habgier, Abhängigkeit, Misstrauen.

Strahlendes Gelb: Mut, Kritikfähigkeit, Ehrlichkeit, Suche nach der Erleuchtung.

Trübes Gelb: Angst, Feigheit, Intoleranz, Unruhe, Furcht vor großen Veränderungen.

Strahlendes Orange: Verständnis für andere, Einfühlungsvermögen, Selbstbewusstsein, Streben nach weiterer Erkenntnis, Annehmen von unabänderlichen Situationen.

Trübes Orange: Herrschsucht, Egoismus, Trägheit, Misstrauen, Untreue, Verlogenheit.

Strahlendes Rot: Kraft, Aktivität, genussvolle Sexualität, Entscheidungsfreude, Einfühlungsvermögen, Eigeninitiative.

Trübes Rot: Aggressivität, Gewalttätigkeit, Wut, Rachegefühle, Ellenbogen-Mentalität.

Strahlendes Rosa: Mitgefühl, Menschenliebe.

Schwarz: Krankheit, Rachegefühle, Boshaftigkeit.

Weiß: Erkenntnis, Ehrlichkeit, Reinheit, Unschuld.

Gold: Erreichen einer höheren Bewusstseinsebene, Menschenliebe, wahres Mitgefühl, uneingeschränkte Liebesfähigkeit.

Form der Aura

In der Regel umschließt die Aura den Körper wie eine elliptische Hülle; es gibt an ihr keine Ecken und Kanten. Die Form der Aura können Sie mithilfe Ihres Pendels ebenfalls ermitteln. Verwenden Sie dazu die Abbildung des menschlichen Körpers von Seite 115, in die auch die Chakras eingetragen sind. Am besten, Sie fertigen sich von dieser Zeichnung eine Kopie an. Fragen Sie nun den Pendel, wie weit Ihre Aura im Bereich des Stirnchakras von links nach rechts reicht. Bald schon wird Ihr Pendel es Ihnen durch seine Schwingungen anzeigen. Markieren Sie die am weitesten außen liegenden Punkte der Pendelschwingung auf der Kopie. Gehen Sie nun tiefer zum Kehlchakra und fragen Sie den Pendel auch hier nach der Ausdehnung der Aura. So gehen Sie von Chakra zu Chakra. Am Ende verbinden Sie die markierten Punkte auf der Kopie miteinander. Nun haben Sie ein Bild Ihrer Aura. Hat Ihre Aura eine elliptische Form, können Sie sehr zufrieden sein. Auch wenn die Aura eine große Ausdehnung besitzt, ist das ein Zeichen dafür, dass Bewusstsein und Persönlichkeit recht

weit entwickelt sind. Zeigen sich jedoch Einbuchtungen, können Sie davon ausgehen, dass im Bereich des jeweiligen Chakras Störungen vorliegen,
die körperlicher, seelischer oder geistiger Art sein können. In diesem Fall ist
es sinnvoll, eine Edelsteintherapie
(siehe Seite 91) durchzuführen, bei

der Sie für eine halbe Stunde Edelsteine auf die betroffenen Chakras auflegen,
sodass sie wieder ins Gleichgewicht gebracht werden und auch der
Zustand Ihrer Aura sich verbessert.
Welcher Edelstein sich für eine Therapie eignet, können Sie mit dem Pendel
ermitteln.

TRAUMDEUTUNG

Jeder Mensch träumt – selbst wenn er sich nicht mehr an seine Träume erinnern kann. Träume sind für einen erholsamen Schlaf unerlässlich, denn während des Traumschlafs regeneriert sich unser Gehirn. Außerdem werden während des Traums die Ereignisse der vergangenen Zeit verarbeitet und eingeordnet – im Traum sortiert das Gehirn auch die ständig auf uns einströmenden Informationen nach ihrer Wichtigkeit. Träume können jedoch auch auf verborgene Wünsche oder auf Ängste hindeuten. In manchen Fällen gewährt uns der Traum sogar einen Ausblick auf die Zukunft oder er warnt uns z. B. vor drohenden gesundheitlichen Schäden. Manche Menschen berichten darüber, dass Sie im Traum auf die Lösung eines Problems gekommen sind oder Erfindungen und Entdeckungen mithilfe des Traums gemacht haben. Eine Reihe von Gründen, seine Träume einmal etwas intensiver unter die Lupe zu nehmen.

Traumtagebuch führen

Viele Menschen erinnern sich zwar nach dem Aufwachen noch an ihre Träume, doch kurz darauf sind sie schon wieder vergessen. Wenn Sie mehr über Ihre Träume erfahren wollen, führen Sie ein Traumtagebuch. Legen Sie sich Papier und Bleistift neben das Bett. Wachen Sie nachts aus einem Traum auf und erinnern sich noch intensiv daran, sollten Sie in kurzen Stichpunkten Ihren Traum notieren, bevor Sie weiterschlafen. Auch am Morgen nach dem Aufwachen sollte Ihr erster Gedanke Ihrem Traumtagebuch gelten – notieren Sie sich alles, woran Sie sich erinnern, selbst wenn es nur Bruchstücke sein sollten. Sie werden feststellen, dass Sie sich mit zunehmender Übung an immer größere Teile Ihrer Träume erinnern können.

Was will der Traum mir sagen?

Bevor Sie sich an die Deutung von Traumsymbolen machen, sollten Sie mithilfe des Pendels herausfinden, wozu Ihr Traum überhaupt dient. Schließlich muss man einen Traum, mit dem man die Ereignisse vergangener Tage verarbeitet, nicht unbedingt deuten, wenn man das nicht möchte. Fertigen Sie daher ein Pendeldiagramm an, (die Vorlage finden Sie auf Seite 40), das die folgenden Möglichkeiten beinhaltet, und fragen sie nun

Ihren Pendel, was für eine Bedeutung Ihr Traum hatte.

- Angsttraum
- Blick in die Zukunft
- Erinnerung an ein früheres Leben
- Keine tiefere Bedeutung
- Lebenshilfe
- Lerntraum
- Problemlösung
- Verarbeitung von Ereignissen der vergangenen Tage
- Verarbeitung von weiter zurückliegenden Ereignissen
- Warntraum
- Wunschtraum

Intensivere Deutung der Träume

Möglicherweise finden Sie mit diesem Hinweis, den Ihnen der Pendel gegeben hat, bereits selbst heraus, was der Traum bedeutet. Manche Träume sind jedoch so voller Symbolik, das man sich auf Anhieb nicht vorstellen kann, was damit gemeint ist. Ein Traumlexikon und der Pendel können Ihnen bei der Deutung Ihres Traums gute Dienste erweisen.

In Traumlexika werden meistens mehrere Deutungen eines Traumsymbols angegeben – schließlich deutet die Psychoanalyse, die sich sehr intensiv mit den Träumen beschäftigt, bestimmte Symbole ganz anders als beispielsweise die Okkultisten. Stellen Sie einfach dem Pendel die Frage, welche Bedeutung das Symbol in Ihrem Traum hatte. Falls Ihr Pendel nicht antwortet, trifft möglicherweise keine der Deutungen zu. Überlegen Sie sich dann selbst mehrere Möglichkeiten und fragen Sie den Pendel, ob eine dieser Varianten zutreffen könnte.

Damit Sie einen Einblick bekommen, welche Traumsymbole welche Bedeutung haben können, folgt ein kurzer Überblick über die am häufigsten in Träumen vorkommenden Symbole und mögliche Deutungen, zu denen Sie den Pendel befragen können.

Abgrund
Unglück
Amüsantes Erlebnis steht bevor
Angst und Sorgen vor bevorstehenden Ereignissen
Apfel
Heirat, Liebesglück
Geständnis
Gute Nachrichten
Begräbnis, eigenes
Langes Leben
Freude
Abgestorbene Gefühle
Brücke
Vorsicht ist geboten
Gutes Verhältnis zu anderen
Positive Zukunftsaussichten
Engel
Glück im Leben
Positive Begegnung steht bevor
Suche nach Hilfe

Falle

Betrug durch andere

Vorsicht bei neuen Bekanntschaften

Warnung, sich in eine bestimmte

Situation zu begeben

Flug

Freiheit

Flucht aus einer bedrückenden

Situation

Wunsch nach größerer Unabhängigkeit

Gefängnis, Eingesperrtsein

Festigung der beruflichen Position

Beachtung von Personen, die einen

nicht interessieren

Festgefahrene Situation

Kind

Freude im Leben

Glück und Zufriedenheit

Suche nach einem Neuanfang

Lähmung

Hilfe durch andere

Reichtum durch die eigene Tätigkeit

Schwierigkeiten, die unüberwindbar

sind

Leiter

Geehrt werden

Im Stich gelassen werden

Unsicherheit, ob man Hürden über-

winden kann

Maske

Lüge, Heuchelei

Etwas wird verschleiert

Unklarheit über sich selbst oder

andere

Nacktheit

Sich in einer Notlage befinden

Gefühlskälte

Angst davor, sich eine Blöße zu

geben

Reise

Besuch von Freunden steht bevor

Die eigene Persönlichkeit verändert

sich

Neuanfang

Spinne

Lebensglück

Große Erfolge stehen ins Haus, vorher

müssen Probleme bewältigt werden

Mahnung, auf die eigenen Belange

mehr zu achten

Tränen

Glück

Gute Nachrichten

Unterdrückte Gefühle kommen zum

Vorschein

ERDSTRAHLEN SUCHEN

Unter Erdstrahlen versteht die Radiästhesie die Strahlung, die vom Inneren der Erde ausgeht. Diese Strahlung ist nicht von vornherein negativ, wie viele denken, denn schließlich ist sie überall auf der Erde vorhanden. Erst wenn die Erdstrahlen bestimmte Zonen, so genannte Störzonen, durchdringen, können sie dem Menschen und seiner Gesundheit schaden. Zu diesen Störzonen gehören unter anderem fließende, unterirdische Wasserläufe und Verwerfungen (Risse, Brüche) in der Erdkruste, aber auch Erzlager. Zudem gibt es noch eine weitere Form von schädlicher Strahlung, den so genannten Elektrosmog. Das sind elektromagnetische Felder, die von elektrischen Geräten, Stromleitungen und Telekommunikationssendern ausgehen.

Der Aufenthalt in solchen Störzonen (auch geopathogene Zonen genannt) kann auf Dauer schwere Folgen für die Gesundheit haben, insbesondere wenn sich zwei Störzonen an einer Stelle kreuzen.

Wer in einem Bett schläft, das über einem solchen Kreuzungspunkt zweier Störzonen schläft, läuft Gefahr eine schwere Erkrankung zu entwickeln. Wer seinen Arbeitsplatz über einem solchen Kreuzungspunkt hat, kann sich schlechter konzentrieren und seine Leistungen lassen dementsprechend zu wünschen übrig.

Die wirksamste Möglichkeit, solchen negativen Einflüssen zu entgehen, besteht in den eben genannten Fällen darin, das Bett umzustellen oder den Arbeitsplatz an einen weniger belasteten Ort zu verlegen.

Wie aber macht man solche Störzonen nun ausfindig? Denn schließlich kann man sie ja nicht sehen. Da kann Ihnen wieder der Pendel gute Dienste leisten.

Störzonen ermitteln

Wenn Sie beispielsweise Ihr Schlafzimmer nach Störzonen absuchen wollen, fragen Sie Ihren Pendel zunächst, ob sich dort eine geopathogene Zone befindet. Lautet die Antwort „Ja", müssen Sie das Zimmer systematisch absuchen. Dabei gehen Sie folgendermaßen vor: Beginnen Sie an einem Ende des Zimmers mit der Suche – konzentrieren Sie sich auf Ihren Pendel, gehen langsam einige Schritte vorwärts und stellen Sie ihm kontinuierlich die Frage: „Befindet sich hier eine Störzone?" Wenn Sie eine Störzone überqueren, wird Ihr Pendel plötzlich eine Drehung entgegen dem Uhrzeigersinn vollziehen. Markieren Sie diesen Punkt (zum Beispiel, indem Sie ein Blatt Papier an die Stelle legen) und gehen Sie weiter in Ihrer Laufrichtung. Hören Sie nicht auf, die Frage zu stellen, ob dort, wo Sie sich befinden, eine Störzone liegt. Wenn Sie über die geopathogene Belastungszone hinausgegangen sind, wird der Pendel sich wieder im Uhrzeigersinn nach rechts drehen. Markieren Sie auch diesen Punkt, um die Breite der Störzone zweifelsfrei identifizieren zu können.

Sind Sie am Ende des Zimmers angekommen, wenden Sie und gehen wieder in die andere Richtung zurück – parallel zu dem Weg, den Sie hingegangen sind, jedoch etwa einen halben Meter zur Seite versetzt. Stoßen Sie wieder auf die Störzone, markieren Sie sie, wie eben beschrieben. So schreiten Sie nach und nach den gesamten Raum zunächst von einer gegenüberliegenden Wand zur anderen ab. Dann suchen Sie den Raum noch einmal in der anderen Richtung (von der dritten zur letzten Wand) ab. Wenn Sie Ihre Suche nach Störzonen beendet haben, zeigen Ihre Markierungen nun den Verlauf von geopathogenen Zonen an. Ganz wichtig ist dabei, dass Sie auch über Ihrem Bett den Pendel einsetzen, um festzustellen, ob dort eine Störzone vorliegt. Denn nur dann können Sie die Konsequenz ziehen und den Standort Ihres Betts verändern.

Elektrosmog können Sie im Übrigen am besten vermeiden, wenn Sie alle elektrischen Geräte vom Kopfende Ihres Schlafplatzes verbannen – beispielsweise sollte kein Radiowecker direkt neben dem Bett stehen.

Indizien für geopathogene Zonen
Wahrscheinlich werden Sie Ihr Bett oder Ihren Arbeitsplatz nur dann auf Störzonen untersuchen wollen, wenn der begründete Verdacht vorliegt, dass sich dort tatsächlich eine dieser geopathogenen Zonen befindet. Dafür gibt es eine Reihe von Hinweisen:
- Schlafstörungen (Einschlaf- und Durchschlafstörungen)
- Gefühle von Müdigkeit und Zerschlagenheit am Morgen
- Muskelverspannungen
- Nächtliche Schweißausbrüche
- Konzentrationsschwäche
- Nachlassen des Leistungsvermögens
- Erhöhte Reizbarkeit
- Nervosität

Auch wenn Sie während des Schlafs elektromagnetischen Feldern ausgesetzt sind, sind Schlafstörungen keine Seltenheit. Tierversuche haben ergeben, dass Elektrosmog die Zellen schädigen und den Stoffwechsel negativ beeinflussen kann.

Das Gegenteil von Störzonen: Orte mit positiver Energie

So wie es geopathogene Zonen gibt, die auf Dauer eine gesundheitsschädliche Wirkung auf den menschlichen Organismus haben, gibt es auch Orte, die voller positiver Energie sind. Das sind Plätze, an denen der Körper und die Seele Kraft tanken und sich mit neuer Energie aufladen können. An solchen Orten bauten die Menschen in früheren Zeiten bevorzugt Kirchen, aber auch Kultplätze (zum Beispiel die Externsteine) wurden in diesen Kraftzonen errichtet.

Kennen Sie einen solchen Ort der Kraft, können Sie ihn immer wieder einmal aufsuchen und dort neue Energie schöpfen – vor allem wenn Sie sich erschöpft und müde fühlen. Allerdings sollten Sie sich nur eine kurze Weile auf diesen Kraftpunkten aufhalten – zehn Minuten reichen in der Regel völlig aus.

Wie finden Sie nun einen solchen Ort, der voller positiver Energien ist? Mit dem Pendel natürlich! Suchen Sie einfach einmal eine alte Kirche auf und gehen Sie zu dem Punkt, auf dem der Altar steht – beginnt der Pendel sich hier heftig im Uhrzeigersinn zu drehen, können Sie sicher sein, dass es sich um einen Kraftort handelt! Kraftorte gibt es jedoch überall, weshalb Sie auch in Ihrer Umgebung ruhig nach einem solchen Platz suchen sollten.

Schließlich können Sie großen Nutzen daraus ziehen, wenn Sie einen Kraftort in Ihrer Nähe haben, den Sie in zeitlichen Abständen aufsuchen. Es gibt ja gewisse Orte, an denen man sich auf Anhieb wohl fühlt!

Gehen Sie mit dem Pendel das Gelände ab, auf dem Sie einen Ort der Kraft vermuten, und fragen Sie den Pendel dabei ständig: „Gibt es hier einen Ort der Kraft?" Beginnt der Pendel sich wie aus heiterem Himmel kräftig im Uhrzeigersinn zu drehen, haben Sie mit großer Sicherheit einen Platz voller positiver Energie gefunden. Markieren Sie diesen Ort, indem Sie beispielsweise einen Stock in die Erde stecken, und versuchen Sie mit dem Pendel die Ausdehnung dieses Kraftortes zu ermitteln. Das funktioniert folgendermaßen: Gehen Sie weiter und stellen Sie dem Pendel dabei die Frage, ob Sie sich noch im Ausdehnungsbereich des Kraftorts befinden. Ist das der Fall, wird der Pendel sich noch weiter im Uhrzeigersinn drehen. Verlassen Sie den energiereichen Platz, verlangsamt sich die Pendelbewegung und hört schließlich ganz auf. Markieren Sie auch diesen Punkt und gehen Sie nun in einer parallelen Linie, jedoch einen oder zwei Meter versetzt, den gleichen Weg zurück. Wenn Ihr Pendel nun wieder auszuschlagen beginnt, markieren Sie den Punkt erneut. So gehen Sie in parallel zueinander verlaufenden Linien hin und zurück, bis Sie die Ausdehnung des Kraftorts ermittelt haben. Die positive Energie des Ortes können Sie im Übrigen auch mit nach Hause nehmen. Sie brauchen nur ein Gefäß mit Wasser. Das stellen Sie ins Zentrum des Kraftorts. Dort lassen Sie es einige Zeit lang stehen, bis sich das Wasser mit der positiven Energie aufgeladen hat. Wie lange das dauert, können Sie mit Ihrem Pendel ermitteln. Immer, wenn Sie das Gefühl haben, dass Ihre Kräfte nachlassen oder Sie sich unwohl fühlen, können Sie Ihren Körper mit dem Wasser abreiben. Sie werden merken, wie die Energie zurückkehrt!

Für Fortgeschrittene:
Pendeln mit dem Alphabet

Nicht auf alle Fragen weiß man eine oder mehrere Antworten, die man dem Pendel zur Auswahl stellen kann. In diesem Fall empfiehlt es sich, ein Pendeldiagramm zu benutzen, das – wie das folgende Pendeldiagramm – unter anderem die Buchstaben des Alphabets beinhaltet.

Sie können nun Ihrem Pendel die Frage stellen, für die Sie keine Antwort wissen. Möglicherweise wird Ihr Pendel Ihnen nun die Antwort buchstabieren. Allerdings erfordert es schon ausgeprägte Pendelkenntnisse und -erfahrung, um das Alphabet für diese Zwecke einzusetzen. Wenn Anfänger Ihrem Pendel auf diese Weise eine Frage stellen, kommt oft nur ein zusammenhangloser „Buchstabensalat" heraus, der niemanden weiterbringt. Wichtig ist es, sehr genau darauf zu achten, über welchem Buchstaben der Pendel ausschlägt – denn auch das ist nicht immer ganz einfach zu erkennen. Für das Pendeln mit dem Alphabet eignet sich ein Pendel mit einer sehr dünnen Spitze am besten.

Ganz wichtig ist bei der Verwendung eines solchen Pendeldiagramms selbstverständlich die Konzentration, die manchmal über einen recht langen Zeitraum aufrechterhalten werden muss. Der Pendel braucht für die Beantwortung der Fragen mithilfe des

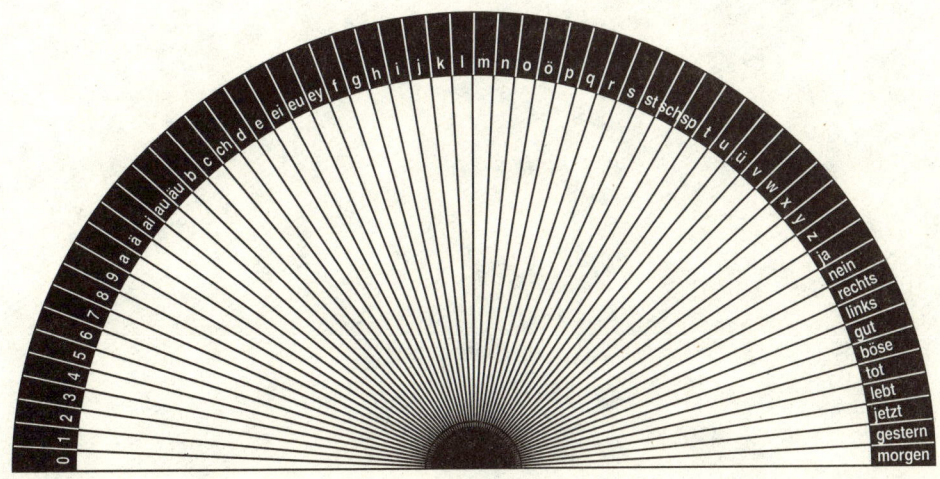

Alphabets in der Regel längere Zeit als bei der Arbeit mit anderen Pendeldiagrammen. Schon die kleinste Konzentrationsschwäche kann dazu führen, dass Sie keine „vernünftige" Antwort bekommen. Lassen Sie sich daher bei der Verwendung dieses Diagramms in keinem Fall stören – am sinnvollsten ist es, Sie ziehen sich in einen ruhigen Raum zurück. In Gegenwart anderer sollten Sie dieses Pendeldiagramm besser nicht benutzen.

Seien Sie immer skeptisch, wenn eine andere Person behauptet, ihr Pendel würde stets Fragen mithilfe des Alphabet-Diagramms beantworten. Oft sind diese Personen nicht ganz ehrlich, weil sie die Pendelbewegung für andere unsichtbar mit der Hand beeinflussen, um ihre „hervorragenden Pendelkünste" unter Beweis zu stellen.

Auch für die Verwendung eines Alphabet-Pendeldiagramms gelten die Regeln, die für das Pendeln insgesamt gelten. Sie können auch über das Alphabet nicht mit Verstorbenen in Kontakt treten, wie manche Menschen fälschlicherweise meinen, selbst wenn das Alphabet-Diagramm ein wenig einem Brett ähnelt, das im Okkultismus unter anderem dazu benutzt wird, mit den Toten zu sprechen (ob das funktioniert, sei dahingestellt).

Die Zukunft kann man mit diesem Pendeldiagramm ebenfalls nicht vorhersagen.

Praktische Lebenshilfe

Ihr Pendel kann Ihnen nicht nur in vielen wichtigen Bereichen nützlich sein – er ist auch ein hervorragendes Werkzeug für den Alltag. Sie können mit ihm die Entscheidung treffen, welche Pflanzen Sie in Ihrem Garten aussäen sollten, Sie können ihn fragen, welches Haustier zu Ihnen passt, Sie können sogar fragen, was Sie kochen sollen (wenn Sie das nicht selbst wissen). Natürlich können Sie mithilfe des Pendels auch den richtigen Zeitpunkt für wichtige Unternehmungen bestimmen und verloren gegangene Dinge wiederfinden. Wozu Sie den Pendel einsetzen, bleibt ganz Ihnen überlassen.

Sie können mit dem Pendel zum Beispiel das Wetter der nächsten Stunden bestimmen, wenn Sie dem Wetterbericht nicht vertrauen und nicht wissen, ob Sie Regenkleidung tragen oder einen Regenschirm auf einen Ausflug mitnehmen sollen. Auch für besonders wetterfühlige Menschen eignet sich eine Wetterdiagnose mit dem Pendel. Fertigen Sie sich zu diesem Zweck ein Pendeldiagramm an, (nach der Vorlage von Seite 40), das unter anderem die folgenden Auswahlmöglichkeiten enthalten kann und fragen Sie Ihren Pendel danach, wie das Wetter des heutigen Tages wird.

- Beständiges Wetter
- Eisregen
- Gewitter
- Himmel klart auf
- Nieselregen
- Schnee
- Sonnenschein
- Starke Bewölkung, aber kein Regen
- Sturm
- Wolkenbruch

Auf die Frage, wie das Wetter sich in der nächsten Zeit entwickelt, werden Sie wahrscheinlich keine befriedigende Auskunft erhalten, denn in die Zukunft können Sie mit dem Pendel schließlich nicht sehen.

Entscheidungen treffen

Tagtäglich steht jeder von uns vor einer Reihe von Entscheidungen – die meisten kann man zwar ohne Hilfe des Pendels treffen (und sollte dies auch tun), doch bei manchen Fragen ist man so hin- und hergerissen, dass die Entscheidung schwer fällt. In solchen Fällen kann der Pendel beratend zur Seite stehen.

Wenn Sie sich zum Beispiel nicht entscheiden können, was für eine Art von Garten Sie anlegen sollen, können Sie den Pendel befragen. Verwenden Sie dafür ein Pendeldiagramm, in das Sie zum Beispiel folgende Auswahlmöglichkeiten eintragen und stellen Sie die Frage: „Welche Gartenform ist bei der Bodenbeschaffenheit meines Gartens am geeignetsten?"

- Biogarten
- Gemüsegarten
- Gewächshaus mit exotischen Pflanzen
- Kräutergarten
- Obstgarten
- Rasen
- Rosengarten
- Steingarten
- Wassergarten
- Wildblumenwiese
- Wildwuchs
- Ziergarten

Natürlich kann Ihnen der Pendel in solch einem Fall nur einen Anhaltspunkt geben; die letzte Entscheidung liegt immer noch bei Ihnen.
Sie können Ihren Pendel auch entscheiden lassen, wo Sie bestimmte Pflanzen in Ihrem Garten hinsetzen. Wenn Sie beispielsweise eine Rose an eine ganz bestimmte Stelle pflanzen möchten, fragen Sie den Pendel: „Ist dieser Ort zum Anpflanzen der Rose geeignet?" Verneint der Pendel, sollten Sie nach einem anderen Platz für die jeweilige Pflanze suchen, denn Sie können sicher sein, dass sie sich sonst nur kümmerlich entwickelt.

Entscheidungen, die die Arbeit betreffen

Auch bei der beruflichen Tätigkeit kann der Pendel in Entscheidungsprozesse miteinbezogen werden. Stellen Sie sich beispielsweise einen Werbegrafiker vor, der für einen Kunden zwei Entwürfe zum gleichen Produkt gemacht hat, dem Kunden jedoch nur einen vorlegen kann. Er kann den Pendel fragen, welcher der beiden Entwürfe seinem Kunden besser gefallen wird. Bei der Frage, welchem von zwei Bewerbern auf eine Stelle man den Vorzug geben sollte, kann der Pendel helfen, genauso bei der Entscheidung, welche Arbeit zuerst erledigt werden sollte. Gute Ratschläge kann der Pendel auch bei der Entwicklung neuer Produkte geben. Fragen Sie den Pendel bei der Entscheidung, wie Sie sich gegenüber Ihrem Vorgesetzten am besten verhalten sollen, um einen guten Eindruck zu machen.
Wenn Sie sich selbstständig machen wollen, sollten Sie ebenfalls den Pendel befragen. Die Pendeldiagramme auf den Seiten 172 und 173 oben können Sie zu Hilfe nehmen, wenn Sie wissen wollen, welcher Dienstleistungsbereich sich für Sie am besten eignet.

Entscheidungen im privaten Bereich

Eltern, die ein Kind erwarten, können sich oft nicht entscheiden, welchen Namen Sie ihrem Kind geben sollen. Sie können den Pendel die Wahl zwischen den verschiedenen Namen treffen lassen. Auch beim Einkauf kann der Pendel gute Dienste leisten, besonders wenn es um kostspieligere Anschaffungen geht. Haben Sie die Wahl zwischen verschiedenen Produkten, können Sie einfach den Pendel befragen, welches das schönste, das zweckmäßigste oder auch das umweltschonendste Produkt ist. Fragen Sie jedoch nie nach dem „besten" Produkt. Der Pendel kann in diesem Fall keine vernünftigen Auswahlkriterien anlegen und gibt womöglich eine falsche Antwort.

Auch bei ganz einfachen Dingen, über die es immer wieder Streit in der Familie gibt, können Sie den Pendel eine Entscheidung treffen lassen: zum Beispiel bei der Auswahl des Fernsehprogramms, bei der Wahl eines Ausflugsziels, bei der Frage, was es am nächsten Tag zu essen geben soll usw. In diesem Fall dürfen Sie die Entscheidung des Pendels jedoch nicht ernst nehmen – es handelt sich ja auch nicht um ernsthafte Fragen! Der Pendel ist hierbei nur Mittel zum Zweck, um Auseinandersetzungen zwischen den Familienmitgliedern zu vermeiden.

Den Pendel können Sie auch befragen, wenn es um Ihre Fortbildung geht. Wollen Sie an einem Volkshochschulkurs teilnehmen, stellen Sie den Pendel vor die Entscheidung, welches der geeignetste Kurs für Sie ist, wenn Sie zwischen mehreren die Wahl haben.

Vielleicht kann Ihnen der Pendel auch bei der Suche nach einer geeigneten Sportart behilflich sein? Möglicherweise trifft er auch die Entscheidung über das nächste Urlaubsziel? Wahrscheinlich fallen Ihnen noch eine Reihe weitere Bereiche ein, in denen Sie den Pendel gewinnbringend für sich einsetzen können.

Dinge suchen

Zu den Haupteinsatzbereichen des Pendels gehört die Suche nach verloren gegangenen Gegenständen, nach entlaufenen Haustieren oder nach vermissten Personen. Aber auch nach Wasser, Lecks in Rohrleitungen oder nach Bodenschätzen können Sie mithilfe des Pendels suchen.

Nach Gegenständen, von denen Sie wissen, dass sie sich irgendwo im Haus befinden, können Sie mithilfe einer selbst angefertigten Skizze fahnden. Bevor Sie diese Skizze anfertigen, fragen Sie den Pendel besser, in welchem Raum Ihrer Wohnung sich der Gegenstand befindet – dann brauchen Sie keinen Grundriss Ihrer gesamten Wohnung.

Halten Sie den Pendel über den unteren Rand der Skizze und fragen Sie ihn danach, wo Sie den gesuchten Gegenstand finden werden. Der Pendel schwingt in eine Richtung aus, die Sie mit dem Bleistift nachzeichnen. Gehen

Sie nun mit dem Pendel an den linken oder den rechten Rand der Skizze und fragen Sie wieder, wo sich der Gegenstand befindet. Auch diese Pendelschwingung zeichnen Sie mit dem Bleistift nach. Am Schnittpunkt der beiden Linien müsste sich der gesuchte Gegenstand auffinden lassen.

Sie können die Suche auch noch etwas unkomplizierter gestalten: Nehmen Sie Ihren Pendel in die Hand und fragen Sie ihn, in welcher Richtung Sie nach dem verlorenen Gegenstand suchen müssen. Setzen Sie sich in die Richtung in Bewegung, in die der Pendel nun hauptsächlich schwingt. Bleiben Sie dabei stets konzentriert und wiederholen Sie Ihre Frage ständig. Wenn der Pendel nun in eine andere Richtung ausschlägt, wechseln auch Sie die Richtung. Beginnt er, sich um die eigene Achse zu drehen, haben Sie den Gegenstand gefunden.

Fehler werden sich bei diesen Suchmethoden besonders am Anfang vermehrt einstellen. Doch Übung macht den Meister – auch Sie werden nach mehreren Versuchen Ihre ersten Erfolge aufweisen können!

Eine Person suchen

Personen sind weitaus schwieriger zu finden als Gegenstände, denn sie befinden sich meistens in Bewegung. Dennoch können Sie natürlich versuchen, einen anderen mithilfe des Pendels zu finden. Versuchen Sie doch einfach einmal einen alten Freund ausfindig zu machen, den Sie aus den Augen verloren haben und von dem Sie zwar wissen, in welcher Stadt er wohnt, dessen Adresse Sie jedoch nicht kennen. Nehmen Sie sich einen Stadtplan zur Hand – am besten eignet sich ein Plan, der in Planquadrate unterteilt ist. Fragen Sie Ihren Pendel, in welchem Planquadrat Ihr Freund lebt. Sie können das Pendeldiagramm mit dem Alphabet auf Seite 129 zu Hilfe nehmen (das auch Zahlen enthält), denn in der Regel werden diese Planquadrate mit Buchstaben und Nummern benannt. Nennt Ihr Pendel Ihnen ein Planquadrat, halten Sie ihn ans untere Ende dieses Planquadrats und fragen Sie, in welcher Richtung Ihr Freund lebt. Der Pendel wird nun eine Bewegung vollziehen, die Sie (mit Bleistift) nachzeichnen. Halten Sie den Pendel an den linken Rand des Planquadrats und stellen Sie die gleiche Frage noch einmal. Auch die erneute Pendelbewegung zeichnen Sie nach. Am Schnittpunkt der beiden Linien wohnt Ihr Freund, wenn Sie nichts falsch gemacht haben. Zwar haben Sie nun noch immer nicht die genaue Adresse, aber zumindest die Straße.

Sie können die Auskunft des Pendels nun noch überprüfen, indem Sie bei der Telefonauskunft anrufen und sich die Adresse Ihres Freundes geben lassen. Falls der Pendel Ihnen eine falsche Antwort gegeben hat, verzweifeln Sie bitte nicht. In manchen Fällen funktioniert die Suche nach Personen mit dem Pendel nicht, wenn man nicht wirklich einen wichtigen Grund hat, um den anderen zu finden.

Unbekannter Aufenthaltsort

Wissen Sie nichts über den Aufenthaltsort einer Person, ist die Suche natürlich ungleich schwieriger, als wenn Ihnen bekannt ist, in welcher Stadt sie sich aufhält. Wenn Sie noch nicht einmal den Kontinent kennen, auf dem sich die Person im Moment befindet, müssen Sie dem Pendel eine Reihe von Fragen stellen. Zunächst einmal müssen Sie in Erfahrung bringen, in welchem Teil der Welt sich die Person aufhält. Fragen Sie daher zunächst nach dem Erdteil. Jetzt kennen Sie das Land aber immer noch nicht. Verwenden Sie deshalb nun eine Landkarte des Kontinents und ermitteln Sie das Land mithilfe der Schnittpunkte der Pendelbewegungen. Nun brauchen Sie wiederum eine Karte des Landes, um den ungefähren Aufenthaltsort ausfindig zu machen. Im Anschluss daran ermitteln Sie noch die Stadt und nun können Sie die Auslandsauskunft anrufen, um die Telefonnummer der Person zu erfragen.

Die Suche nach einem Vermissten gestaltet sich in der Regel noch schwieriger. Die Pendeldiagramme auf den Seiten 173 unten und 174 können Ihnen zumindest erste Anhaltspunkte geben, wo die Person ist beziehungsweise in welchem körperlichen Zustand sie sich befindet.

Wenn Sie durch das Pendeldiagramm zum Beispiel erfahren haben, dass die vermisste Person unter Gedächtnisstörungen leidet, können Sie erste Schritte einleiten, um der Person zu helfen (zum Beispiel eine Suchmeldung über das Radio schicken, die Polizei benachrichtigen usw.). Anschließend können Sie sich mithilfe von gezielten Fragen an den Pendel einen Überblick verschaffen, in welchem Gebiet (welchem Ort, welcher Region) sich der Vermisste aufhält. Dann besorgen Sie sich eine Karte dieser Region und ermitteln den Aufenthaltsort mithilfe der Schnittpunkte der Pendelbewegungen.

Nun können Sie sich zu dem Ort begeben, den Ihnen der Pendel als Aufenthaltsort genannt hat. Sind Sie angekommen, nehmen Sie den Pendel in die Hand und fragen, in welcher Richtung Sie den Vermissten finden. In die Pendelrichtung gehen Sie dann, bis Ihnen der Pendel eine andere Richtung anzeigt. Verfällt er in kreisende Bewegungen, müssten Sie den Vermissten gefunden haben.

Tiere suchen

Tiere sind oft schwerer aufzufinden als Menschen, da sie sich noch schneller bewegen. In diesem Fall bietet es sich an, der Spur des jeweiligen Tieres über einer Karte zu folgen. Fragen Sie den Pendel, in welche Richtung das Tier gelaufen ist. Der Pendel wird nun über der Karte ausschlagen und Sie können die Richtung mit dem Bleistift markieren. „Gehen" Sie mit dem Pendel dabei so über die Karte, als würden Sie die Region „vor Ort" absuchen. Verfällt der Pendel in eine Richtungsänderung, zeichnen Sie auch diese in die Karte ein und verfolgen Sie den Pendel weiter. Beginnt der Pendel kreisförmige Bewegungen zu vollziehen, haben Sie das Tier gefunden.

Lecks in Wasserrohren suchen

Mithilfe des Pendels kann man auch Lecks in Wasserrohren oder anderen Rohrsystemen ausfindig machen, wenn man sich intensiv auf diese Aufgabe konzentriert. In diesem Fall benötigen Sie eine Karte des Leitungssystems. Halten Sie den Pendel über die Karte und fragen Sie ihn, wo sich das Leck in der Leitung befindet. Sie können das Leck nun entweder durch die Schnittpunkte der Pendelbewegungen, die vom unteren und vom seitlichen Kartenrand ausgehen, ermitteln oder Sie

verfolgen die „Spur" des Lecks, indem Sie den Pendel über der Karte wandern lassen und seine Richtungsänderungen verfolgen. Dort, wo er zu kreisen beginnt, wird sich das Leck befinden. Nun müssen Sie natürlich noch fragen, wie tief die Rohrleitung unter der Erde liegt oder wie tief Sie die Wand aufstemmen müssen, um das Leck zu finden. Dazu können Sie das Pendeldiagramm von Seite 175 oben verwenden, das sowohl Entfernungsangaben als auch Zahlen enthält, sodass Sie die Tiefe in Zentimetern oder Metern exakt ermitteln können.

Metalle suchen

Metallgegenstände lassen sich mithilfe des Pendels hervorragend ermitteln – auch wenn Sie sich tief im Boden befinden. So können Sie zum Beispiel nach einem verlorenen Metallgegenstand mit dem Pendel auch dann suchen, wenn Sie ihn am Strand verloren haben und der Sand schon darüber geweht ist. Suchen Sie den Strand ab, indem Sie den Pendel immer wieder fragen, wo sich ein Gegenstand aus dem Material befindet, aus dem auch der verlorene Gegenstand besteht. Hat der Pendel einen Gegenstand aus diesem Metall aufgespürt, wird er eine spezielle Pendelbewegung vollziehen, die Ihnen die Abbildung auf Seite 175 unten im Anhang zeigt.

Wasser suchen

Ein erfahrener Pendelpraktiker kann selbstverständlich auch unterirdische Wasserläufe erpendeln. Das ist immer dann nützlich, wenn man Wasser z. B. für einen Brunnen sucht. Im Normalfall geht der Pendelpraktiker mit seinem Pendel ein bestimmtes Gebiet ab und fragt, ob dort Wasser vorhanden ist. In Westeuropa, wo fast überall Grundwasser vorhanden ist, sucht er jedoch meistens nach fließendem Wasser oder Mineralwasser. Dementsprechend muss man bei seiner Wassersuche natürlich auch die Frage formulieren. Schlägt der Pendel über einer bestimmten Stelle über dem Erdboden heftig aus, können Sie (wenn Sie Erfahrungen mit der Wassersuche haben) davon ausgehen, dass Sie gefunden haben, was Sie suchen. Jetzt müssen Sie noch ermitteln, in welcher Tiefe Sie nach dem Wasser suchen sollen. Dazu verwenden Sie das Pendeldiagramm auf Seite 175, das Sie bei dem Abschnitt über die Suche nach Lecks in Rohrleitungen finden. Außerdem können Sie den Pendel fragen, ob es sich um mineralstoffhaltiges, hochwertiges Wasser handelt, bevor Sie mit den Bohrungen beginnen.

Der richtige Zeitpunkt

Der Pendel hilft Ihnen auch bei der Entscheidungsfindung. So können Sie den Pendel beispielsweise fragen, wann es am sinnvollsten ist, um eine Gehaltserhöhung zu bitten, ob jetzt der richtige Zeitpunkt gekommen ist, zu heiraten oder wann der beste Termin für die Zeugung eines Kindes ist. Sie können mithilfe des Pendels herausbekommen, wann Sie sich einer notwendigen Operation unterziehen sollten. Zudem kann Ihnen der Pendel mitteilen, ob nun der richtige Zeitpunkt für eine größere Anschaffung gekommen ist oder ob Sie damit lieber noch etwas warten sollten. Auch nach der günstigsten Zeit für Ihren Urlaub können Sie den Pendel befragen sowie nach dem Termin, zu dem Sie am besten mit einer Diät beginnen sollten, die Sie dann auch durchhalten. Es werden Ihnen sicher noch eine Reihe weiterer Möglichkeiten einfallen, zu denen Sie den Pendel befragen können (siehe auch Seite 131, Entscheidungen treffen).

ABSCHLIESSENDES ZUM UMGANG MIT DEM PENDEL

Nachdem Sie nun die verschiedenen Einsatzgebiete des Pendels kennen gelernt und ein wenig Übung im Umgang mit dem Pendel erlangt haben, werden Sie dem Pendeln sicher nicht mehr so skeptisch gegenüberstehen, wie das vielleicht noch vor der Lektüre dieses Buches der Fall war. Sie wissen nun, dass der Pendel ein Werkzeug ist, das man für die unterschiedlichsten Zwecke nutzen kann.

Allerdings dürfen Sie nun nicht erwarten, dass Sie es bereits nach kurzer Zeit zur „Meisterschaft" im Umgang mit dem Pendel bringen werden. Schließlich dauert es einige Zeit, bis man seine eigenen Kräfte vernünftig einschätzen und den Pendel sinnvoll nutzen kann. Es gibt sicher Anwendungsbereiche, in denen Sie größere „Pendelerfolge" erzielen werden, und andere, zu denen Sie nicht so ohne weiteres Zugang finden. Versuchen Sie nichts zu erzwingen! Nutzen Sie den Pendel zunächst Ihren eigenen Fähigkeiten und Möglichkeiten entsprechend – möglicherweise werden sich Ihnen die anderen Anwendungsbereiche nach einiger Zeit noch öffnen. Selbst erfahrene Pendelpraktiker können den Pendel nicht zu allen Zwecken gleich gut nutzen – manche erzielen hervorragende Erfolge beim medizinischen Pendeln, während es ihnen beispielsweise nicht gelingen will, mit dem Pendel verloren gegangene Gegenstände aufzuspüren.

Finden auch Sie Ihr Spezialgebiet! Das wird wahrscheinlich der Bereich sein, der Sie am meisten interessiert und zu dem Sie den größten persönlichen Bezug haben. Doch auch auf diesem Gebiet müssen Sie selbstverständlich „klein" anfangen. Wenden Sie sich zunächst einfachen Aufgaben zu und wenn Sie diese mehrfach erfolgreich gelöst haben, können Sie den Pendel auch für schwierigere Zwecke benutzen. Verlieren Sie dabei jedoch möglichst nie die Geduld.

Entscheidungen infrage stellen

Setzen Sie auch immer Ihren gesunden Menschenverstand ein, wenn Ihnen der Pendel eine Antwort gibt, die Ihnen merkwürdig vorkommt. Teilt der Pendel Ihnen beispielsweise mit, dass Sie sich nur noch von Schokolade ernähren sollen, sollten Sie skeptisch werden. Ein solches Resultat kann einfach nicht richtig sein. Genauso ist es auch, wenn der Pendel Ihnen den Rat gibt, einer Person nicht zu sehr zu vertrauen. Sie können nun zwar im Umgang mit diesem Menschen etwas vorsichtiger sein, doch sollten Sie sich vor allem darauf verlassen, was Ihr Gefühl Ihnen über diesen Menschen sagt. Ganz wichtig ist, dass Sie sich nicht zu abhängig von Ihrem Pendel machen. Wenn Sie den Pendel zu allen Entscheidungen des täglichen Lebens befragen wollten, kämen Sie aus dem Pendeln nicht mehr heraus. So sollten Sie die Entscheidung, was für ein Buch Sie lesen oder welche Nahrungsmittel Sie einkaufen, schon noch selbst treffen und nicht dem Pendel überlassen. Bei wichtigen Entscheidungen sieht es genauso aus. Sie können zwar den Pendel um Rat fragen, welcher Beruf Ihren Fähigkeiten am besten entspricht, doch welchen Beruf Sie letztlich ergreifen, sollten Sie nach reiflicher Überlegung selbst entscheiden. Auch bei Entscheidungen im zwischenmenschlichen Bereich kann Ihnen der Pendel zwar wertvolle Hinweise geben – als allgemeingültig sollten Sie seine Entscheidungen jedoch nicht ansehen. Rät der Pendel Ihnen beispielsweise dazu, sich von Ihrem Partner zu trennen, sollten Sie ihm nicht uneingeschränkt glauben, sondern selbst noch einmal gründlich überlegen, ob dieser Rat wirklich sinnvoll ist. Handeln Sie gegen den Rat des Pendels und stellt sich hinterher heraus, dass Ihr Pendel

Recht hatte – auch gut. Dann sind Sie eben um eine Erfahrung reicher.

Teilt Ihnen der Pendel mit, dass Sie unter einer Erkrankung leiden, suchen Sie in jedem Fall den Arzt auf, um das Pendelergebnis überprüfen zu lassen. Kann der Arzt keine organische Erkrankung feststellen, ziehen Sie seine Diagnose nicht in Zweifel, denn möglicherweise hat Ihr Pendel Ihnen einfach die falsche Antwort gegeben, weil Sie beim Pendeln unkonzentriert waren, Sie eine unklare Frage gestellt haben oder weil andere Probleme aufgetreten sind.

Gibt Ihnen der Pendel allerdings Hinweise, welche homöopathischen Mittel, Bach-Blüten-Essenzen oder Aromen Sie unterstützend zur medizinischen Therapie einsetzen können, sollten Sie ruhig auf ihn hören. Damit können Sie nichts falsch machen. Selbst wenn eines dieser Mittel keine Wirkung zeigen sollte, hat das keine gefährlichen gesundheitlichen Folgen für Sie – der Nutzen dieser Heilverfahren kann jedoch enorm sein, wenn sich die Entscheidung Ihres Pendels bestätigt. Probieren Sie die verschiedenen alternativen Therapien einfach einmal aus – auch wenn Sie ihnen zunächst skeptisch gegenüberstehen. Die meisten Menschen machen nämlich gerade im Bereich der Naturheilverfahren die Erfahrung, dass ihnen die Mittel helfen, selbst wenn sie zunächst nicht daran glauben.

ANHANG

Auf den folgenden Seiten finden Sie Pendeldiagramme zu den einzelnen Unter-kapiteln des Kapitels „Praktische Anwendungsbeispiele für das Pendeln". Sie können sich diese Diagramme abkopieren oder direkt über dem Buch pendeln.

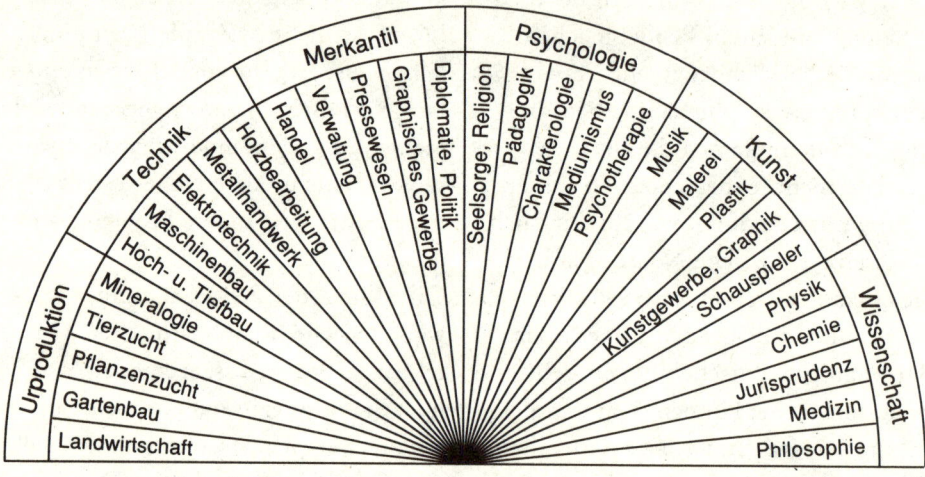

Pendeldiagramm zur Auswahl des geeignetsten Studienganges

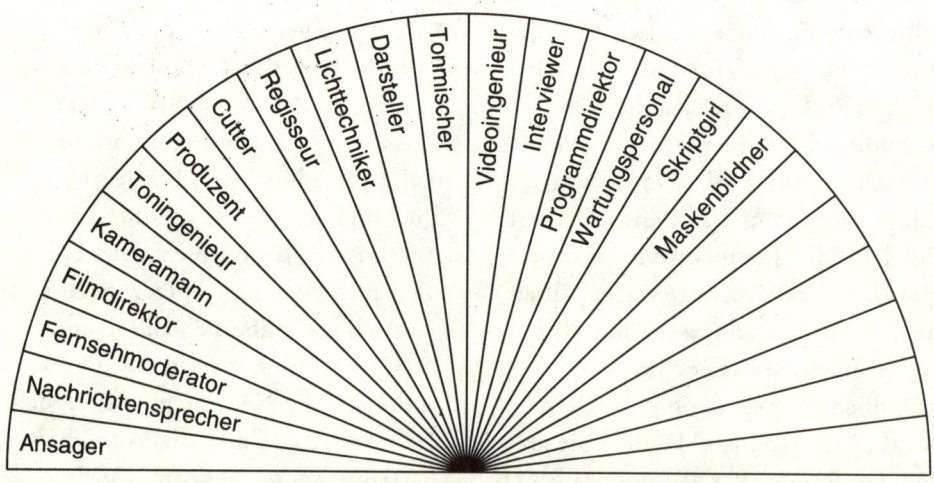

Berufe aus dem Bereich Funk und Fernsehen

Pendeldiagramme zur Auswahl
des geeignetsten Berufszieles

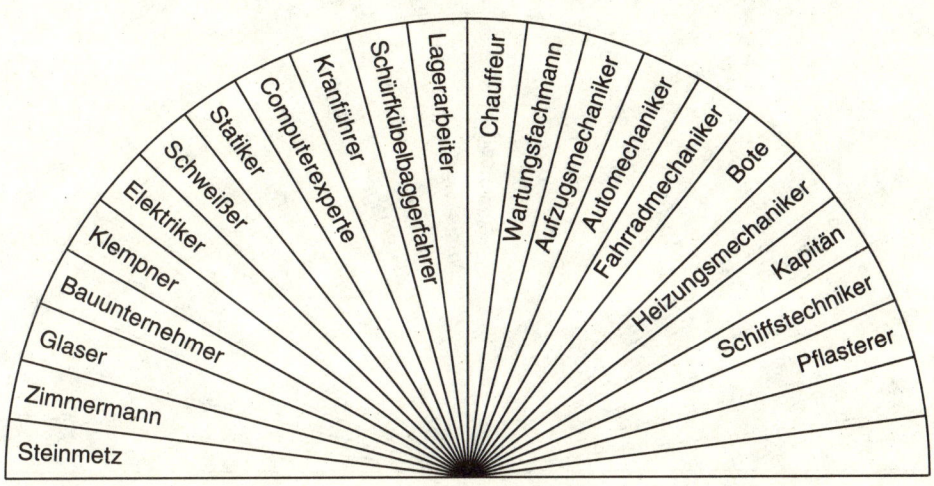

Handwerkliche Berufe

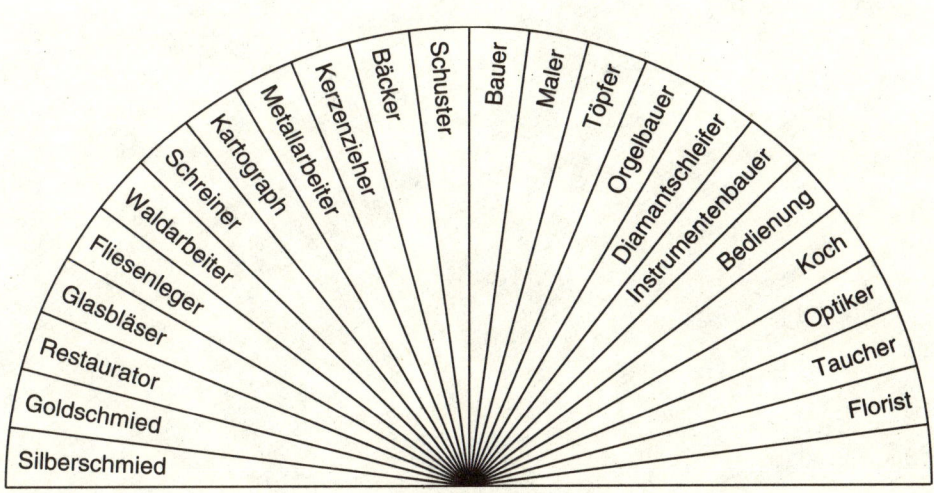

Handwerkliche Berufe

Pendeldiagramme zur Auswahl des geeignetsten Berufszieles

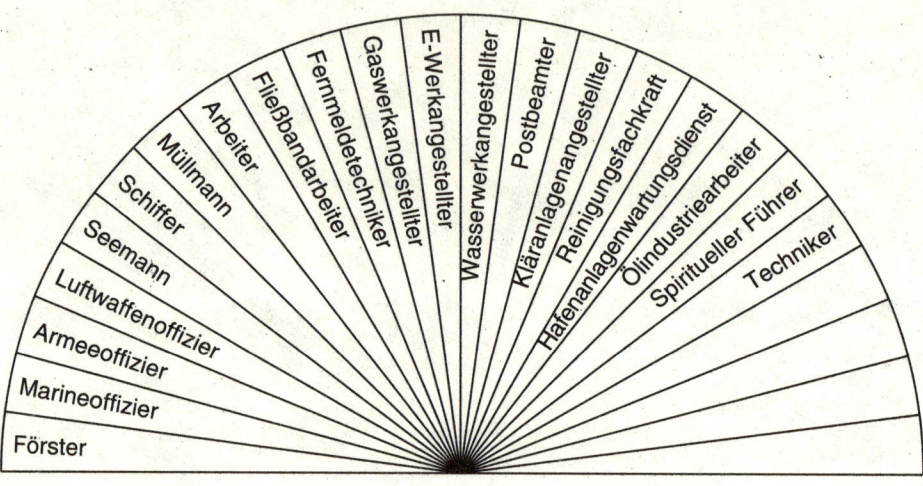

Berufe im Dienstleistungsbereich

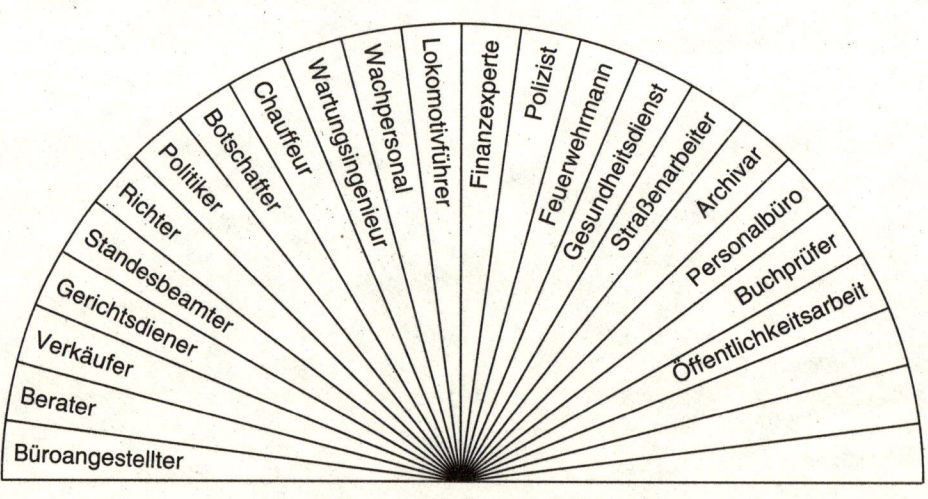

Berufe im Dienstleistungsbereich

Pendeldiagramme zur Auswahl
des geeignetsten Berufszieles

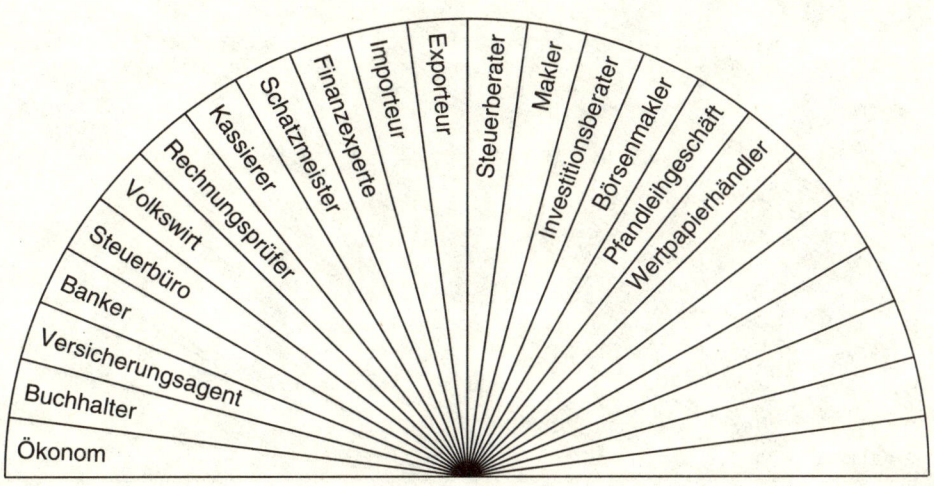

Berufe im Finanzbereich

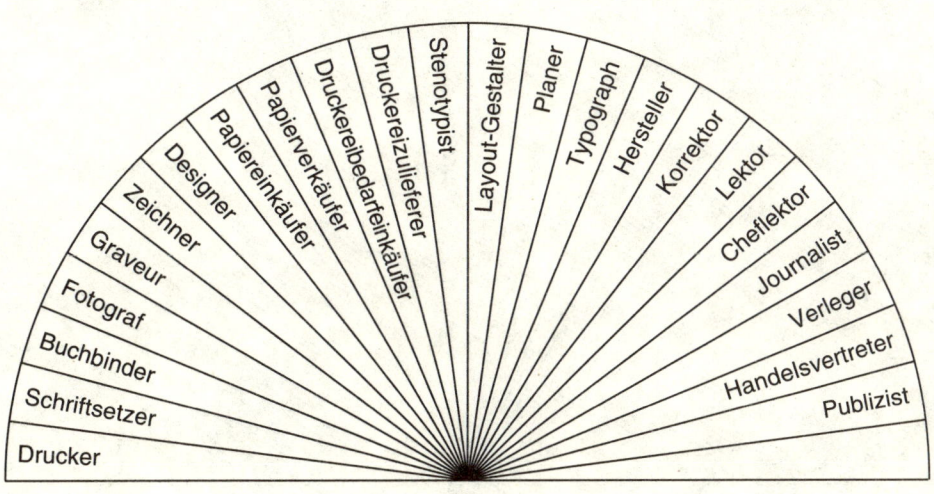

Berufe im Medienbereich

Pendeldiagramme zur Auswahl des geeignetsten Berufszieles

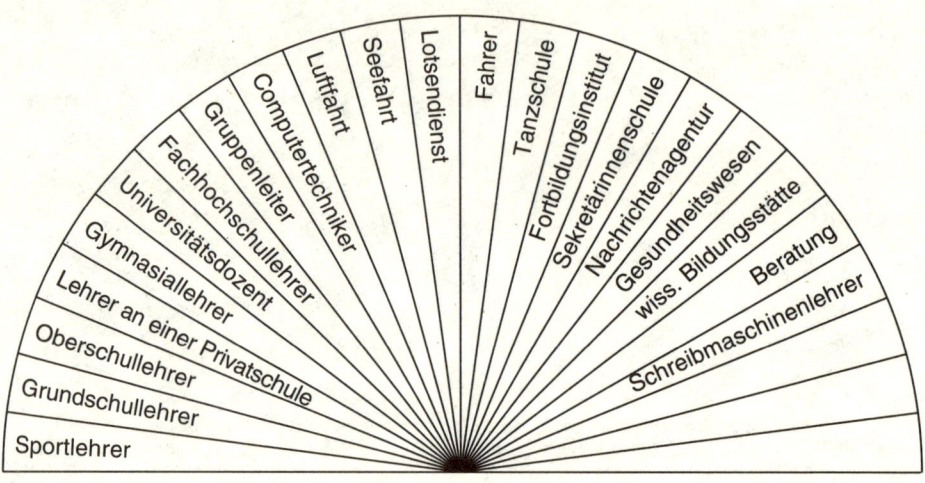

Berufe im Bereich Erziehung

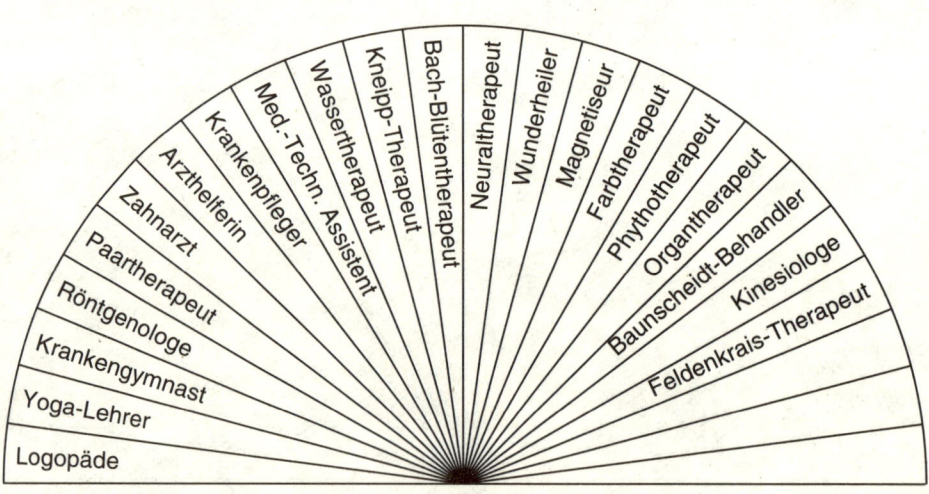

Berufe im Gesundheitsbereich

Pendeldiagramme zur Auswahl des geeignetsten Berufszieles

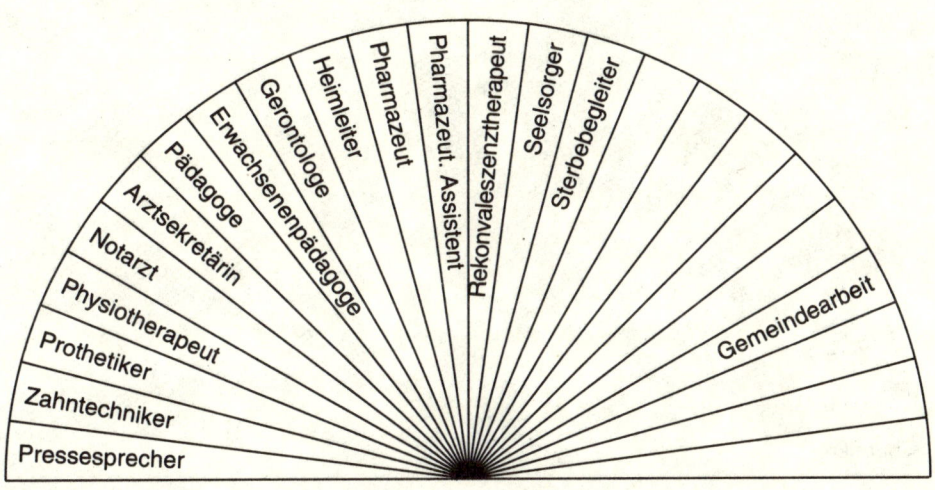

Berufe im Gesundheitsbereich

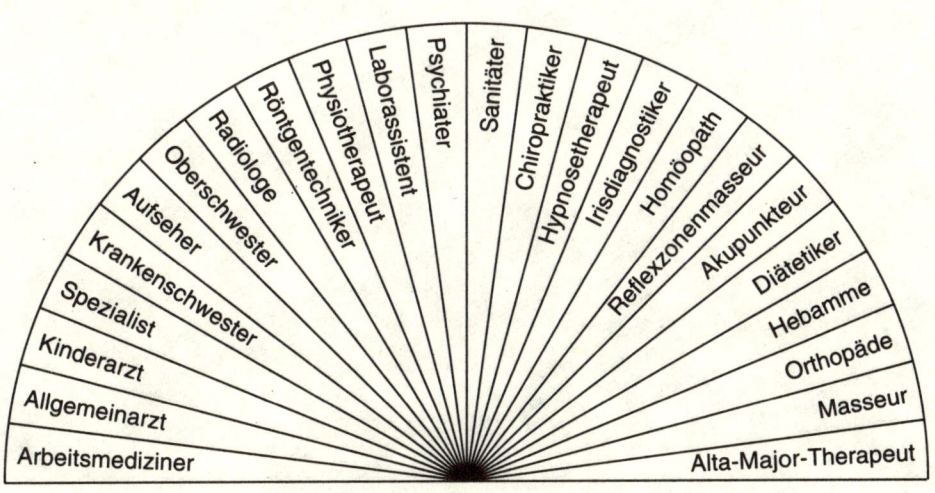

Medizinische Berufe

Pendeldiagramme zur Auswahl
des geeignetsten Berufszieles

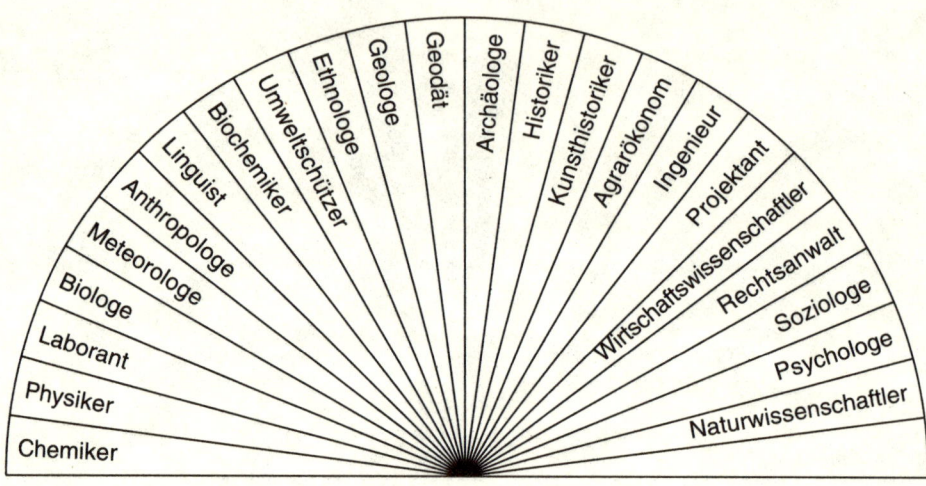

Wissenschaftliche Berufe

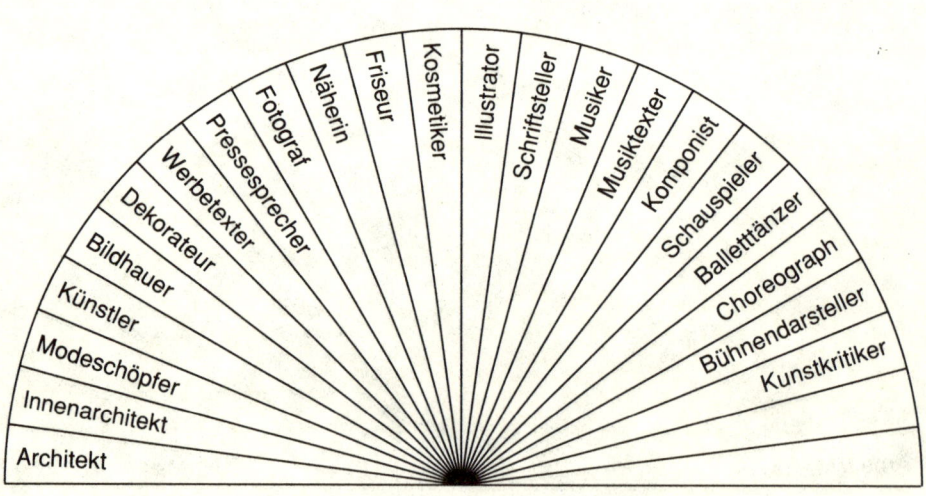

Kreative und künstlerische Berufe

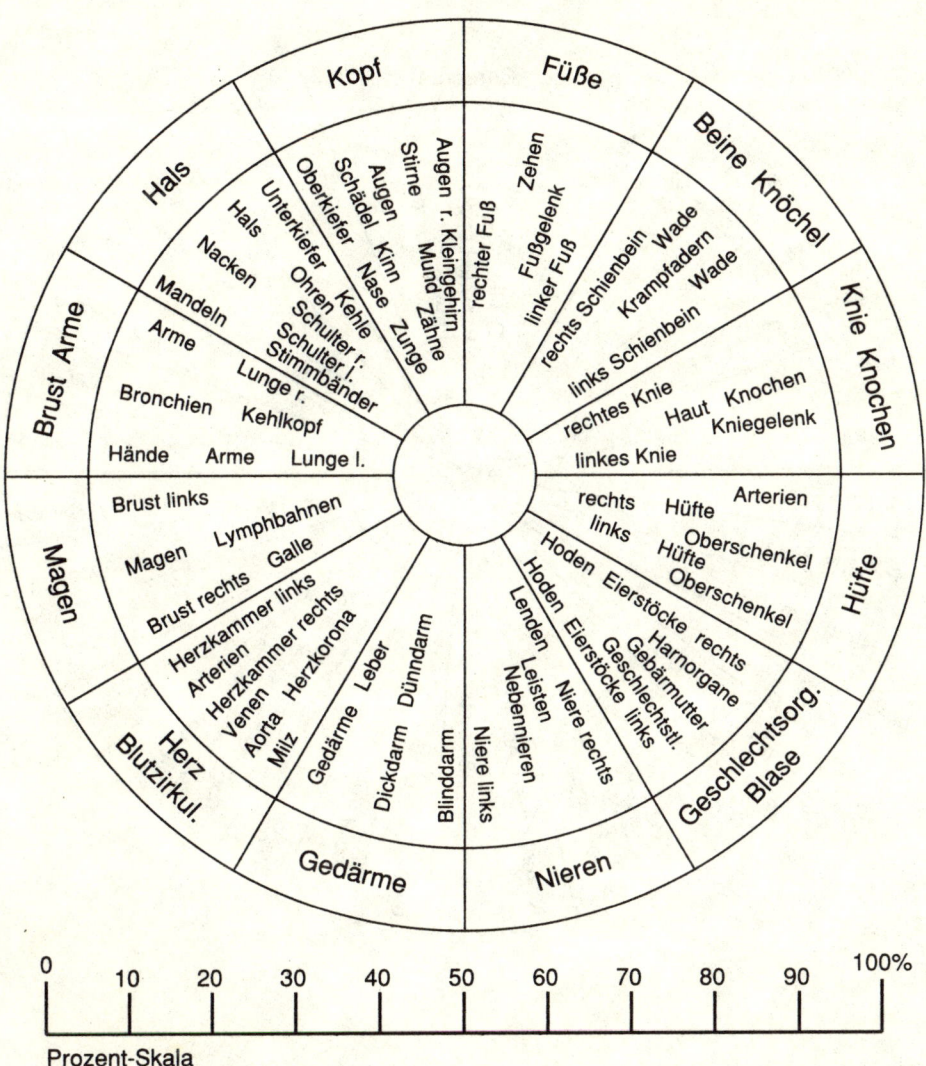

Pendeldiagramm zur Ermittlung
eines erkrankten Organs oder Körperteils

S. 74

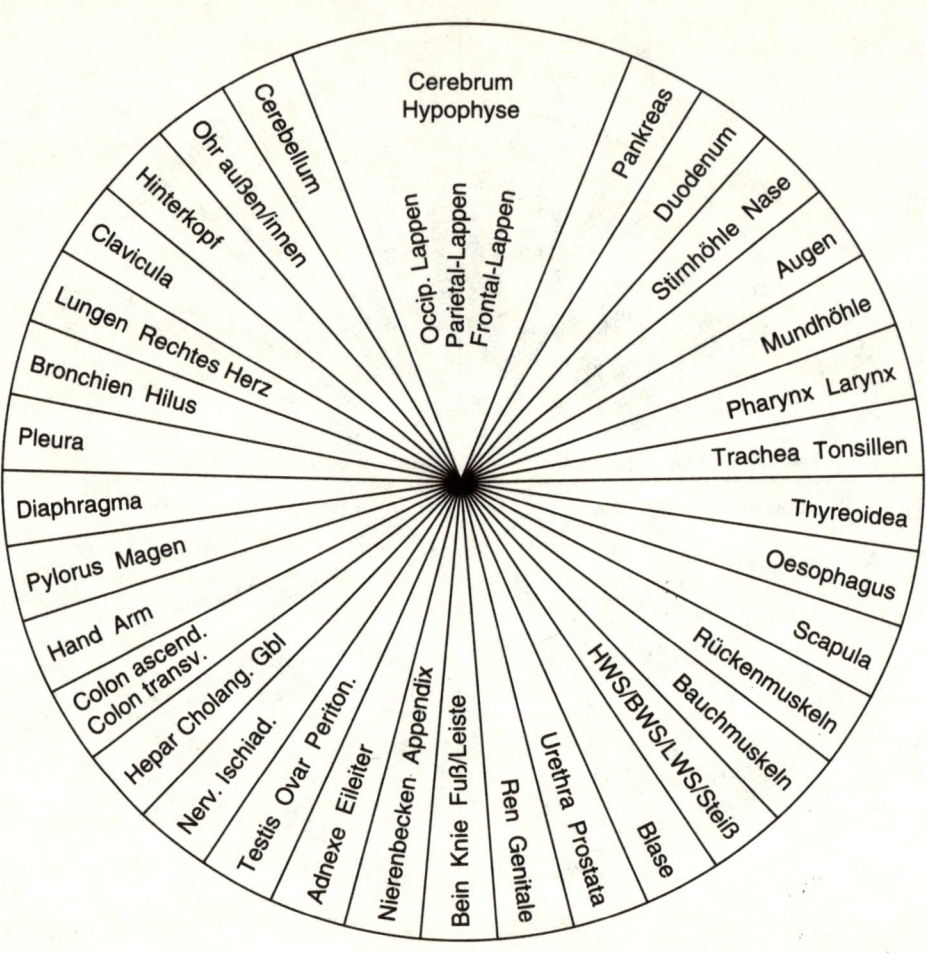

*Pendeldiagramm für „Anspruchsvolle" zur Ermittlung
eines erkrankten Organs oder Körperteils*

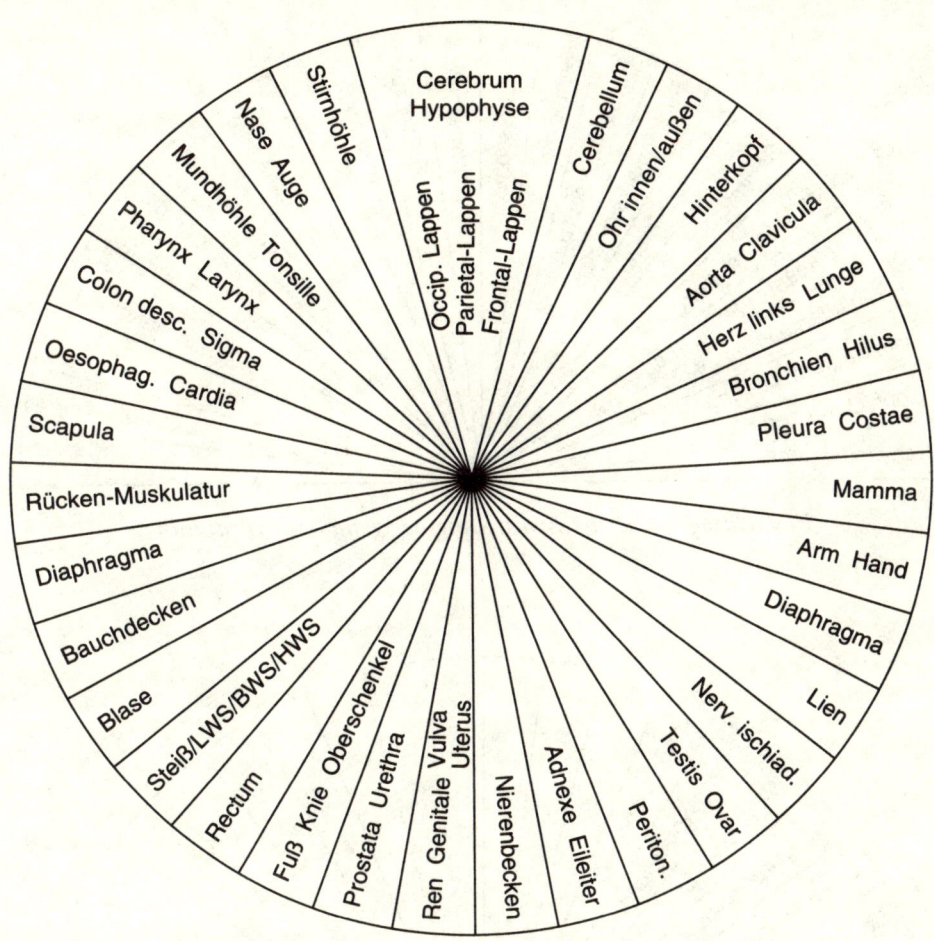

Pendeldiagramm für „Anspruchsvolle" zur Ermittlung eines erkrankten Organs oder Körperteils

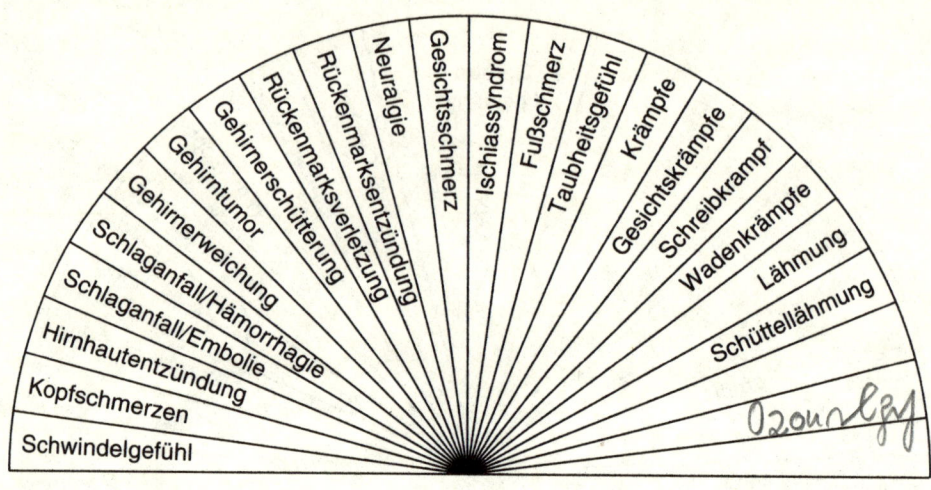

Pendeldiagramm zur Ermittlung der genauen Erkrankung

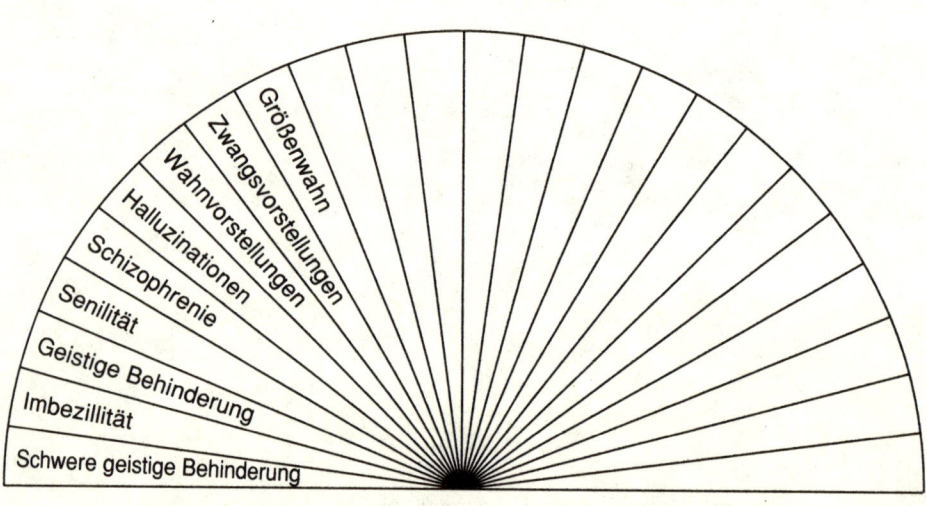

Pendeldiagramm zur Ermittlung der genauen Erkrankung

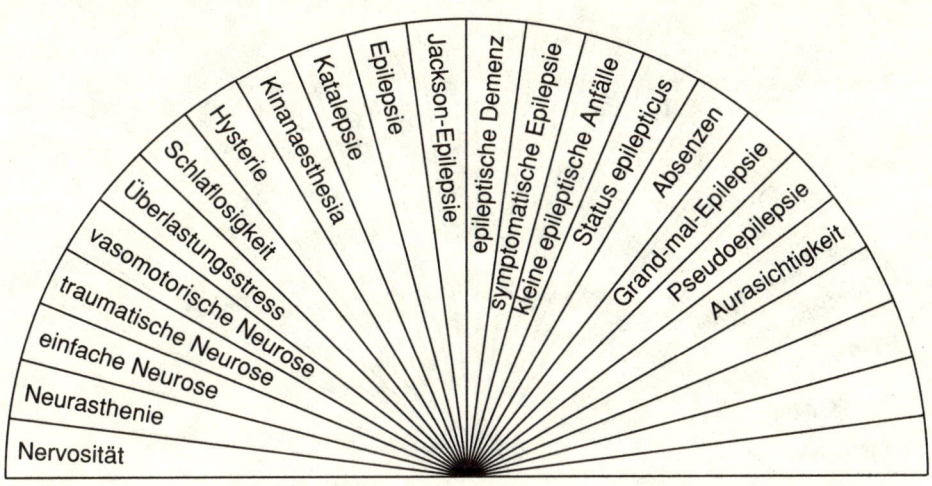

Pendeldiagramm zur Ermittlung der genauen Erkrankung

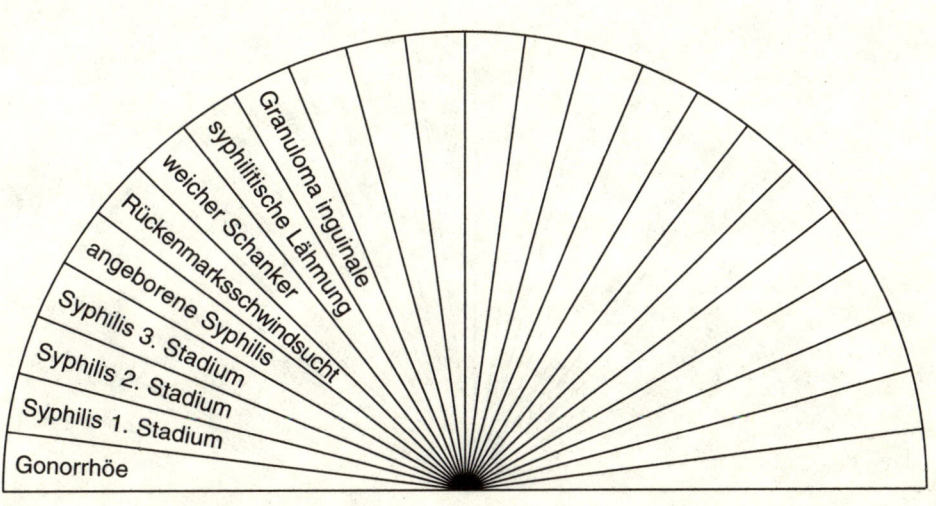

Pendeldiagramm zur Ermittlung der genauen Erkrankung

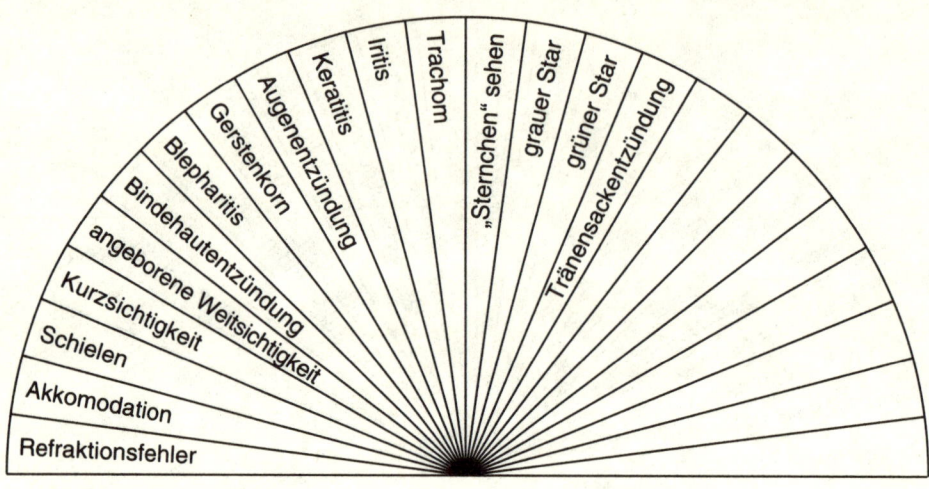

Pendeldiagramm zur Ermittlung der genauen Erkrankung

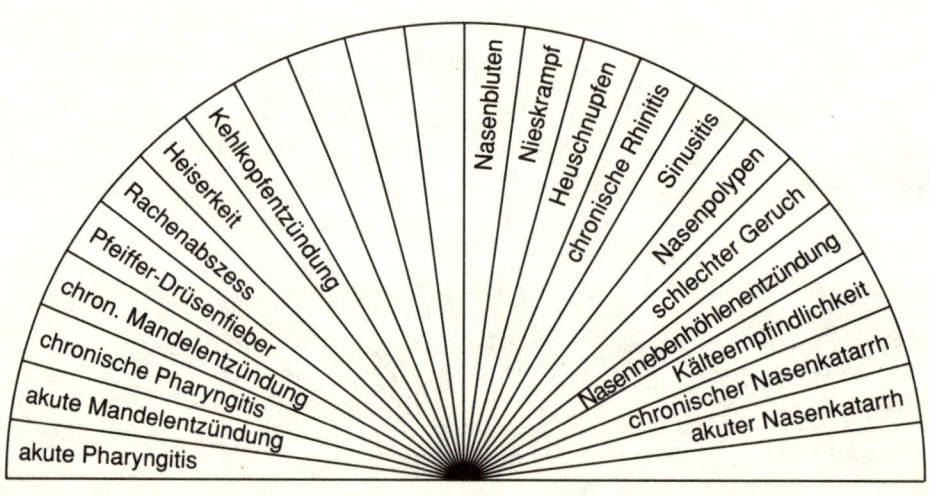

Pendeldiagramm zur Ermittlung der genauen Erkrankung

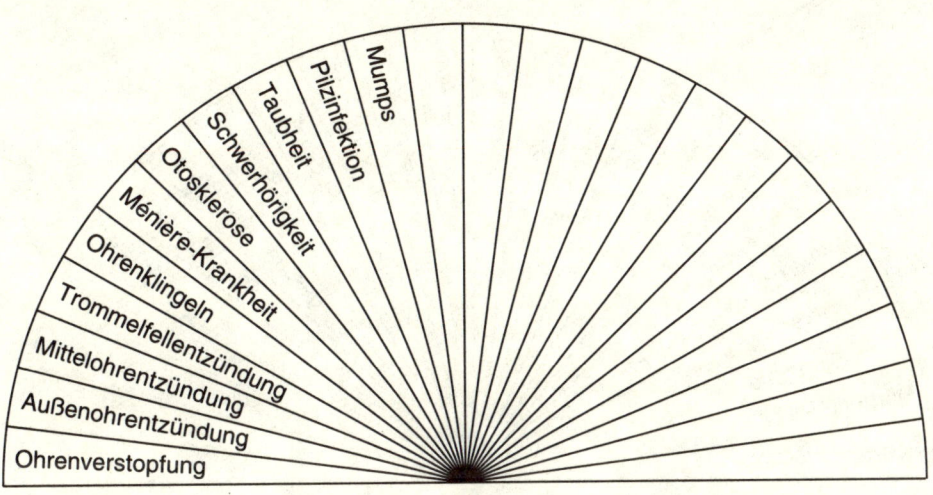

Pendeldiagramm zur Ermittlung der genauen Erkrankung

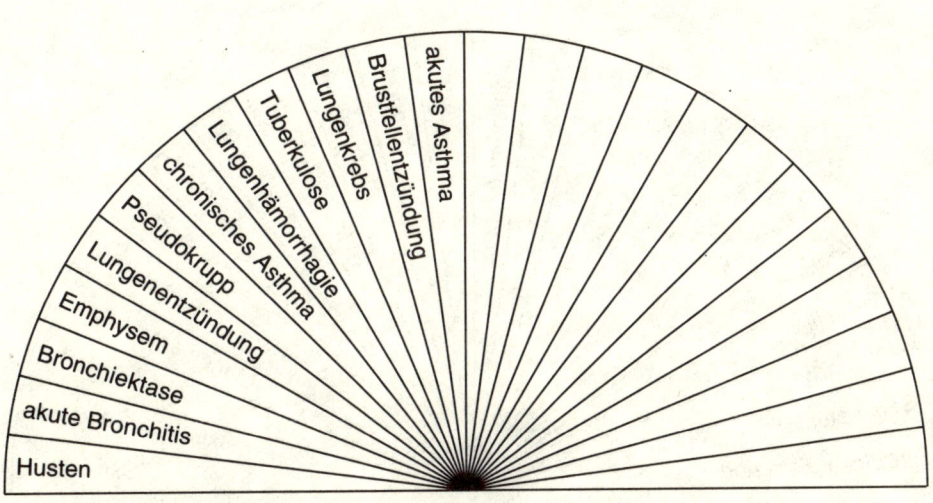

Pendeldiagramm zur Ermittlung der genauen Erkrankung

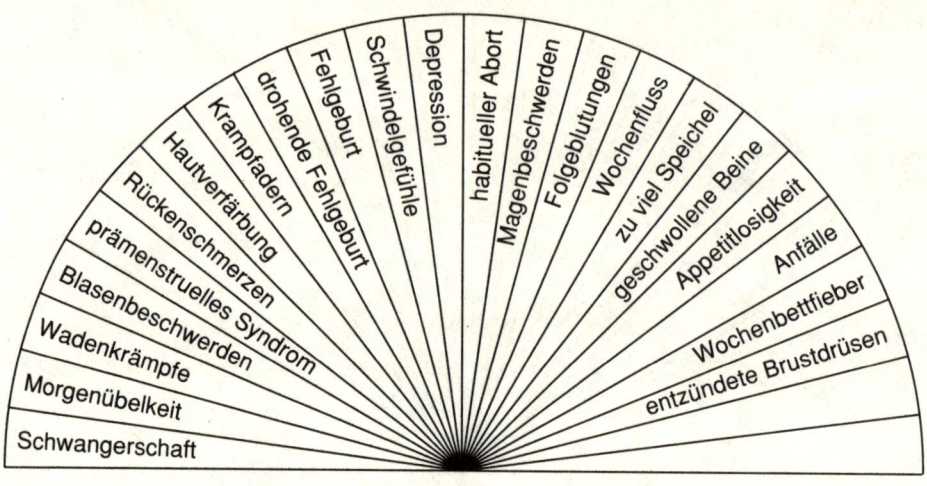

Pendeldiagramm zur Ermittlung der genauen Erkrankung

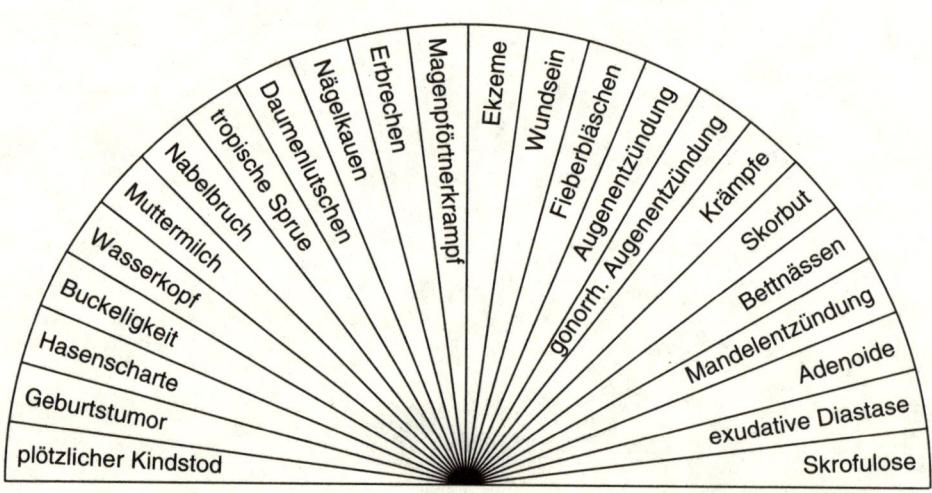

Pendeldiagramm zur Ermittlung der genauen Erkrankung

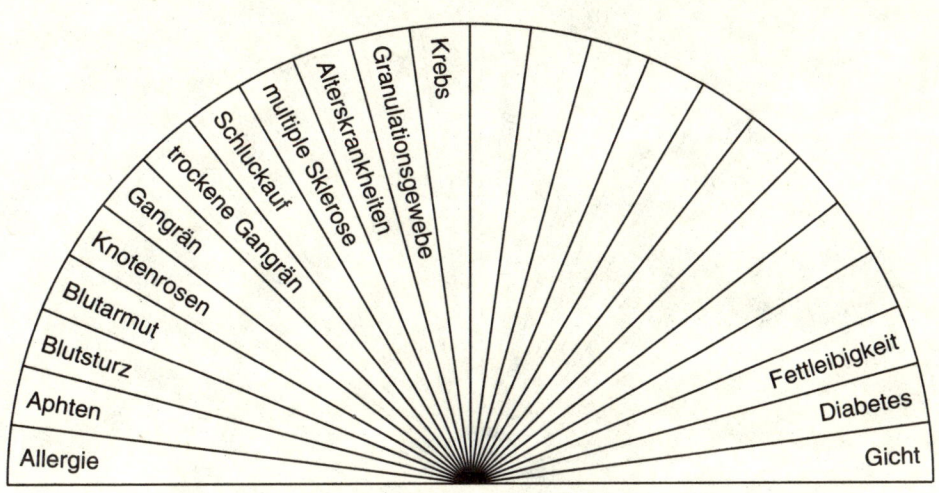

Pendeldiagramm zur Ermittlung der genauen Erkrankung

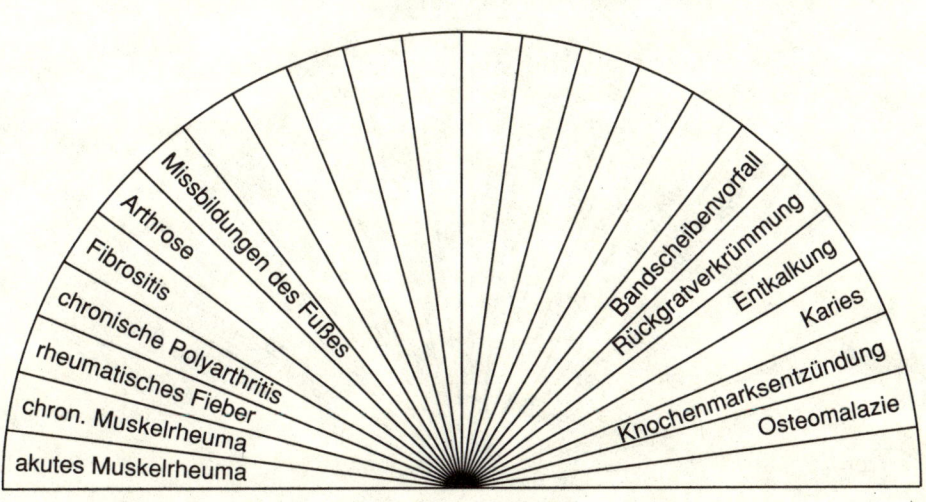

Pendeldiagramm zur Ermittlung der genauen Erkrankung

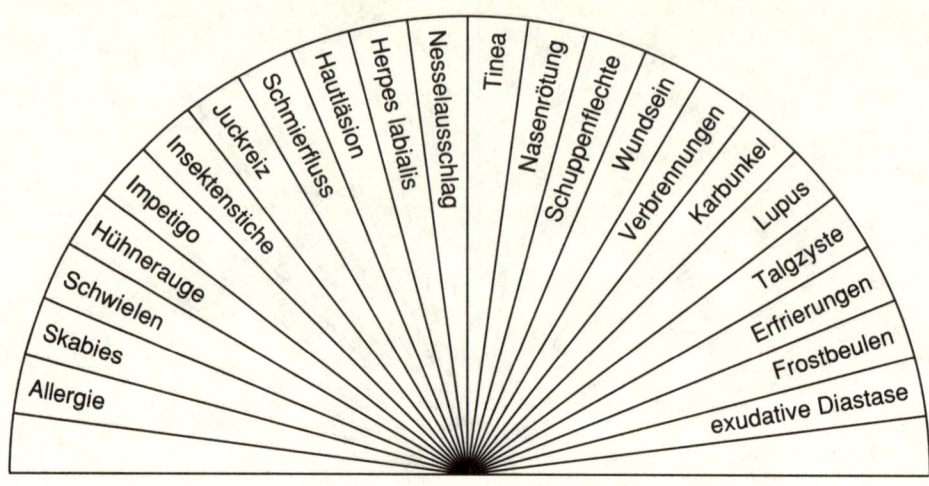

Pendeldiagramm zur Ermittlung der genauen Erkrankung

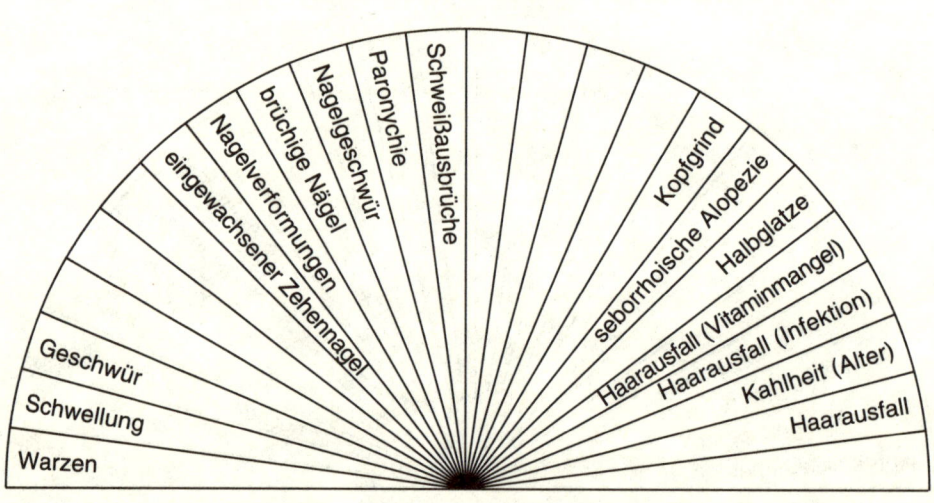

Pendeldiagramm zur Ermittlung der genauen Erkrankung

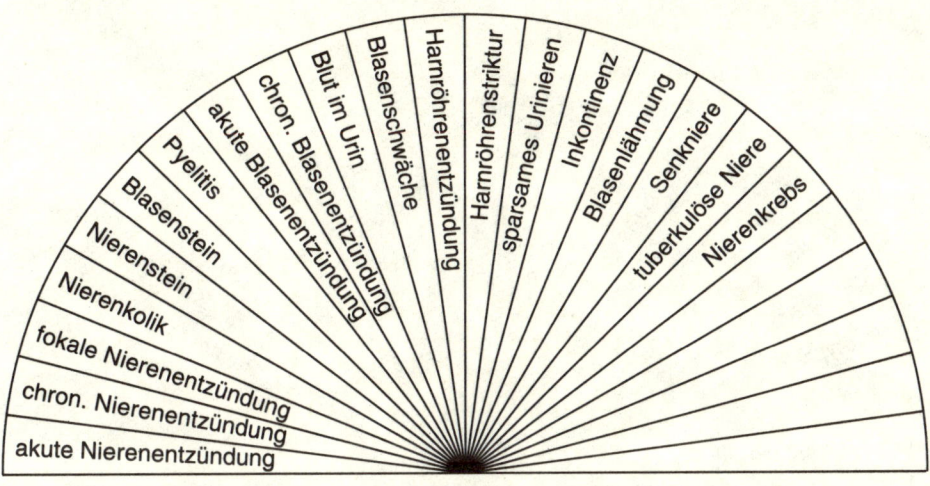

Pendeldiagramm zur Ermittlung der genauen Erkrankung

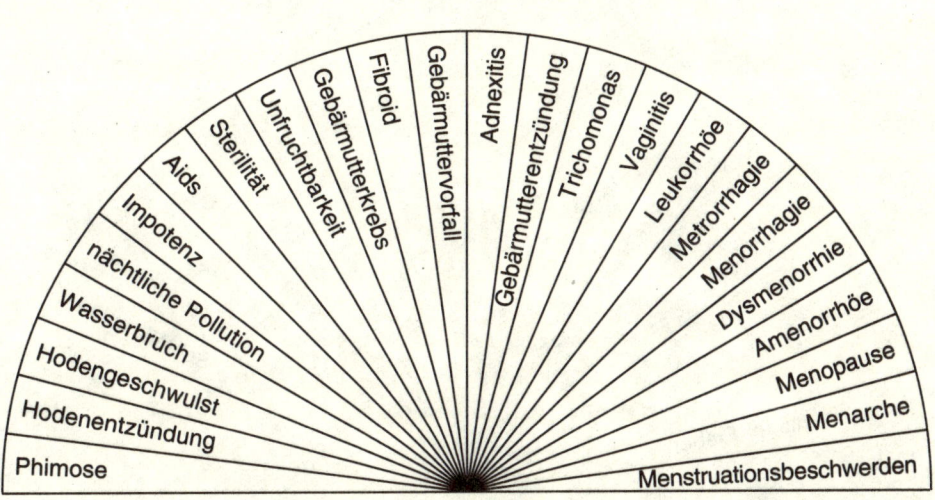

Pendeldiagramm zur Ermittlung der genauen Erkrankung

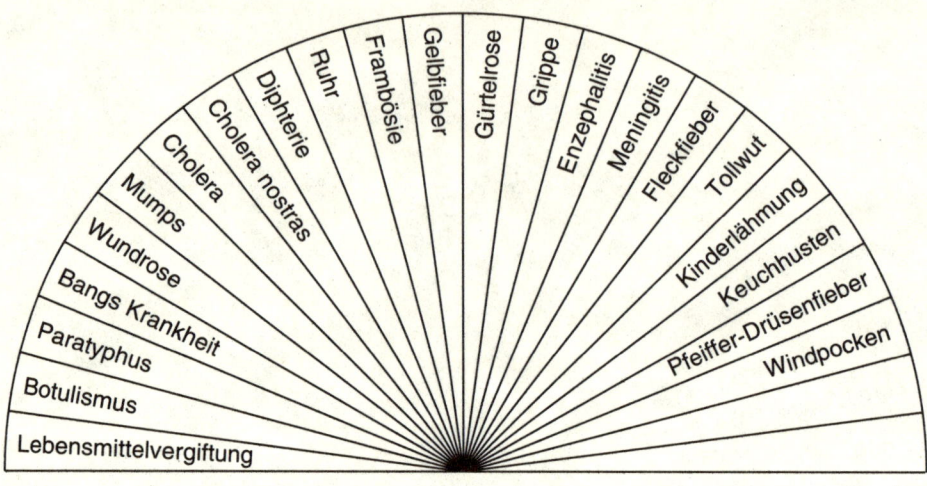

Pendeldiagramm zur Ermittlung der genauen Erkrankung

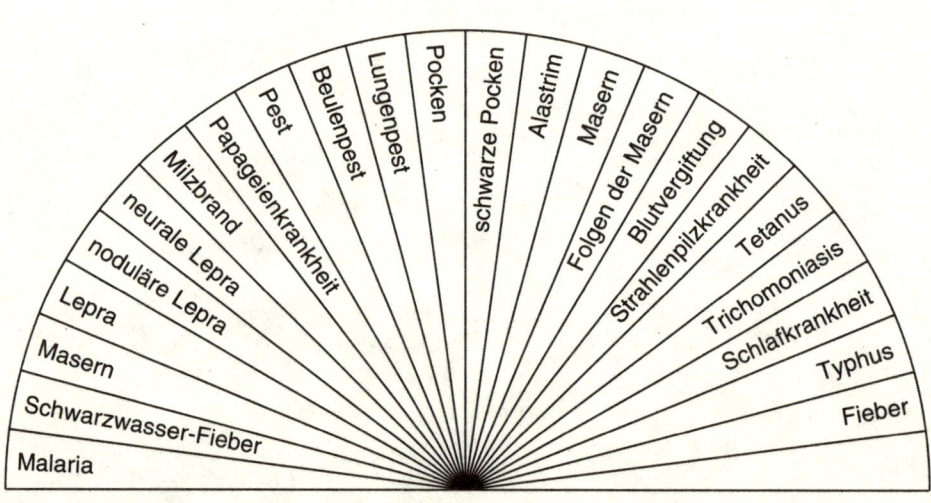

Pendeldiagramm zur Ermittlung der genauen Erkrankung

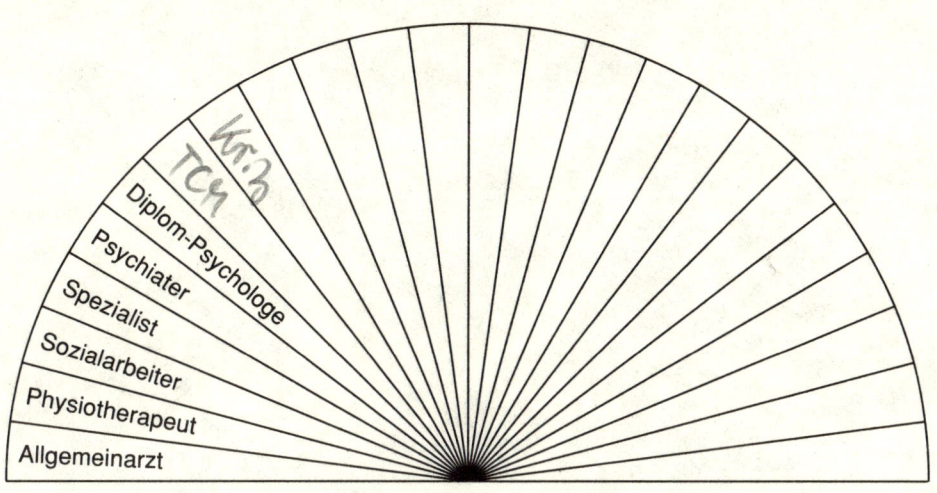

Wer sollte die Behandlung durchführen?

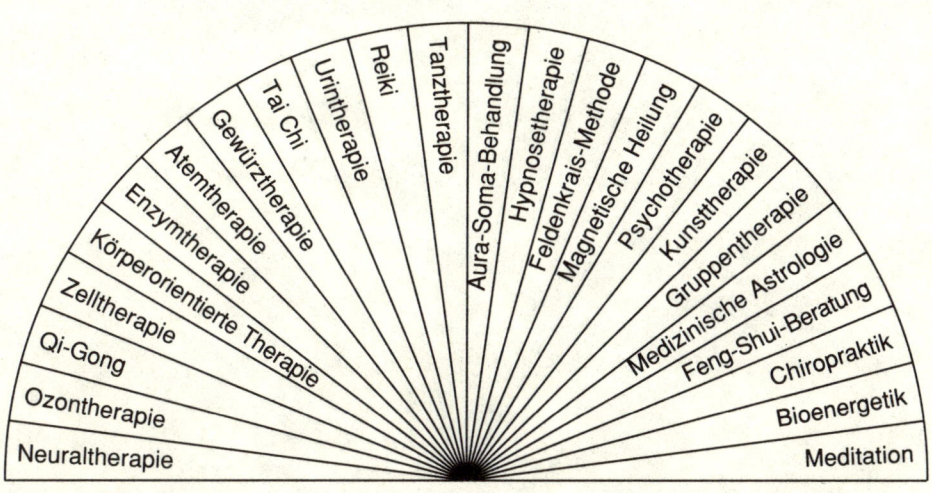

Welche alternative Therapie ist am besten zur Behandlung angezeigt?

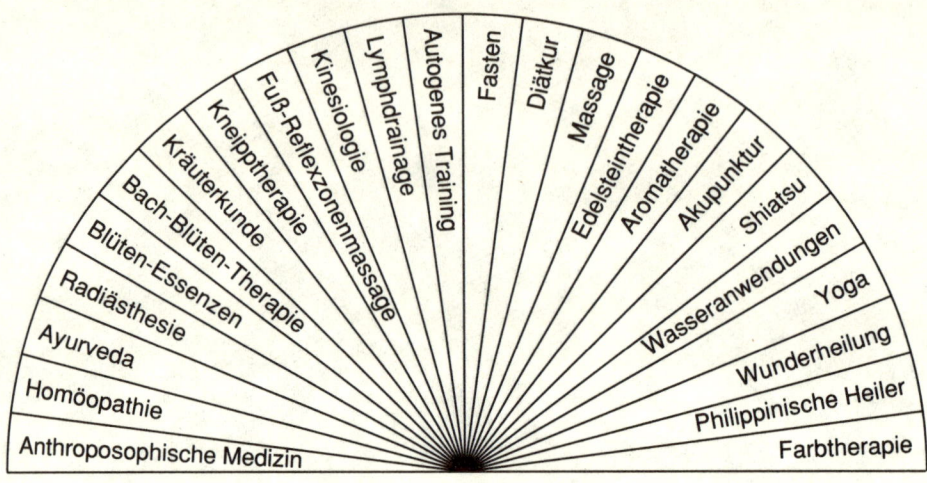

Welche alternative Therapie ist am besten zur Behandlung angezeigt?

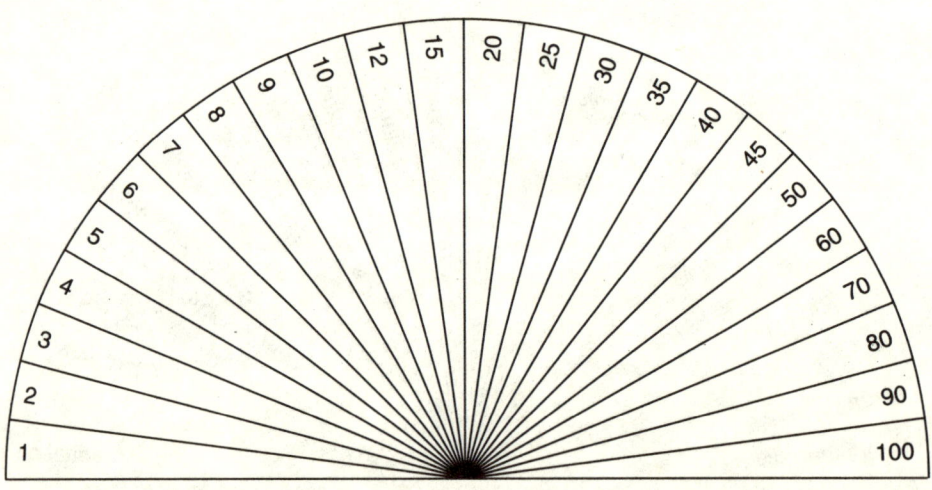

Wie lange sollte die Behandlung dauern (in Tagen)?

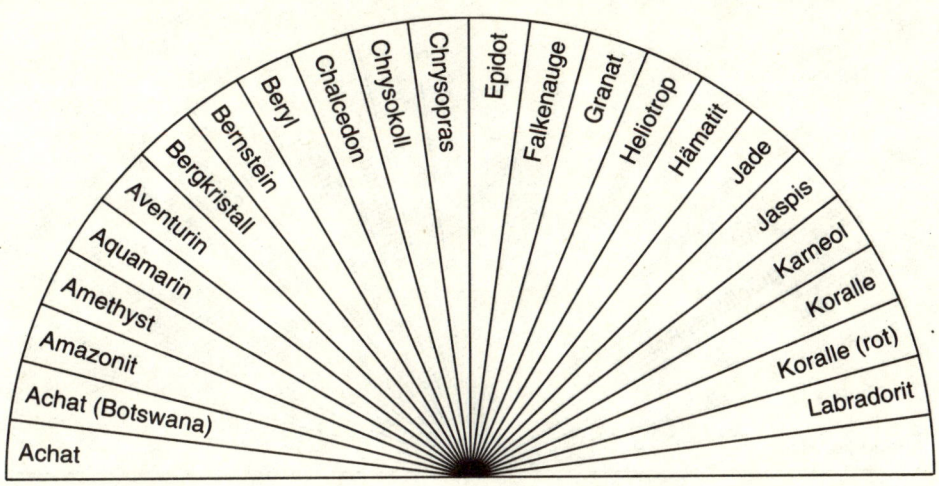

Welcher Edelstein ist für Ihre Zwecke am besten geeignet?

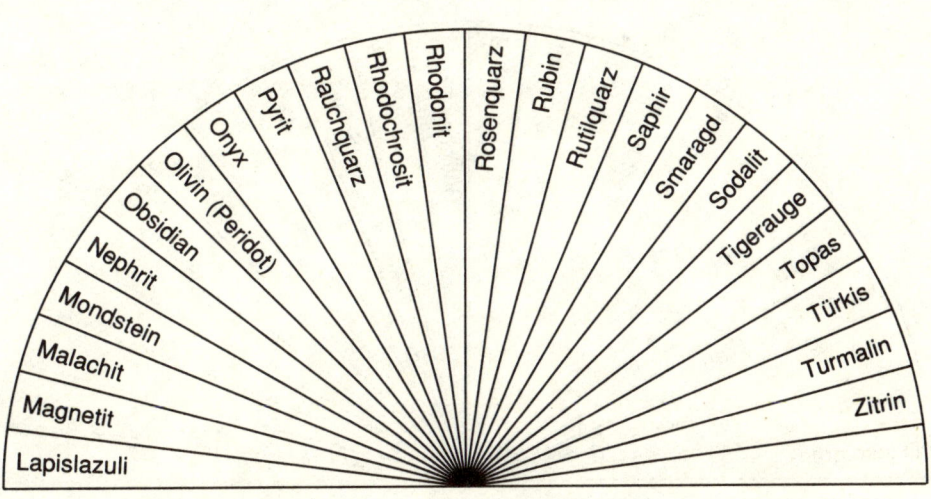

Welcher Edelstein ist für Ihre Zwecke am besten geeignet?

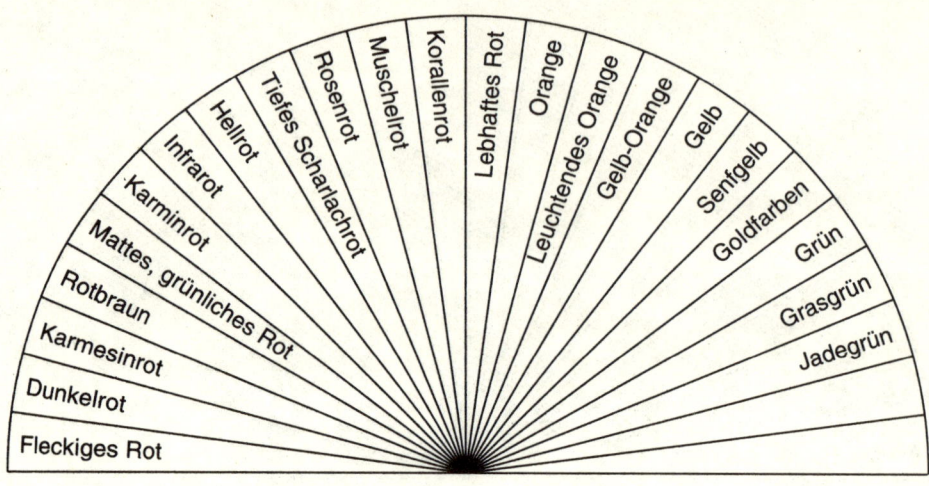

Welche Farbe ist für Sie geeignet?

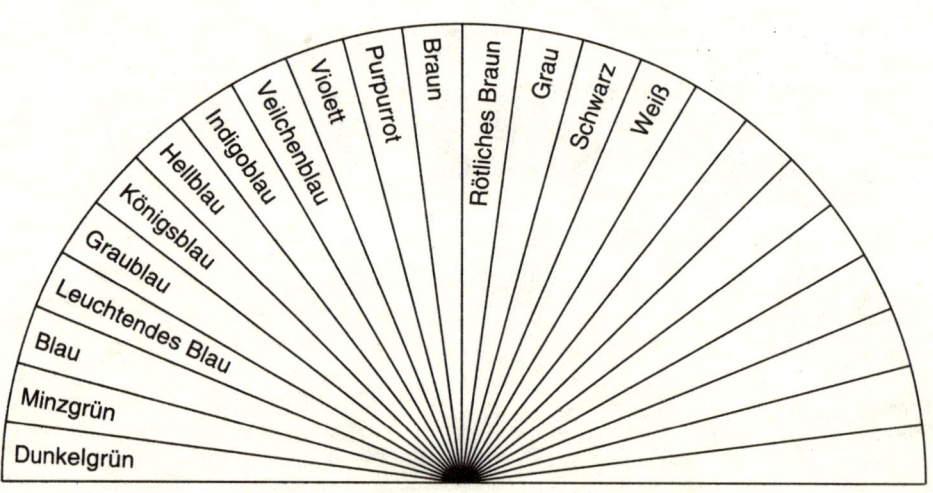

Welche Farbe ist für Sie geeignet?

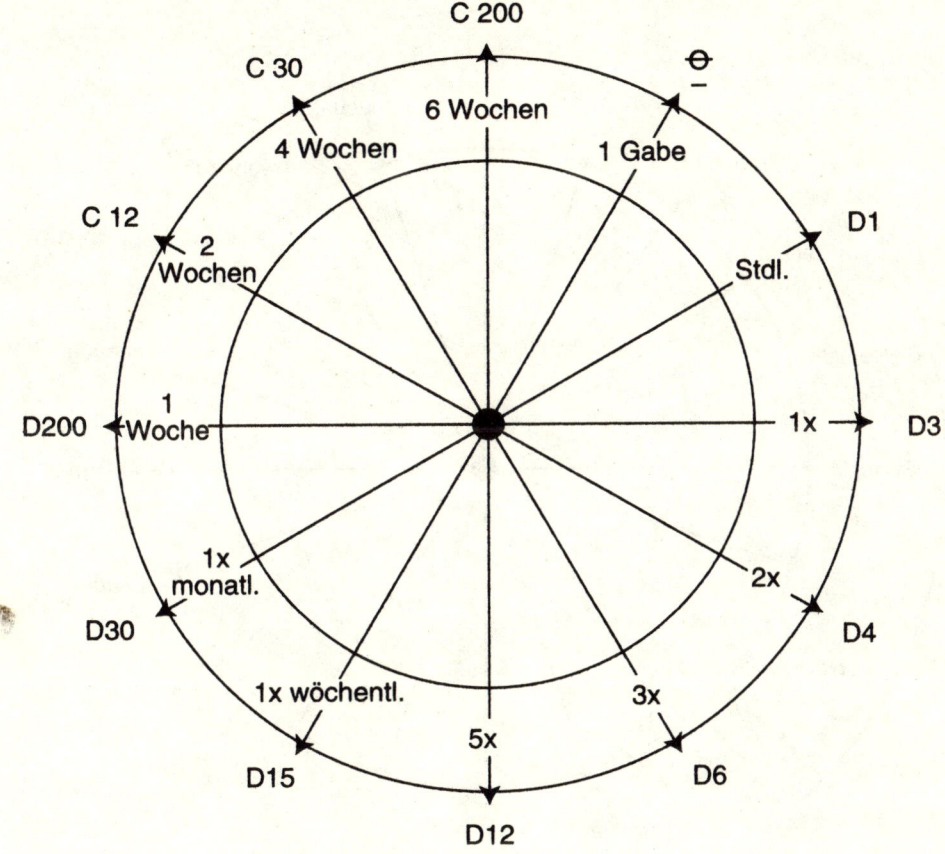

*Welche Potenz und Zeitspanne sind für die Einnahme
des homöopathischen Mittels angezeigt?*

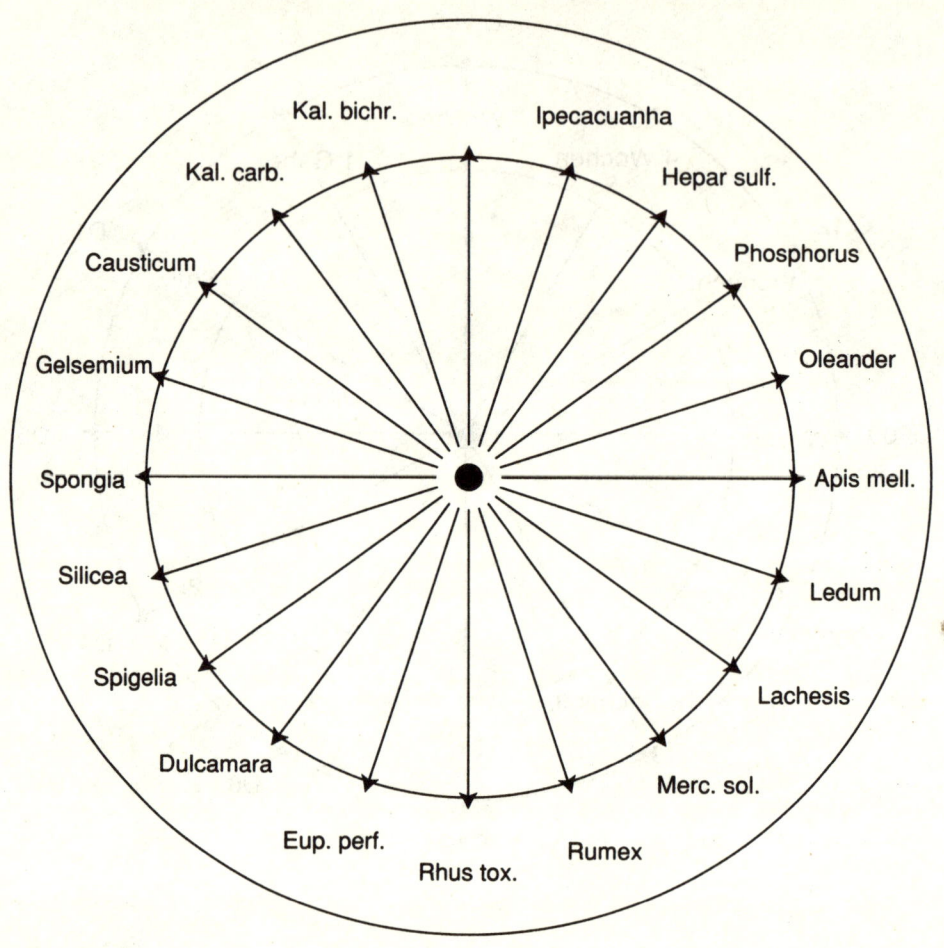

*Welches homöopathische Mittel passt am besten
zu Ihnen und Ihrem Beschwerdebild?*

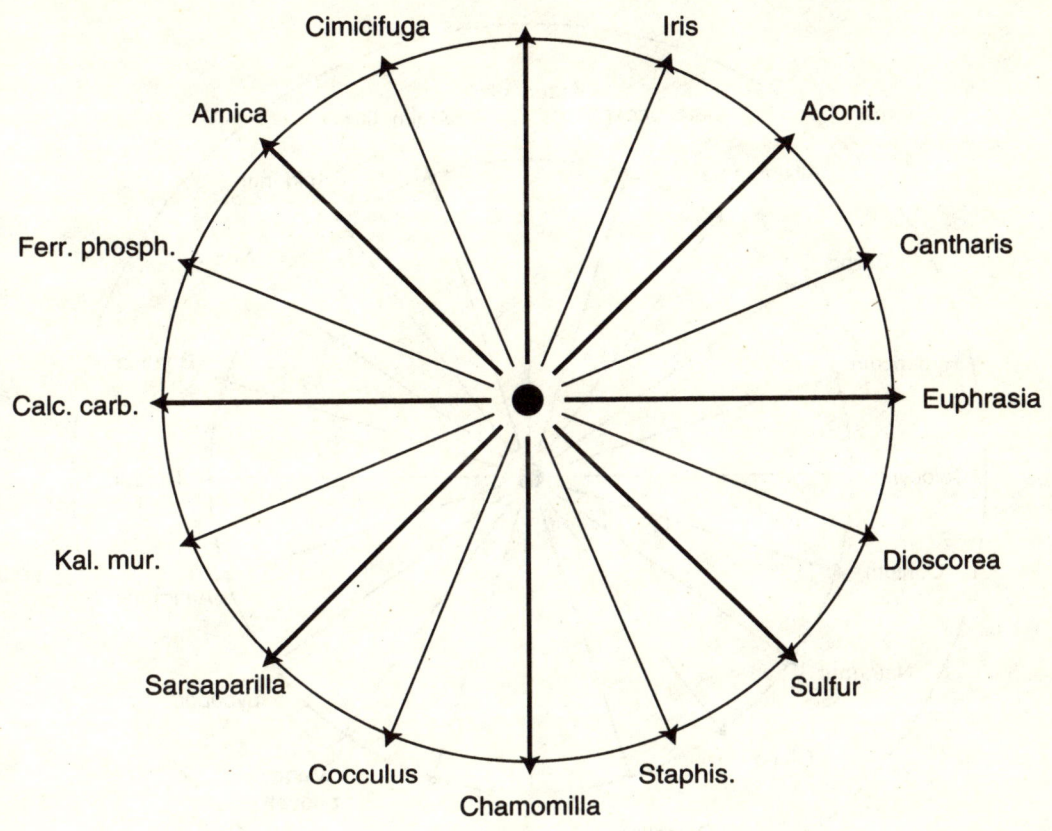

*Welches homöopathische Mittel passt am besten
zu Ihnen und Ihrem Beschwerdebild?*

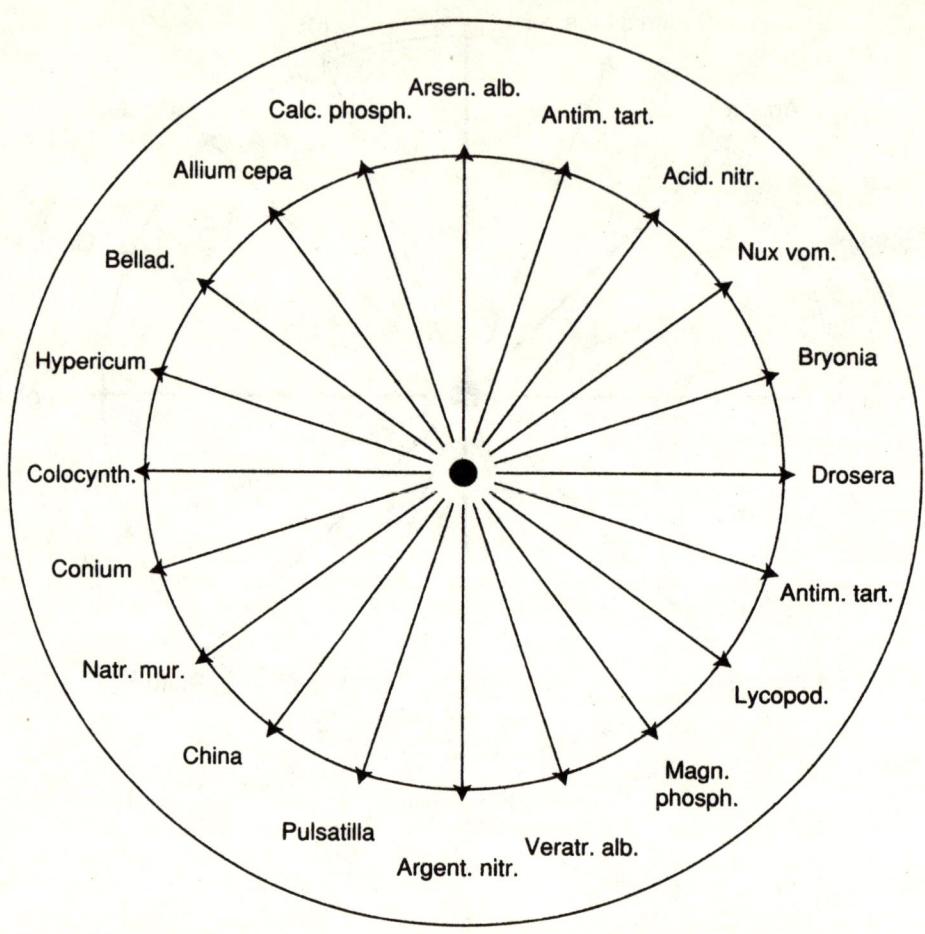

Welches homöopathische Mittel passt am besten
zu Ihnen und Ihrem Beschwerdebild?

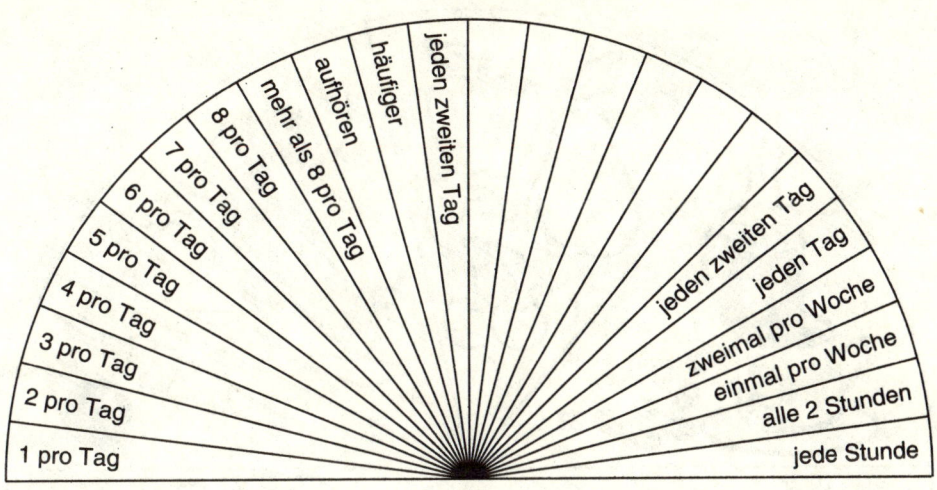

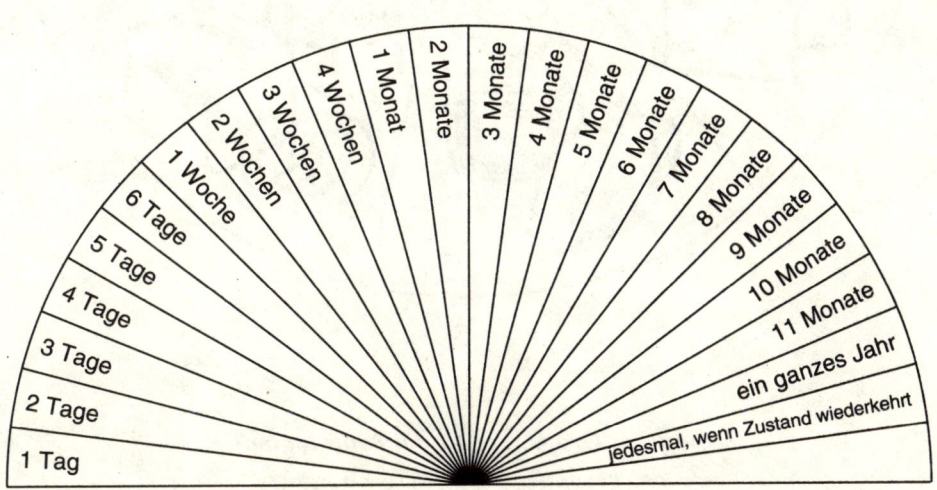

Ermitteln Sie mit diesen Pendeldiagrammen, wie oft Sie das
pflanzliche Mittel und über welchen Zeitraum einnehmen müssen

Zu welcher Gruppe gehört das Nahrungsmittel,
das bei Ihnen eine Allergie auslöst?

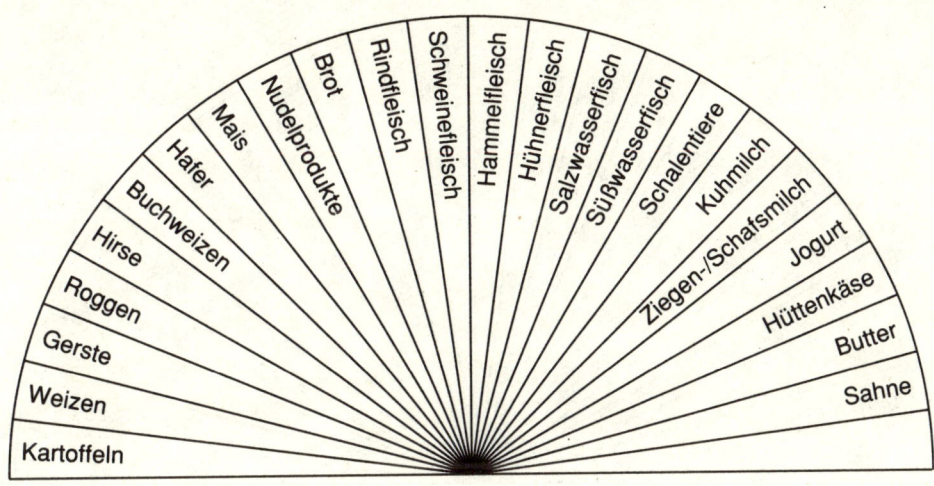

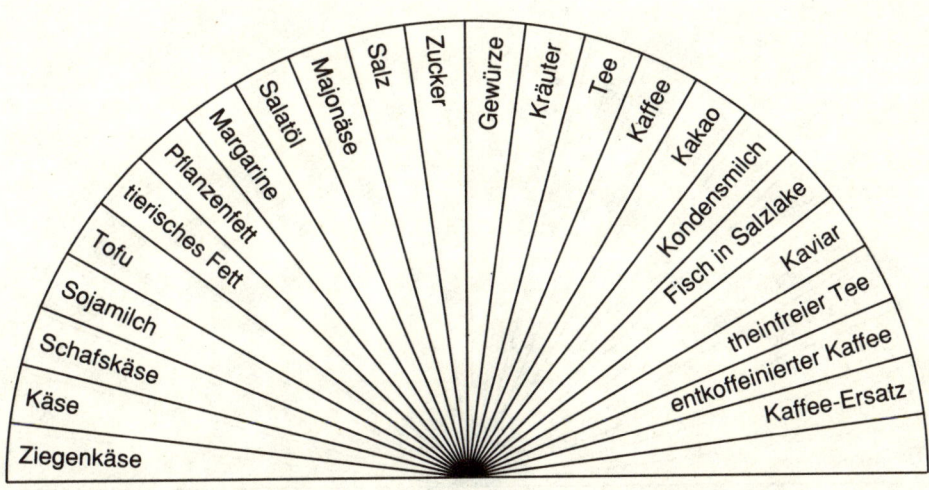

Mit diesen Pendeldiagrammen können Sie herausfinden,
gegen welche Speisen, Getränke oder Genussmittel Sie allergisch sind

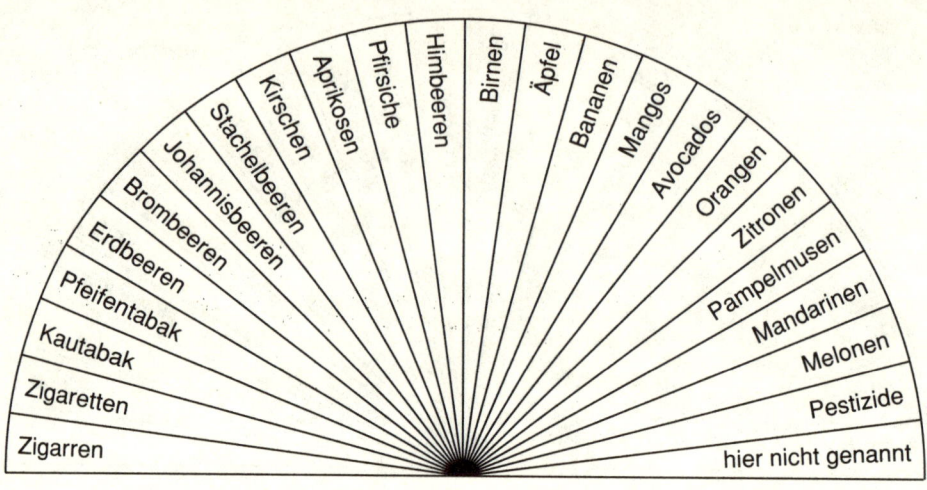

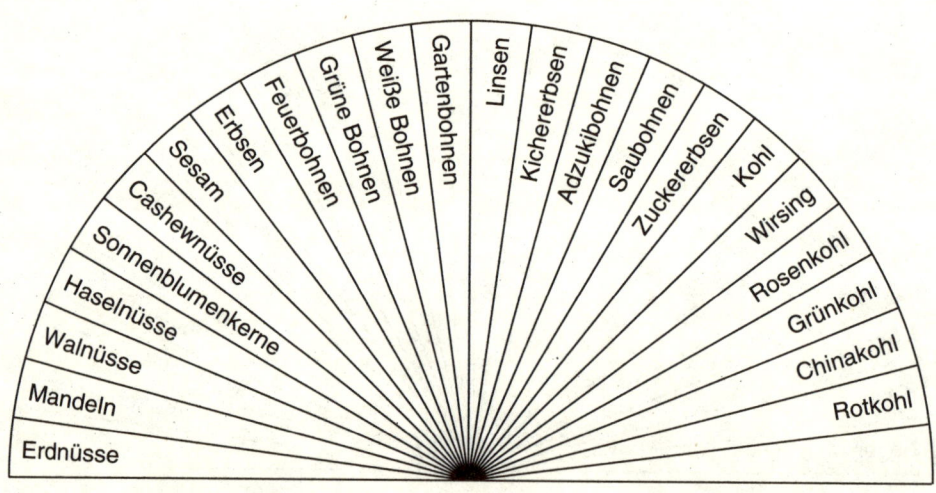

Mit diesen Pendeldiagrammen können Sie herausfinden,
gegen welche Speisen, Getränke oder Genussmittel Sie allergisch sind

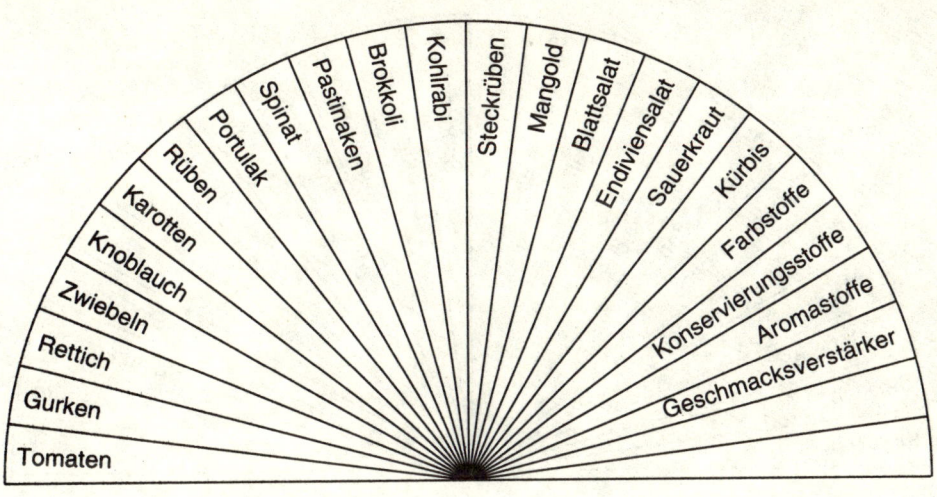

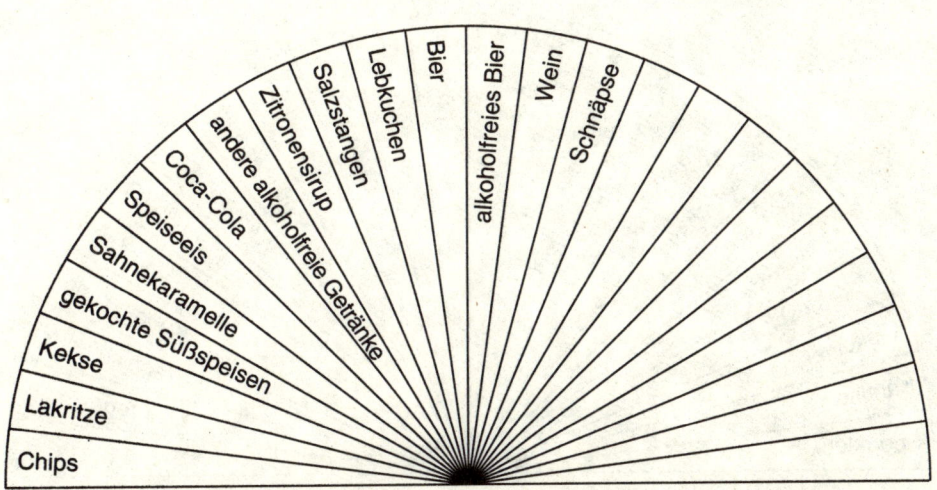

*Mit diesen Pendeldiagrammen können Sie herausfinden,
gegen welche Speisen, Getränke oder Genussmittel Sie allergisch sind*

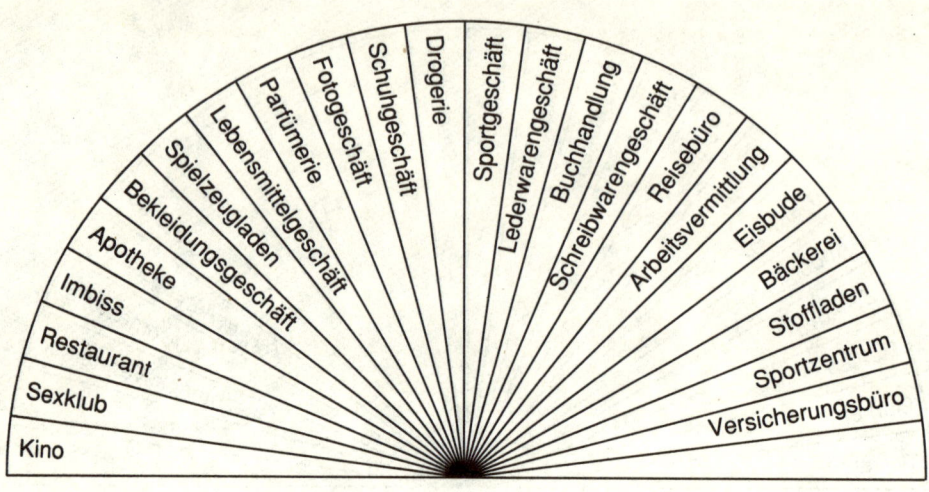

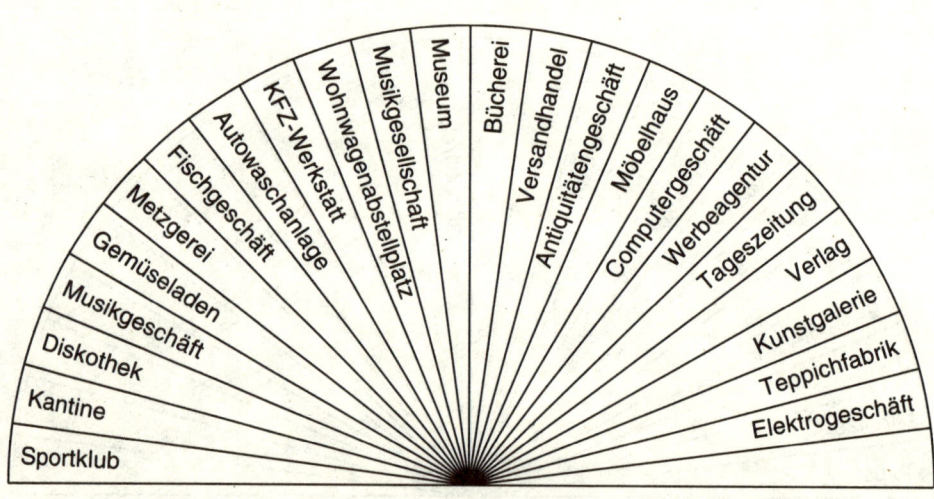

Welches ist der geeignetste Bereich für Ihre Selbstständigkeit?

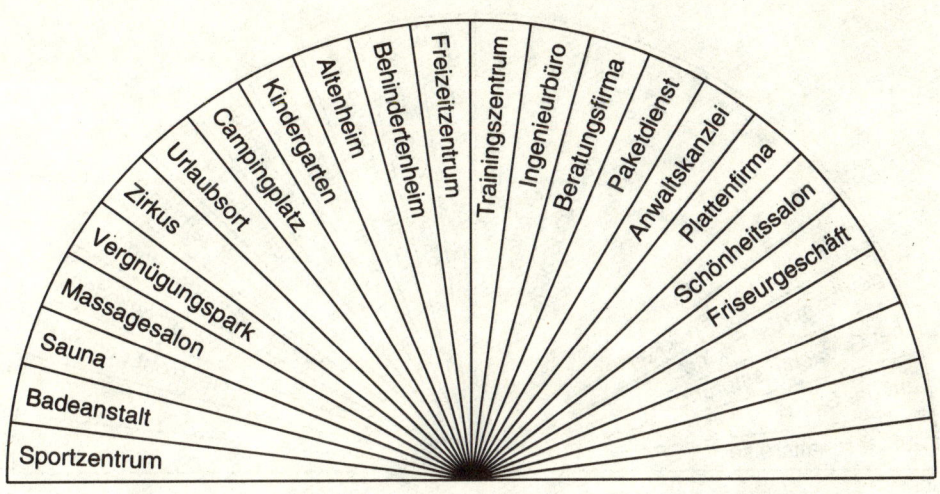

Welches ist der geeignetste Bereich für Ihre Selbstständigkeit?

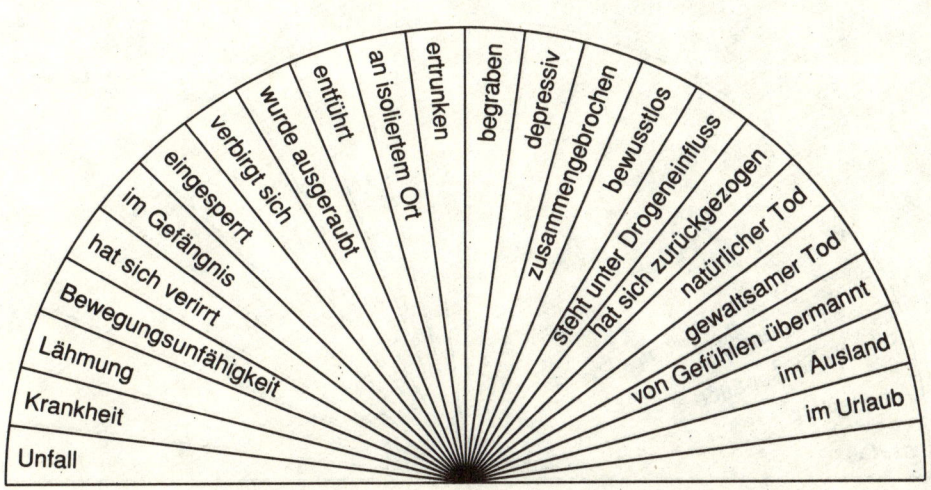

*Wenn Sie eine Person suchen, fragen Sie den Pendel,
was ihr passiert ist, und wo sie sich befinden könnte*

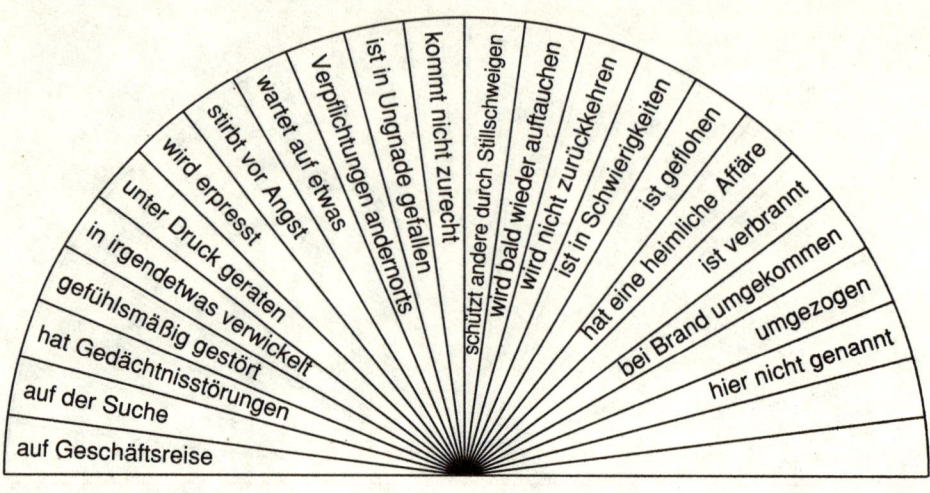

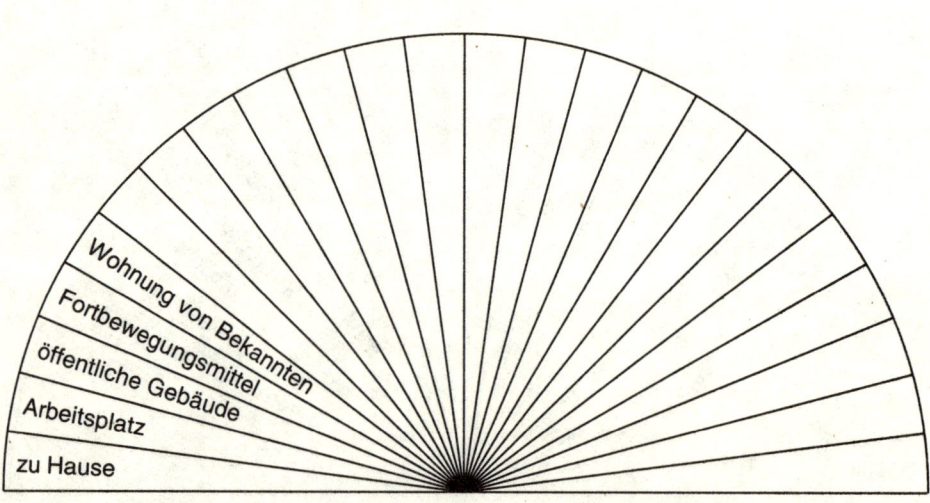

*Wenn Sie eine Person suchen, fragen Sie den Pendel,
was ihr passiert ist, und wo sie sich befinden könnte*

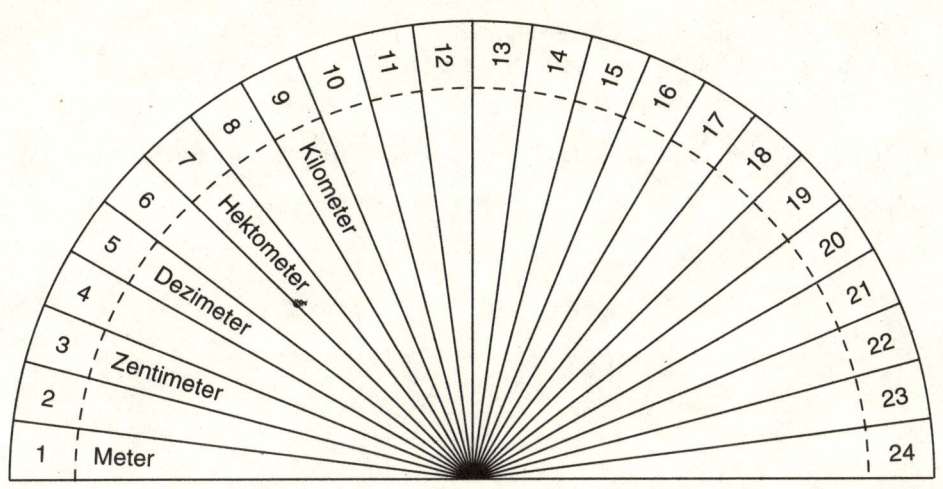

Wo befindet sich das Leck in der Wasserleitung?

Pendel aus	schwingt über					
	Eisen	Nickel	Zink	Kupfer	Blei	Legierung
Messing	↗	↻	↗	↻	⬭	↻
Magnes.	↗	↗	↕	⬭	↻	↕
Kautschuk	↗	↕	⬭	↔	↻	↻
Gallapfel	↕	↗	↗	↔	↻	⬭
Glas	↻	↗	↖	↻	↻	↻
Stahl	↕	↗	⬭	↔	◯	◯
Silber	↔	↗	↗	↔	◯	◯

Wenn Sie Metalle mit dem Pendel suchen, zeigt er Ihnen durch seine
Bewegung, um welches Metall es sich handelt

Von derselben Autorin ist bei Bassermann bereits erschienen:
Gesund und schlank mit Apfelessig (ISBN 3 8094 0600 7)

Der Text dieses Buches entspricht den Regeln der neuen deutschen Rechtschreibung.

ISBN 3 8094 0376 8

Umschlaggestaltung: Peter Udo Pinzer
Titelbild: Peter Udo Pinzer, Bremthal
Zeichnungen: W. Hauck, Venlo
Layout: Horst Bachmann
Redaktion: Sylvia Winnewisser
Herstellung: Wilfried Sindt

Die Ratschläge in diesem Buch sind von der Autorin und vom Verlag sorgfältig erwogen
und geprüft, dennoch kann eine Garantie nicht übernommen werden. Eine Haftung der
Autorin bzw. des Verlags und seiner Beauftragten für Personen-, Sach- und Vermögens-
schäden ist ausgeschlossen.

Satz: Grunewald Satz & Repro GmbH, Kassel
Gesamtkonzeption: Bassermann'sche Verlagsbuchhandlung, D-65527 Niedernhausen/Ts.

817 2635 4453 6271